新経済学ライブラリ−24

経済統計

廣松　毅
高木新太郎
佐藤朋彦　共著
木村正一

新世社

編者のことば

　経済学にも多くの分野があり，多数の大学で多くの講義が行われている．したがって，関連する教科書・参考書もすでに多くある．

　しかし現存する教科書・参考書はそれぞれ範囲もレベルもまちまちばらばらであり，経済学の全体についてまとまったビジョンを得ることは必ずしも容易でない．

　そこで何らかの統一的な観点と基準の下に，体系的な教科書・参考書のライブラリを刊行することは有意義であろう．

　経済学を体系化する場合に，おそらく二つの方向がある．一つは方法を中心とする体系化であり，もう一つは対象分野，あるいは課題を中心とする体系化である．前者はいわゆるマルクス経済学，近代経済学，あるいはケインズ派，マネタリスト派などというような，経済学の特定の立場に立った体系ということになる可能性が大きい．このライブラリはそうではなく対象分野を中心とした，体系化をめざしている．それは経済学の既成の理論はいずれにしても，経済学において，というよりも現実の社会経済の問題すべてを扱うのには不十分だからであり，また絶えず変化する経済の実態を分析し，理解するには固定した理論体系では間に合わないからである．

　そこでこのライブラリでは，学派を問わず，若い世代の研究者，学者に依頼して，今日的関心の下に，むやみに高度に「学問的」にするよりも，経済のいろいろな分野の問題を理解し，それを経済学的に分析する見方を明確にすることを目的とした教科書・参考書を計画した．学生やビジネスマンにとって，特別の予備知識なしで，経済のいろいろな問題を理解する手引として，また大学の各種の講義の教科書・参考書として有用なものになると思う．講義別，あるいは課題別であるから，体系といっても固定的なものではないし，全体の計画も確定していない．しかしこのライブラリ全体の中からおのずから「経済」という複雑怪奇なものの全貌が浮かび上がってくるであろうことを期待してよいと思う．

竹内　　啓

はじめに

　本書は経済統計の教科書である。

　われわれは，経済・社会現象について学ぶときにはもちろん日常生活においても，知らず知らずのうちに統計数字（データ）に接している。それらのデータのうち，特に経済統計データは，決して勝手に（あるいは，デタラメに）作られているのではなくて，きちんとした約束の下で作られている。したがって，その約束を守らなかったり，または約束を知らずに利用したりすると，時にはとんでもない誤解をしかねない。

　経済統計とは，経済・社会現象を知り，学ぶために必要なデータに関する基礎的な知識とともに，それを分析するための手法について学習することを目指した学問である。

　本書は，このような目的に沿うように3部に分けて，経済統計の基礎を解説している。その内容を，各部の導入に基づいて紹介しておこう。

　I部「経済統計と統計制度」では，経済統計データを作るときのさまざまな約束，さらには統計制度や統計分類など，経済統計の基本を学ぶ。具体的に，1章では統計データの性質や経済学的な変数と現実の統計データの対応のさせ方，2章では統計制度と統計の種類および標準統計分類，そして3章では日本の統計行政について学ぶ。

　II部「統計調査と経済統計分析」では，個別の統計調査（一次統計）について，分野別に学ぶ。具体的に，4章では人口と労働，5章では家計，6章では産業と企業，7章では個別産業，8章では財政と金融，9章では貿易と経済協力に関して，それぞれ代表的な統計調査とそれらの結果に基づく分析について学ぶ。

はじめに

　このⅡ部の内容は，経済学の分野でいうと，純然たるミクロ経済学に対応するものではないとはいえ，個別経済主体に関する分野が多い。また一部，通常のマクロ経済学では分析できない分野もカバーしている。なお，このⅡ部での分析はもっぱら記述統計の範囲に限定している。その理由は，本書が数学的知識に不案内な読者にも統計的記述の方法と実際を知ってもらうことを目的としているからである。

　Ⅲ部「二次統計と経済統計分析」は，加工統計（二次統計）の代表的なものについて学ぶ。具体的に，10章では物価指数と数量指数，11章では労働生産性指数と景気動向指数，12章では国民経済計算体系と環境・経済統合勘定について学ぶ。

　10章の指数の理論は，経済学的にも極めて重要な分野である。それに加えて，この章では指数作成上の統計的な問題点についてもふれている。11章は，物価指数・数量指数以外の指数であって，日常的によく用いられる指数について学ぶ。中でも，景気動向指数は景気動向を判断するときに最も注目される指数である。12章の国民経済計算は経済統計の女王とでもいうべき地位にある加工統計であって，GDPや国民所得等，経済統計の中でも最も一般的に用いられているものである。

　経済統計は広範な分野にわたるとともに，それらが密接に関連しあっている。それぞれの章を学ぶときに，関連する他の章を参照しながら学べば，きっとより有機的，体系的な知識を獲得することができるであろう。

　著者のうち，廣松と高木が本書の構想を立ててからかなりの年月が経ってしまった。大学や外部での仕事に追われているうちに当初の原稿にあったデータが古くなり，そのアップデートさらには制度の変更に伴う修正などを行わなければならなくなり，ますます遅れるという悪循環に陥ってしまったのが最大の理由である。しかしながら昨年から佐藤および木村の両氏に加わっていただいたことで，何とか上梓することができた。この間，辛抱強くかつ粘り強く著者を励まし，叱咤激励していただいた新世社の御園生晴彦氏ならびに編集作業に携わった本宮稔氏に，心から感謝申し上げたい。

はじめに

なお現在，統計法が1947（昭和22）年3月に公布，1949（昭和24）年5月に施行されて以来，初めての大幅な見直しが行われようとしており，それに伴い統計制度の改革もあるかもしれないという状況にある。幸いにして，総務省の統計に関するHP（http://www.stat.go.jp/）等を通して，統計全体に関する情報が比較的容易に得られるようになった。読者におかれては折にふれて，本書刊行以降の統計制度をめぐる変化についても確認されるようお願いしたい。

2005年12月

著　者

第3刷の発行にあたって

　本書を上梓してから10年が経つ。その間に社会，経済は大きく変わった。統計関係の変化だけでも，プライバシー意識の高まりによる統計調査環境の悪化，統計法の全面的な改正，一種の「統計学ブーム」の到来，ICT技術の急速な進歩による分析手法の発展とビッグ・データの登場などなどである。

　本来ならば，これ等の変化を踏まえて版を改めるべきであろうが，今回は諸般の事情から，気付いた誤植や著者の所属の変更（著者全員の所属が代わっている。10年ひと昔である）など，最低の修正に止めて増刷をすることとした。

　とはいえ，第3刷の発行にあたって，下記の点について読者の注意を喚起しておくのが著者としての責任であろう。本書の章構成に従って，利用上の注意まとめておく。

① まず，すでに指摘したように2007（平成19）年5月に統計法が全面改正された。そのため第Ⅰ部第2章の内容の大半が現時点では古くなってしまっている。新統計法の概要については，以下のURLを参照していただきたい。
　　http://www.soumu.go.jp/toukei_toukatsu/index/seido/1-1n.htm
② 第Ⅱ部および第Ⅲ部の個別分野の統計について，本書では2001年ないし2002年までのデータしかカバーしていない。したがって，それ以降の動きを知るためには直近までのデータを見る必要がある。
③ そのためには，それぞれの統計に当たる必要があるが，近年ICT技術の進歩によって使い勝手のよい下記の公的統計のポータルサイトが開設されており大変便利である。
　　https://www.e-stat.go.jp/SG1/estat/GL02010101.do
　　本書を経済統計関係の講義の教科書としてお使いいただく教員の方にとって，2001年以降のデータを直近まで伸ばすという作業は受講者に対する格好の演習課題となりうるであろう。
④ 第Ⅱ部第12章についても，現在，1993SNAから2008SNAへの移行作業が進んでいる。これについても，以下のURLを参考にしていただければ幸いである。
　　http://www.esri.cao.go.jp/jp/sna/seibi/kenkyu/pdf/shiryo3_20130329.pdf

2015年12月

著　者

目　次

第Ⅰ部　経済統計と統計制度

1　経済統計と統計データ　　3

1.1　経済統計とは …………………………………… 3
　　経済統計と経済学的記述(3)　　経済統計と分析手法(6)
1.2　分析単位と調査単位 …………………………… 10
　　時系列データと横断面データ(10)　　ストックとフロー(16)　　名目値と固定価格表示（実質値）(17)
　　分析単位，調査単位，統計単位(18)

2　統計制度と標準統計分類　　21

2.1　統計制度と統計の種類 ………………………… 21
　　統計調査と統計制度(21)　　全数調査と標本調査(22)
2.2　標準統計分類 …………………………………… 25
　　標準統計分類の必要性と種類(25)　　日本標準産業分類(27)　　日本標準商品分類(28)　　日本標準職業分類(31)

3 わが国の統計行政　34

- 3.1 統計法と統計機構 …………………………………… 34
- 3.2 統計行政と行政改革 ………………………………… 41
- 3.3 統計行政の新中・長期構想………………………… 44
- 3.4 統計行政の新たな展開方向………………………… 45
- 3.5 情報通信技術と統計行政…………………………… 47

第Ⅱ部　統計調査と経済統計分析

4 人口と労働に関する統計　53

- 4.1 国勢調査と人口統計 ………………………………… 53
  - 国勢調査の概要と静態人口(53)　年齢別人口と指数(61)
  - 推計人口と自然増加(66)　社会移動と地域別人口(72)
- 4.2 労働に関する統計調査とそのデータの分析 ………… 74
  - 労働力率(74)　失業率と有効求人倍率(79)　労働時間(84)　賃金(87)

5 家計に関する統計　95

- 5.1 所得・消費・貯蓄のバランス ……………………… 95
- 5.2 所得の種類と所得分配 ……………………………… 102
- 5.3 消費需要に関する統計 ……………………………… 108
- 5.4 資産等のストックに関する統計 …………………… 114

6 産業と企業に関する統計　　124

6.1 産業に関する統計 …………………………… 124
事業所数・従業者数(126)　事業所の地域分布(128)　産業構造の変化(130)　産業別の労働生産性(133)

6.2 企業に関する統計 …………………………… 134
企業に関する主な統計(134)　企業数と倒産件数(141)　企業収益の状況(141)　業況判断（製造業企業の景況感）(144)

7 個別産業に関する統計　　147

7.1 農業生産・食料自給 ………………………… 147
7.2 資源・エネルギー …………………………… 150
7.3 製造業 ………………………………………… 156
7.4 交通・運輸 …………………………………… 163
7.5 情報通信 ……………………………………… 165
7.6 金融・保険 …………………………………… 167
7.7 商業 …………………………………………… 169
7.8 サービス業 …………………………………… 172

8 財政と金融に関する統計　　176

8.1 財政の仕組みと現状 ………………………… 177
財政に関する統計(177)　平成16年度の国の予算(179)　地方財政(183)

8.2 金融の仕組みと現状 ………………………… 185
金融市場：金融機関に関する統計(186)　通貨に関する統計(188)　金利に関する統計(192)　その他の金

融に関する統計(195)

9 貿易と経済協力に関する統計　　198

9.1　日本の貿易構造：商品別・国別の輸出入 ………… 199
9.2　国際収支：貿易収支と経常収支 ……………………… 209
9.3　為替レートの動き ……………………………………… 211
　　　為替レートはどのようにして決まるのか(212)
9.4　海外への直接投資と日本国内への直接投資 ……… 215
9.5　経済協力の現状 ………………………………………… 216

第Ⅲ部　二次統計と経済統計分析

10 物価指数と数量指数　　221

10.1　指数の理論 …………………………………………… 221
　　　指数算式(221)　　原子論的指数論(226)　　関数論的指数論(230)
10.2　物価指数の使用と留意点 …………………………… 234
　　　基準改定とパーシェ・チェック(234)　　消費者物価指数の作成方法(237)　　企業物価指数と関連指数(240)　　生鮮食品と品質変化の取扱い(245)
10.3　鉱工業指数と第3次産業活動指数 ………………… 248
　　　間接方法による数量指数(248)　　鉱工業指数と鉱工業生産指数(249)　　第3次産業活動指数(253)
　　コラム　Σ（シグマ）の使い方 ……………………… 256

11 その他の経済指数　259

11.1 労働生産性 …………………………………………… 259
労働生産性指数(259)　　労働生産性の国際比較（製造業）(262)

11.2 景気動向指数 ………………………………………… 265

12 国民経済計算と環境・経済統合勘定　270

12.1 国民経済計算体系（SNA）の経緯と概略 ………… 270
12.2 SNAと産業連関表 …………………………………… 273
12.3 SNAから見た日本経済の循環 ……………………… 276
12.4 2つの経済主体別分類 ……………………………… 283
12.5 各勘定とその特徴 …………………………………… 286
国内総生産と総支出勘定(286)　　制度部門別所得・支出勘定(292)　　制度部門別資本調達勘定(296)

12.6 環境・経済統合勘定 ………………………………… 300

参 考 図 書 …………………………………………………… 307
索　引 ………………………………………………………… 308

I

経済統計と統計制度

われわれは，経済・社会現象について学ぶときにはもちろん日常生活においても，知らず知らずのうちに統計数字（データ）に接している。それらのデータ，特に経済統計データは，決して勝手に（あるいは，デタラメに）作られているのではなくて，きちんとした約束の下で作られている。したがって，その約束を知らないと，時にはとんでもない誤解をしかねない。

I部では，そのような約束，さらには統計制度や統計分類など，経済統計の基本を学ぶ。すなわち，まず1章では統計データの性質や経済学的な変数と現実の統計データの対応のさせ方を，2章では統計データの種類や分類を，そして3章では統計制度と統計行政について，学ぶことにする。

1

経済統計と統計データ

1.1 経済統計とは

1.1.1 経済統計と経済学的記述

　経済現象は，統計数字（データ）によって表現される場合が多い。ある全国紙（A 紙とする）の朝刊を見ると，国内経済では東証株式市場，東京外為市場，金融・債券先物市場，社債・国債市場，オプション市場，短期コール・レートなどの市場，さらには商品先物市場，石油などの商品市場，卸売市場など，多種多様なデータが掲載されている。国外の指標としては，ロンドンやニューヨークの外国為替市場，各国公定歩合，アジア商品市場などがある。

　A 紙は経済面に力を注いでいることもあって，超短期ともいうべき「日次」統計も豊富である。しかし，これらの情報を見ると，これらが金融と価格関係に集中していることに気づくであろう。これらは日常的な経済活動の状況を反映しているとはいえ，経済の局面はこれにとどまらない。新聞紙上を見ても，年末・年始頃の経済見通し（マクロ的指標が多い），3 月下旬頃には各地域の公示地価，6 月には企業の決算数値，サミットの頃には貿易収支，景気変動期には景気動向指数，失業率，鉱工業生産指数など，さらに予算期には各分野別（社会保障・福祉や防衛関係費など）予算が紙上を賑わす。

また人口動態，消費者物価指数，有効求人倍率，世帯の消費支出額や貯蓄額，住宅着工数など，いろいろな統計データが登場する。

こうした統計データは，各々独自の作成目的と作成方法をもち，かついろいろな利用方法が考えられる。本書では，そのような統計データを漫然とながめるのではなくて，経済学的な視点と統計の性質からそれらを整理することを心掛けた。

また経済学は，通常，ミクロ経済学とマクロ経済学に区分される。もとより両者は相互に関係しているものの，変数間の関係の分析方法や個別経済主体の扱いなどが異なるため，一般に両者を区別してカリキュラムが組まれる場合が多い。

本書では，こうした経済学の状況をゆるい形ではあるが配慮している。すなわちⅠ部で統計制度や統計分類など，経済統計の基本を学んだ後，Ⅱ部においては経済学の分野別に統計データを整理している。具体的に，人口と労働（4章），家計（5章），産業と企業（6章），個別産業（7章），財政と金融（8章），貿易と経済協力（9章）という形で整理している。このⅡ部は，純然たるミクロ経済学に対応するものではないものの，個別経済主体に関する分野が多い（特に，4章〜8章）。マクロ経済学と密接に関連している8章〜9章にしても，通常のマクロ経済学だけでは分析できない分野もカバーしている（むしろ，それを補完・拡充している）。

Ⅲ部は物価指数と数量指数（10章），労働生産性指数やその他の経済指数（11章），国民経済計算と環境・経済統合勘定（12章）からなる。10章の物価指数と数量指数は，ミクロ経済学の重要な変量である。ただし，ここでは絶対的な価格や数量ではなくて，基準年との比較という形の指数となっている。11章では，労働生産性指数，景気動向指数について説明している。これらは10章の物価指数や数量指数とやや異なる側面をもつ。

12章の国民経済計算は，マクロ経済学の必須統計である。日本の国民経済計算は，国連のガイドラインであるSNA（A System of National Accounts）に沿って推計されている。SNAは大きく二つの用途をもつ。すな

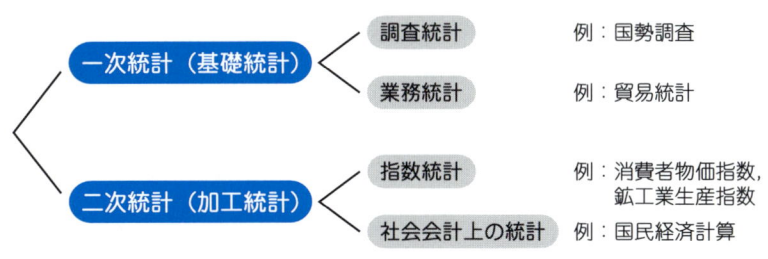

図1.1 作成過程による統計区分

わち，第一は各種の一次統計（後述）の整備のために用いるという用途であり，統計相互間の位置付けや概念的指針を与える。第二は，SNAの数値そのものを利用して，各種計量モデルや政策を評価するという用途である。後者の用途のためには，分析理論に見合ったデータが要求される。その理論面の大きな柱としてマクロ経済学が考えられる。ただし，SNAも1953年体系（旧SNA），68年体系（新SNA），そして93年体系（改訂SNA）と変化しており，分析理論を固定して考える必要はない。

次に，統計データの統計的な面に注目してみよう。統計データにもいろいろな切り口がありうる。その作成過程に注目すると，大きく一次統計（基礎統計）と二次統計（加工統計）に大別できる。図1.1はこれを図式化したものである。

一次統計のうち，調査統計はある分析（使用）目的のために企画・調査された統計であり，統計の基本となる。代表例は国勢調査であり，人口の把握は経済分析の基本的情報を与える。さらに，国勢調査は実際的にも選挙区の定数是正に使用されているし，また各調査統計（特に家計対象の統計）の標本設計のベースとしても不可欠である。他方，業務統計は業務上の記録を統計化するものであり，利用に当たっては，業務の性格を理解しておく必要がある。代表例は貿易関係の統計であり，多くの統計情報を提供している。

これに対して，二次統計は基礎統計に関してなんらかの加工が施されたものである。加工方法，加工程度は統計によって異なるものの，比較的定式化

された加工統計は，図1.1に例示したように二種類ある．第一は消費者物価指数や鉱工業生産指数などの指数統計であり，第二は国民経済計算などの社会会計上の統計である．二次統計は分析目的に合わせて加工されるとはいえ，加工方法が確立していないものもあるし，加工の程度にも差がある．国民経済計算におけるGDEデフレータ（物価指数の一種，GDPデフレータとも呼ばれる）は，消費者物価指数などを加工して作成されるから，それだけ加工の程度が高い．

　経済分析では一次統計だけで事足りるときもあるし，二次統計を使用しなければならない場合もある．その意味からすれば，主要な二次統計はまとまっていた方が便利であり，またその方が，加工方法の共通性も理解しやすいと思われる．本書は，II部では一次統計を分野別に，またIII部では二次統計をまとめて整理しているので，興味のある対象（統計データ）に経済学的な知識を適用しながら，その現実の動きを把握することが可能となるであろう．

1.1.2　経済統計と分析手法

　経済統計は，理論（すなわち仮説）の検証に不可欠である．実証経済学で用いられている方法を簡略化すれば，図1.2のようになる．

　まず(a)において理論（仮説）を立てる．たとえば，いま「消費支出Cは所得Yの正の関数である」という仮説を実証したいとしよう．これは消費関数といわれる分野の一つの仮説であり，仮説設定は経済学の役割である．しかし，この例のような仮説の立て方では，実証ベースにのらない．関数形などの指定がないからである．そこで，実証可能なように，次のように定式化したとしよう．

$$C = \alpha + \beta Y + u \tag{1.1}$$

$$\alpha > 0, \quad 0 < \beta < 1 \tag{1.2}$$

$$u に関する諸仮定 \tag{1.3}$$

　(1.1)は誤差項（撹乱項）uをもつため，確率モデルとなっている．(1.1)からuを除いたモデルは経済理論から導かれる確定的モデルである．(1.1)

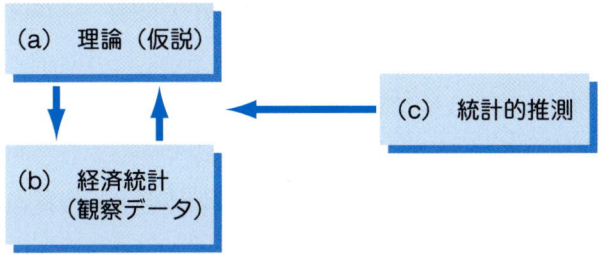

図1.2　理論の検証方法

では，理論的仮説が一次式であることを意味している。(1.2)は，それに伴って要請される理論的制約である。理論モデルを一次式だと仮定しても，実証分析で用いるのは(1.1)のような確率モデルである。なぜならば，消費支出 C に影響を与える要因は，所得 Y 以外にもいろいろ考えられるからである。それらを一括して，確率的な誤差項 u として処理したのが(1.1)である。また理論的に C への説明変数が Y だけではなくて，資産 B も関係するとすれば，(1.1)にかわって

$$C = \alpha' + \beta' Y + \gamma B + u' \tag{1.4}$$

となる。(1.1)と(1.4)では，説明変数が異なるだけではなくて，誤差項も異なる。しかし，(1.1)であれ，(1.4)であれ，C は u（または u'）の影響を受けるから，C が確率的変動をするという点が重要である。

次に，理論モデルが確定したら，それに対応する (b) **経済統計**（すなわち**観察データ**）を選択しなければならない。確率的誤差項の影響を少なくしようと思えば，仮説のためによく管理された実験データが望ましい。しかし，費用その他の点から一般の分析者にはこの種の実験データは使用できない。したがって，前項で述べた一次統計と二次統計が経済分析の中心となる。(a)と(b)との関係を記述し，両者の関係を分析することが，経済統計学の任務となる。

モデルの統計的記述は，大きく二つに分かれる。第一は(1.3)を考慮の外に置いて，Y と C のデータ動向を中心に分析する場合である。この場合は

確率的な要素を含まないので，こうしたやり方は記述統計と呼ばれる。第二は(1.3)を含めて(1.1)と(1.2)を考える場合であり，統計的チェックが必要となる。こうした方法は推測統計と呼ばれている（図1.2は統計的推測を行う場合を示している）。当然，後者の方が望ましい。しかし，それには最小2乗法など統計学の知識が必要となる。またモデルは単一方程式とは限らないから，(1.1)が他の方程式の影響を受けるときにはさらに複雑化する。これらは計量経済学（または上級の経済統計学）といわれる分野の議論となる。こうした計量経済学的なチェックを経て，たとえば，(1.1)ではなくて観察データにより当てはまる(1.4)の仮説が採択されることになる。

　しかし，本書ではできるだけ記述統計の範囲に限定し，統計的推測には立ち入らない。その理由は，本書は数学の不得手な人にも経済の統計的記述の方法と実際を知ってもらうための入門書であり，技術的要素の強い統計学の記述は混乱を生むと考えるからである。むしろ本書では，統計データの性質，経済学的変数を現実の統計データと対応させるにはどうすればよいかという点に焦点を当てている。次の二つの章で統計データの種類や分類，さらには統計制度や統計行政も扱っているのは，統計データに関する理解を深めるためである。ただし，記述統計でも若干の分析手法は必要である。それらについては，総和記号Σの使い方なども含めて，注やコラムで補足することにする。

　一般論を離れて，統計データの性質の具体例を示しておこう。(1.1)を記述統計的に考えると，CとYの関係になる。消費行動は家計の行動であるから，一次統計としては家計関係の統計から数値がとられる（詳しくは5章などを参照）。そのために，一般には『家計調査年報』が用いられる。他方，家計のデータは二次統計である『国民経済計算年報』からも得られる。図1.3は，両統計から平均消費性向（C/Y）を年次別にプロットしたものである。平均消費性向は消費支出を所得で割ったものであるから，所得のうちどれくらいが消費に向けられたかを示す指標である（なお，1から平均消費性向を差し引いたものは貯蓄率といわれる）。またYとしては可処分所得，

1.1　経済統計とは

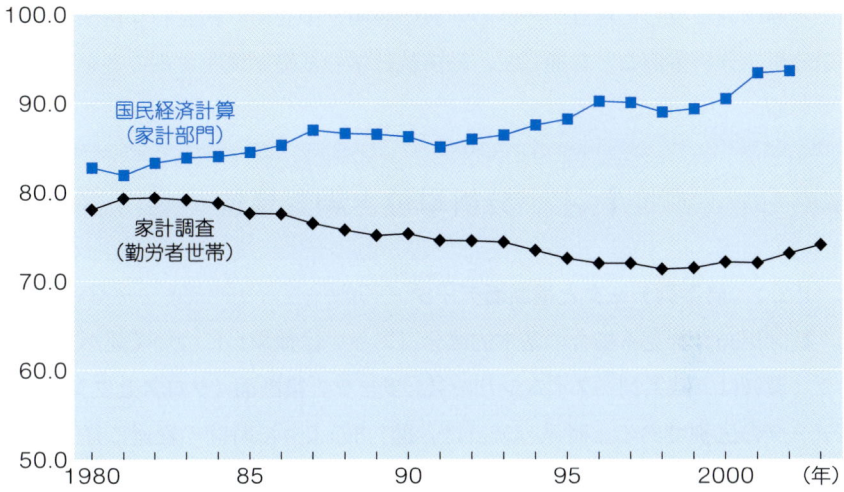

資料出所：総務省統計局『家計調査年報』，内閣府経済社会総合研究所『国民経済計算年報』

図1.3　家計調査と国民経済計算に基づく平均消費性向

Cとしては耐久消費財を含む消費支出を用いている。

図1.3を見ると，二つのことに気づく。第一は，1998年まで家計調査の勤労者世帯における平均消費性向は変動を伴いながら低下し，その後上昇しているのに対して，国民経済計算のそれは循環を伴いながら上昇していることである。その結果，両統計における平均消費性向の差は，1981年の2.6％ポイントから2001年の21.2％ポイントまで拡大している。両統計は家計の分析によく利用されるにもかかわらず，最も基本的な平均消費性向（または貯蓄率）についても，こうした大きな差があるのである。その主たる原因は，両者には(イ)所得（可処分所得）や消費支出の範囲，(ロ)家計（世帯）の対象範囲に差がある（家計調査は勤労者世帯の値で，最近，高齢化で増加している無職世帯を含んだ値ではない）からである。しかし，それだけでは説明しきれない差でもある。むしろこれは両統計の性質の差であり，両者とも事実を反映しているのであるから，両者を統合するような仮説設定が望ましい（5章5.1参照）。

本書は，こうした統計データの性質の説明を中心に，代表的な指標の動向の分析，分析事例などを通じて，経済統計学の基礎を説明することを目指している。

1.2　分析単位と調査単位

1.2.1　時系列データと横断面データ

統計データを見る場合の基本的区分（あるいは種類）について述べておこう。最初は，**時系列（タイムシリーズ）データ**と**横断面（クロスセクション）データ**の区別である。時系列統計は，図1.3のように時間の経過に従って並べられたデータであり，横断面統計は特定時点における属性別に配列されたデータである。より詳細な統計は両者を加味し，時系列・属性別に表示する場合もある。

時系列統計の場合，(イ) 期間幅はどうなっているか，(ロ) 同じ期間幅であってもいつの時点からとられたのか，(ハ) 概念などの時系列的接続はどうなっているかに，まず注目しなければならない。(イ)の期間幅には，上述の新聞紙上の例のような日時統計から始まって，月次，四半期（3カ月），半期（6カ月），年次などがある。しかし，前述の(1.1)～(1.3)のような経済の因果関係を説明しようとするときは，関連統計データの制約もあり，四半期より長い場合が多い。消費関数として，たとえば，次のような確定モデルを設定することも可能である。

$$C_t = \alpha + \beta_1 C_{t-1} + \beta_2 C_{t-2} + \cdots + \beta_n C_{t-n} \tag{1.5}$$
ただし，C_{t-i} は i 期前の消費支出

この場合は，今期の消費支出を以前の消費支出だけで説明しているわけであり，他の説明変数は介在しない（経済学はいらない）。本書では(1.5)のような立場はとらない。

しかし，(1.5)は時系列データの一つの特徴を示している。というのは，時系列データは時間的順序が固定されているから，今期の消費支出は前期の

それにも依存するし，n 期前の消費支出にも依存するかもしれないからである。すなわち，消費支出は過去の消費習慣にも依存するからである。(1.5)には消費支出を他の変数（所得 Y など）で説明するという因果関係はないものの，何期か前の消費が今期の消費に影響を与えていることは確実であり，それを取り入れて(1.1)を修正した仮説も設定できる。

　仮説と期間幅の関係は重要である。因果関係に焦点をおくと仮説設定は関連統計が存在するかどうかにかかっている。一般的には年次（1年間）統計が用いられることが多い。四半期，半期という用語がそれを物語っている。本項でも年次統計を中心に考える。

　次は，㈡の初期時点の問題である。年次統計の場合，同じ1年間でも暦年と年度の区別が重要となる。暦年とは1月1日～12月31日のことをいい，年度とは4月1日～翌年3月31日の1年間のことをいう。暦年は1月1日からの1年間であるから明確である。他方，年度は日本の場合は4月1日から始まる1年間がほとんどである。年度は，会計年度など制度的要因に基づくものであり，業務統計でよく用いられている期間である。調査統計についても，企業や政府は現実に年度で動いているのであるから，年度単位の統計も数多くある。しかし，国際比較では年度の開始月が国によって異なるので，注意が必要である。

　ところで，暦年と年度とは3カ月（1四半期）の差である。したがって，四半期統計が存在すれば，暦年と年度の調整は可能となる。ただし四半期統計で，2000年第1四半期といえば2000年1～3月を，2000年度第1四半期といえば2000年4～6月期を指すことに注意する必要がある。いずれにしても，暦年と年度の区別は経済統計特有の問題といえる。

　一例を示しておこう。表1.1は国民所得とその構成を示したものである。用語の詳しい説明は12章に譲ることにして，ここでは雇用者報酬は賃金，俸給などの雇用者の労働提供に対して雇主から支払われる報酬，財産所得は利子，地代などのカネや土地などの貸借から発生する所得の移転，企業所得は営業余剰に純財産所得を加えたものであることだけを理解すればよい。

表1.1によると，国民所得は2001暦年で368.7兆円，2001年度で367.7兆円であり，年度値の方が0.3%ほど小さい。わずかな差のように見えるが，項目別には様子が異なる。すなわち，雇用者報酬は0.6%，財産所得は19.8%，年度値の方が小さく，企業所得は2.9%ほど年度値の方が大きい。2001年次の暦年・年度格差は，国民所得よりも各項目の方が大きいばかりではなくて，項目によっては方向が逆になっている。

次に，対前年増減率を見てみよう。変動の大きい財産所得と企業所得を例にとろう。財産所得については，2000年，2001年，2002年の各年とも暦年と年度に差が出ている。2000年は暦年が−14.1%，年度が−1.8%と大きな開きがある。2001年も暦年が−27.8%，年度が−44.8%と減少幅にかなりの違いがあるとともに，2000年と比較すると年度の減少幅が大きくなっている。また，2002年は暦年が−20.6%，年度が−5.1%と，2000年と同じく暦年の減少幅の方が大きい。企業所得についても，2000年〜2002年の3カ年を見てみると，暦年では0.7%，−2.4%，7.4%であるのに対して，年度では4.2%，−0.7%，3.0%と増減率の幅がかなり違っている。

このように，対前年増減率は暦年と年度で差が生じている。景気の転換点などでは暦年で見ると前年に比べて増加しているのに対して，年度では減少といったことが生じることもある。これに対して，構成比は暦年と年度では大きな差がない。

時系列データの問題点の最後は，(ハ)の概念などの接続の問題である。結論的にいえば，時系列データの不連続を修正することには多くの困難を伴うため，短期間で処理するのは難しい。したがって，公表統計の範囲内で分析するか，多少の誤差を無視して若干の調整を施すことである。特に時系列・属性別統計ではこうしたことが生じやすい（たとえば，生産統計における産業分類の変更など）。時系列的な不連続性は，概念，分類，推計法などの変更による場合のほかにも，いろいろなケースがある。また国民経済計算などの加工統計では，ある年の数値を各年報から得るときには，必ず最新版を用いることが必須である。

1.2 分析単位と調査単位

表1.1 国民所得などの年次表示

金額（単位：10億円）

〈暦年〉

項目	平成12暦年 2000	平成13暦年 2001	平成14暦年 2002
1. 雇用者報酬	275,047.8	273,367.9	265,358.0
2. 財産所得（非企業部門）	13,844.3	9,995.4	7,931.8
3. 企業所得（法人企業の分配所得受払後）	87,489.4	85,375.5	91,733.4
国民所得（要素費用表示）（1＋2＋3）	376,381.5	368,738.8	365,023.2

〈年度〉

項目	平成12年度 2000	平成13年度 2001	平成14年度 2002
1. 雇用者報酬	275,440.9	271,859.9	264,727.4
2. 財産所得（非企業部門）	14,508.6	8,013.6	7,602.7
3. 企業所得（法人企業の分配所得受払後）	88,442.7	87,856.7	90,519.7
国民所得（要素費用表示）（1＋2＋3）	378,392.2	367,730.1	362,849.9

■年度と暦年の金額差［年度 － 暦年］

1. 雇用者報酬	393.1	－1,508.0	－630.6
2. 財産所得（非企業部門）	664.3	－1,981.8	－329.1
3. 企業所得（法人企業の分配所得受払後）	953.3	2,481.2	－1,213.7
国民所得（要素費用表示）（1＋2＋3）	2,010.7	－1,008.7	－2,173.3

■年度と暦年の金額差率［（年度 ÷ 暦年 － 1）× 100］

1. 雇用者報酬	0.1	－0.6	－0.2
2. 財産所得（非企業部門）	4.8	－19.8	－4.1
3. 企業所得（法人企業の分配所得受払後）	1.1	2.9	－1.3
国民所得（要素費用表示）（1＋2＋3）	0.5	－0.3	－0.6

■対前年増減率（単位：％）

〈暦年〉

項目	平成12暦年 2000	平成13暦年 2001	平成14暦年 2002
1. 雇用者報酬	0.7	－0.6	－2.9
2. 財産所得（非企業部門）	－14.1	－27.8	－20.6
3. 企業所得（法人企業の分配所得受払後）	0.7	－2.4	7.4
国民所得（要素費用表示）（1＋2＋3）	0.1	－2.0	－1.0

〈年度〉

項目	平成12年度 2000	平成13年度 2001	平成14年度 2002
1. 雇用者報酬	0.9	－1.3	－2.6
2. 財産所得（非企業部門）	－1.8	－44.8	－5.1
3. 企業所得（法人企業の分配所得受払後）	4.2	－0.7	3.0
国民所得（要素費用表示）（1＋2＋3）	1.5	－2.8	－1.3

資料出所：内閣府経済社会総合研究所『国民経済計算年報　平成16年版』

表1.2 各年報における国民所得（暦年）

使用年報	国民所得実額（要素費用表示，単位：10億円）							
	1995年	1996年	1997年	1998年	1999年	2000年	2001年	2002年
2000年版	374,745.0	389,269.8	394,943.5	380,368.0	—	—	—	—
2001年版	375,363.5	385,181.0	394,354.7	383,653.7	380,602.3	—	—	—
2002年版	375,363.5	385,181.0	394,354.7	383,653.7	379,608.7	379,945.1	—	—
2003年版	375,438.8	385,544.0	394,652.5	383,949.6	377,796.3	378,470.0	371,411.0	—
2004年版	373,243.8	383,397.8	392,562.1	381,870.8	376,147.6	376,381.5	368,738.8	365,023.2

使用年報	2004年版を100とした値							
	1995年	1996年	1997年	1998年	1999年	2000年	2001年	2002年
2000年版	100.4	101.5	100.6	99.6	—	—	—	—
2001年版	100.6	100.5	100.5	100.5	101.2	—	—	—
2002年版	100.6	100.5	100.5	100.5	100.9	100.9	—	—
2003年版	100.6	100.6	100.5	100.5	100.4	100.6	100.7	—
2004年版	100.0	100.0	100.0	100.0	100.0	100.0	100.0	100.0

資料出所：内閣府経済社会総合研究所『国民経済計算年報　各年版』

　表1.2は，各年報における国民所得の数値を示したものである。まず第一に，公表数値が2年遅れることがわかる（1999年値は2001年版で公表されている）。第二に，各年報による特定年の数値が異なることである。1998年を例にとれば，2000年版と比べて，2001〜2003年版ではそれが増加し，2004年版では減少している（2004年版の年報を100とすれば，2001年版〜2003年版の年報の数値は100.5となる）。第三に，そのときの最新年報による数値（たとえば2003年版の2001年値）は次の最新版の数値（2004年版の2001年値）と異なる。こうした例からわかるように，加工統計は最新版の数値を用いる必要がある。

　時系列データに関してはこの程度にして，横断面の統計について若干述べておこう。詳しい具体例はⅡ部の各章で学ぶことにして，一般的なことについて二点だけ述べておく。第一は，横断面は属性別に配列された定性的な区分と定量的な区分があり，定性的な区分は一般に分類の形をとる（2章2.2参照）ということである。定性的な分類には，生産関係の統計でよく用いら

れる業種（または産業）や商品別分類，支出関係に用いられる家計消費の費目分類（食料，住居など）や政府支出の目的別支出（防衛，教育など），地域統計における都道府県別区分など，いろいろなものがある。これらの分類はその属性間の特性を示すものの，分類上の順序は分析的な意味はもたない。たとえば，産業別事業所数で，農業が先にくるか製造業が先にくるかは分析上あまり意味がない。むしろ，獣医業が農業に入るかサービス業に入るかという区別の方が重要となる。そのため，ある程度利用頻度の高いものには順序も含めて分類体系があった方が便利であることもあり，標準統計分類が作成されている。

　次に，属性における定量的区分である。これは，事業所数（支店，工場，本社などを示す）の区分に関して，産業別ではなくて，従業者規模別や資本金階級別に表示することであり，かなりの統計で行われている。というのも，従業者や資本金は数量的に表現できるからである。このときには，時系列分析と類似の分析手法が適用できる。また家計の統計における世帯主の年齢別収入，年収別消費支出などもこうした例である。政府部門を対象とした統計ではこの種の例は少ない。ただし，定量的区分では区分領域が異なるときがあるので，統計間の比較には注意が必要である。

　横断面統計で注意すべき第二の点は，基本的属性区分が集計されているかどうかである。その代表例は地域別統計である。市区町村別統計や都道府県別統計は，行政単位もはっきりしており問題はない[1]。しかし，圏域別（ブロック別）統計になると，担当府省によって圏域ないしブロックの取り方が異なっている。たとえば，新潟県が東北か，中部か，北陸か，関東かは統計によって微妙に異なる。統計での使用目的の一つに行政目的があることから，統計調査を実施した官庁の地域区分（行政区分）に合わせる傾向があるためである。地域区分に限らず，集計値の属性的表示には注意が必要である。

　1）　地方分権に対応した財政力の強化等を目的として，2001年頃より大規模な市町村合併が実施されているので，注意する必要がある。

1.2.2 ストックとフロー

経済変量には，ある特定時点での存在量を示すものと，一定期間内に流れた量を示すものとがある。前者をストック（または残高），後者をフローという。

t 期のはじめ（期首という）のストックを A_{t-1}，t 期の末（期末という）のストックを A_t とし，t 期の期間内（期中という）のフローを F_t とすれば，一般に

$$A_t = A_{t-1} + F_t \tag{1.6}$$

という関係が成立する。たとえば，ある人の銀行預金が2003年1月1日に100万円で，同年12月末日に120万円だったとする。1年を期間の単位にとれば，2003年の期首残高が100万円，同期末残高が120万円，そして期中のフロー（この場合は増加）が20万円となる。これは，2003年1年間には銀行の預け入れも引き出しもあったかもしれないが，1年を通して見ると結果としてフローは20万円であったということを意味する。

(1.6)の関係は，銀行預金のみならず，原則的にはいろいろな項目に適用可能である。前述の例で銀行預金を土地と読み替え，100万円を100坪，120万円を120坪と読み替えれば，2003年期首の土地残高が100坪，期中のフロー（取引）が20坪，期末の残高が120坪となる。この場合には，土地の純購入（購入マイナス売却）が数量ベースで20坪あったことを示している。

もう一つ仮設例を挙げよう。ある都市の人口が，2003年期首に10万人，期末に11万人，期中のフロー（増加）が1万人であったとする。このときも(1.6)は成立している。ただし，人口の場合はストックとかフローという言葉をあまり用いない。一般に，ストックの人口（国勢調査などによる特定時点での人口）は静態人口，期中の人口増減は動態人口と呼ばれる。

さらに，ストックとかフローとかいう表現は，国民経済計算（及びそれに類した項目）においても使用される場合が多い。しかもそこでは，通常「金額」ベースの経済変量が対象となる。そのときには，(1.6)はキャピタル・ゲイン（資本利得）などを含む形に修正される。

1.2 分析単位と調査単位

表1.3 建設投資の推移

(単位：10億円，%)

	2000年度見込み	2001年度見込み	2002年度見通し	対前年度比	
				2001/2000	2002/2001
〈名目値〉					
総額	66,500	60,410	57,130	−9.2	−5.4
建築	33,620	30,020	28,850	−10.7	−3.9
土木	32,880	30,390	28,280	−7.6	−6.9
〈実質値〉					
総額	67,680	62,090	59,160	−8.3	−4.7
建築	34,240	30,890	29,920	−9.8	−3.1
土木	33,440	31,200	29,240	−6.7	−6.3

注：実質値は1995年度の価格である。
資料出所：国土交通省総合政策局『平成14年度建設投資見通し』

1.2.3 名目値と固定価格表示（実質値）

金額表示の場合，大きく二つの表示方法がある。一つは，その時点ごとの価格（貨幣単位）で表示する方法であり，これを名目値（経常価格表示）という。他方，ある特定時点の価格で表示する場合がある。これを実質値（固定価格表示または不変価格表示）という。実質値の場合には，いつの時点の価格が基準となっているかを明示しなければならない。表1.3は最近の建設投資の動向を示したものである。

2001年度見込みを例にとると，名目投資額は約60兆円，1995年度基準の実質投資額は約62兆円で，両者の間に開きがある。この差は価格評価の相違に基づくものである。すなわち，同じ投資額でも2001年度の価格で評価するか，1995年度の価格で評価するかによって，投資額に差が生じるのである。これは，この期間中に物価下落があったことを示している。対前年度比の変化率に関しては，特に名目か実質かに注意を要する。2001年度の場合，投資総計は名目で−9.2％であるのに対して，実質では−8.3％である。

その内訳項目でも，名目では建築が－10.7％，土木が－7.6％であるのに対して，実質ではそれぞれ －9.8％，－6.7％であり，物価下落の影響のため実質の方が減少幅は小さい。

　名目値，実質値，物価指数の三者の関係は，10章で詳しく扱う。ここでは二点だけ述べておこう。第一は，表1.3のような時系列データの比較の場合（横断面データでも同様である），名目と実質のいずれを用いた方がよいかということである。名目値での年どうしの比較は，各時点の物価，技術（品質）変化などを反映した金額の比較であり，最も基本的でわかりやすいという側面をもつ。他方，物価の変動や品質変化などを含むものどうしの比較であるから，比較のベースとなる「同質性」が充たされていない。この点，実質値は不十分ではあるものの，物価の変動が考慮されているという意味で，名目値の比較より同質性に配慮している。そのため，一般的に時系列比較（特に成長率の比較）では実質値が使用される場合が多い。

　第二は，金額表示の項目であっても，すべてが固定価格表示にできるわけではないということである。そうした場合には名目で分析することになる。また理論的要請から名目値が使用されるときもある。

1.2.4　分析単位，調査単位，統計単位

　統計データを用いて経済分析を行う場合，分析対象と用いた統計とを明確にしておく必要がある。時系列・横断面，ストック・フロー，名目値・実質値といった区分は，経済変量の性質と統計データの表示法の問題といえる。他方，そうした統計数値がどういう調査対象から得られたか，といった側面も重要である。たとえば，労働時間（あるいは雇用状況）は世帯側からも調査できるし，事業所側からも把握できる。このとき，労働時間を分析単位としていても，一方は労働供給側であり，他方は労働需要側であるから，調査の対象が異なる。それに応じて，付随する属性（産業の区分など）にも差が出てくる。こうした類似統計の比較は2章以降で行う。いずれにしても，分析のための情報が調査対象によって異なるという点に注意が必要である。

表1.4 事業所別商品生産例

	甲	乙	丙	合計
A事業所	350	150	100	600
B事業所	400	100	200	700
C事業所	250	350	200	800
合計	1000	600	500	2100

どちらの調査に拠るかによって，労働時間の分析に必要な情報が異なるからである．

労働時間の例では，労働の供給面からか需要面からかという選択は，比較的わかりやすい．というのは，調査対象に差があっても，仮説に伴う分析単位と統計単位がともに労働時間で同じだからである（図1.2参照）．

これに対して，調査対象が同じでも分析単位と統計単位に微妙な差が生じるときがある．その代表例が生産サイドに関する統計単位である．生産サイドの統計単位としては，㈦ 商品，㈣ 事業所，㈥ 企業，㈡ 企業群と四つが考えられる．いま仮設例として，㈥と㈡を除いて表1.4のような企業を考えてみよう．すなわち，ある企業がA，B，Cの3事業所（工場を想定すればよい）で甲，乙，丙の3商品を生産しているとする．これを商品単位，事業所単位でどのように集計するかが問題となる．商品単位では，1000が甲，600が乙，500が丙となる．これに対して，事業所単位では主力商品によってその事業所を格付けするのが一般的である．そうすると，A事業所は甲商品が主力であるから，Aが甲，Bが甲，Cが乙と分類され，その集計結果は甲が1300，乙が800，丙がゼロとなる（産業分類，商品分類については2章2.2.2参照）．

このように，統計調査が事業所を対象に行われていても，生産額は商品単位か事業所単位かで異なってくるのである．さらに，事業所を名寄せ集計し

て企業単位にする場合がある。工業統計表（このときは出荷額）では，商品（品目編），事業所（産業編），企業（企業編）と三つの単位がある。これらのより詳しい議論は，6 章と 7 章に譲る。

　重要な点は，生産サイドについての統計に関しては事業所が基本となるのに対して，経済学の分析単位は商品（あるいはアクティビティ・ベース）や企業である点である。それゆえ，両者の間にいろいろな工夫がなされる。利用面からはこうした単位に注意が必要である。こうした単位の差を利用して，企業行動の多角化など興味ある分析も可能となる[2]。

　家計サイドの統計でも，それが世帯を対象にしているのか，個人を対象にしているのかという，統計単位に配慮がいる。

　2）　具体的な例として，たとえば，溝口敏行『わが国統計調査の現代的課題』（岩波書店，1992）参照。

2

統計制度と標準統計分類

2.1　統計制度と統計の種類

2.1.1　統計調査と統計制度

　統計の切り口にはいろいろある。調査統計，業務統計，加工統計は統計作成過程に注目した区分である（1章1.1.1参照）。調査統計に限って，それを法的な面から区分すると，指定統計，届出統計，承認統計と大別できる。このうち基本となるのは指定統計である。指定統計は統計法によって規定され，総務大臣が指定し，その旨を公示した統計をいう（第2条）。

　統計法は，「統計の真実性を確保し，統計調査の重複を除き，統計の体系を整備し，及び統計制度の改善発達を図ること」（第1条）を目的としている。ここに日本の統計に対する姿勢が見られる。すなわち，統計の基本として真実（または正確性）の把握がまず要求されているのである。

　また，日本の統計調査は各府省がそれぞれ独自に行う分散型である（総務省統計局の調査に重要な統計が多いものの，集中型でない）。したがって，重複の排除，体系化も重要となる。指定統計調査は統計法に基づいて実施され，他の法律の適用を受けない（たとえば指定統計の一つである家計調査が税務調査に利用されることはない）。さらに，統計法は守秘義務もうたっている（第14条）。指定統計は2005年4月現在，形式的には国勢調査（指定統

計第1号)から法人土地基本調査(第121号)まである。しかし,途中で廃止されたもの,統合されたものなどがあり,実質的には56調査である(**表2.1**)。指定統計は政府統計の根幹をなすものであって,その中でも特に国勢調査は重要である。したがって,他の指定統計と異なり,統計法に国勢調査の条項が特別に設けられている(第4条)。

　統計需要の増大,調査対象となる申告者の負担軽減などから,各種の制約が伴う指定統計だけでは,統計行政上対処できないことが多い。そのため,統計法第8条に,事前に総務大臣に届け出れば許可される条項が設けられている。これに基づく統計が届出統計である。一方,承認統計は統計報告調整法に基づいて実施された調査統計であり,その趣旨は届出統計と同じである。2003年度の実施状況を見ると,届出統計調査は442件,承認統計調査は145件である。指定統計調査が42件であるから(年によって異なるものの,毎年50件前後),届出統計調査,承認統計調査の数はかなり多い。

2.1.2　全数調査と標本調査

　調査方法から統計を区分すると,**全数調査**(悉皆調査,センサス)と**標本調査**とに分けられる。全数調査とは調査対象をすべて調査するものであり,標本調査とは調査対象全体(**母集団**という)から一部分(**標本**という)を抽出し,調査するものである。

　両者には一長一短があり,相互に補完する側面をもつ。まず,全数調査はすべてを調査するのであるから,統計数値に関する信頼性は高く(正確性は統計法においても重視されている),対象の属性に見合った各種のクロス分類が容易であるなどの長所をもつ。しかし,調査費用が高くつく,集計時間がかかる,調査事項が比較的一般的な項目に限定されるなどの欠点をもつ。また,統計調査員の数が膨大な数(平成17年国勢調査の場合,全国で約85万人)となるので,実際の調査の段階で,統計調査員に調査の目的や方法がどの程度徹底しているかという問題もある。なお,全数把握という視点からは,前述した貿易統計などの業務統計の一部も該当しよう。

表2.1 指定統計一覧（2005年4月現在作成されているもの）

指定番号	指定統計の名称	指定年月日	指定番号	指定統計の名称	指定年月日
総務省《14》			**農林水産省《7》**		
1	国勢調査	1947. 5. 2	26	農林業センサス	1949. 9.29
2	事業所・企業統計	47. 5. 2	33	牛乳乳製品統計	50. 4. 4
14	住宅・土地統計	48. 5.17	37	作物統計	50. 6.21
30	労働力調査	50. 1. 7	54	海面漁業生産統計	52. 7. 2
35	小売物価統計	50. 5. 8	67	漁業センサス	53. 8.22
56	家計調査	52. 9. 4	69	製材統計	53. 9.30
57	個人企業経済調査	52. 9.11	119	農業経営統計	94. 7. 1
61	科学技術研究調査	53. 3.18	**経済産業省《12》**		
76	地方公務員給与実態調査	54.12.23	10	工業統計調査	47.11.21
87	就業構造基本調査	56. 4.12	11	経済産業省生産動態統計	47.11.26
97	全国消費実態調査	59. 5.23	23	商業統計	49. 6.15
108	全国物価統計	67. 6.13	40	埋蔵鉱量統計	50. 8.31
114	社会生活基本統計	76. 8. 6	43	ガス事業生産動態統計	51. 3.28
117	サービス業基本統計	89. 4.10	46	特定機械設備統計調査	52. 2.20
財務省《1》			51	石油製品需給動態統計	52. 3.31
110	法人企業統計	70. 6. 8	64	商業動態統計調査	53. 6. 3
国税庁《1》			113	特定サービス産業実態統計	73.10. 1
77	民間給与実態統計	55. 1.27	115	経済産業省特定業種石油等消費統計	80. 8.11
文部科学省《4》			118	経済産業省企業活動基本統計	92. 9.11
13	学校基本調査	48. 5.17	120	商工業実態基本統計	98. 3.31
15	学校保健統計	48. 6. 2	**国土交通省《10》**		
62	学校教員統計	53. 3.28	6	港湾調査	47. 6.19
83	社会教育調査	55. 8.24	28	船舶船員統計	49.12.13
厚生労働省《7》			29	造船造機統計	49.12.13
5	人口動態調査	47. 6.19	32	建築着工統計	50. 3. 2
7	毎月勤労統計調査	47. 8. 2	71	鉄道車両等生産動態統計	54. 2.26
48	薬事工業生産動態統計調査	52. 3.11	84	建設工事統計	55.10.19
65	医療施設統計	53. 7. 7	90	船員労働統計	57. 3.25
66	患者調査	53. 7. 7	99	自動車輸送統計	60. 3.28
94	賃金構造基本統計	58. 3.25	103	内航船舶輸送統計	63. 3.30
116	国民生活基礎統計	86. 6.18	121	法人土地基本統計	98. 5.20

《合計56》

資料出所：総務省政策統括官『指定統計一覧』

一方，標本調査では調査費用が比較的安く，調査の徹底化も行いやすい，集計時間もかからない，調査目的に合致した調査項目がとりやすいなどの長所をもつ．しかし，標本調査の大前提である標本抽出には母集団（全数調査）が必要であり，その標本が母集団をどの程度代表しているかという基本的問題をもつ．これは**標本抽出法**という統計学の分野の基本的な問題である．一般に広く利用されている方法は**無作為抽出法**である．これは単位選定の際，抽出者の意志を入れずにランダムに（乱数表などを使用して）抽出することである．これによれば，母集団の推定に際して，誤差を客観的に評価できるという長所がある．

日本の調査統計は標本調査が圧倒的に多い．もちろん，標本調査の母集団のフレームとして利用される重要な全数調査も，いくつか存在する．国勢調査は，住宅・土地統計調査，労働力調査，就業構造基本調査，社会生活基本調査，国民生活基礎調査，住宅需要実態調査（これは承認統計）など世帯や個人を対象とする重要な標本調査の抽出枠として使用される[1]．他方，生産サイド（事業所）の抽出枠として用いられる全数調査に**事業所・企業統計調査**（指定統計第2号）がある[2]．この調査を抽出枠とする主な統計調査は，毎月勤労統計調査，賃金構造基本統計調査，特定サービス産業実態調査，サービス業基本調査などがある．同様に，農業や農家などについての標本調査は**農林業センサス**を，製造業の標本調査は**工業統計調査**を，商業・流通や物価の標本調査は**商業統計調査**をその抽出枠として使用する場合がある．

もとより，標本調査の抽出枠には業務資料なども利用される．このように，国勢調査などの全数調査は，その調査内容だけではなくて，母集団としての意義も大きい点に注意する必要がある．

---

1) 家計調査や全国消費実態調査でも，標本設計の資料として国勢調査の調査区が用いられている．
2) 旧事業所統計調査は1996（平成8）年に事業所・企業統計調査と名が改められた．現在，5年ごとに事業所の構造把握のための調査（1996年，2001年）が行われ，中間年次に簡易調査（1999年，2004年）が実施されている．詳細は総務庁統計局統計基準部編『統計調査総覧（平成15年版）』参照．

2.2 標準統計分類

2.2.1 標準統計分類の必要性と種類

　統計データはなんらかの基準によって整理される必要がある。この基準としてはいろいろなものが考えられる。しかし，商品や産業にしても各統計でバラバラに基準が設けられていては，統計データ間の併用や比較などができないから，統計利用上極めて制約的になるとともに，一過性になりがちである。そこで，統計データの利用向上を図るため，公表の表章基準として標準統計分類が作成されている。

　話がやや横道にそれるが，政府統計に関する常設の諮問機関として統計審議会がある。統計審議会には，現在のところ人口・労働統計部会をはじめとして七つの常設部会がある。このうちの一つが「産業分類部会」である。審議会の中に一つの部会が設けられるほど，分類というのは重要であるといえる。それとともに，各種関連統計に波及する点に，「分類」そのものの大きな特徴がある。

　標準統計分類は，調査された統計結果を表章する手段である。しかし，それを固定化して考えてはならない。統計は現実を反映するものであり，標準統計分類はそれを表現する手段であるから，当然変化する（それゆえ，統計審議会の常設部会ともなっているのである）。むしろ変化しない分類は，その分野が停滞（安定）していることを示唆する。その意味で，分類とは決められた途端，陳腐化するという運命にあるといえる。分類の変更そのものが現実を反映しているのである。

　表2.2は日本の標準統計分類の設定と改訂の状況を示したものである。日本標準産業分類を例にとれば，1949年に同分類が設定され，2002年までに11回の改訂が実際に行われている。平均的に見れば4～5年に1回ぐらいの割合で改訂されている。これは技術革新や産業構造の変化など，現実経済にマッチした分類体系がそのつど要求されたからにほかならない。

表2.2 標準統計分類の設定および改訂の状況

	設定年月	改訂回数	最終改訂年月
日本標準産業分類	1949年10月	11回	2002年3月
日本標準商品分類	1950年3月	5回	1990年6月
日本標準職業分類	1960年3月	4回	1997年12月
疾病,傷害及び死因分類*	1951年4月	4回	1994年10月

＊ 2005年10月に一部改正の予定。

表2.2の標準統計分類の例を見ると,分類に関していくつかのポイントがあることがわかる。第一は分類が適用される対象であり,第二は分類の原理,原則であり,第三は分類の構成である。このうち,第二と第三の論点は現実の標準統計分類に即して述べた方がわかりやすいので,ここでは第一の点に関連したことのみを述べておく。

まず分類の適用対象は,分類の種類の問題でもある。表2.2は4種類の標準分類であるが,分類によって設定年次も改訂状況も異なる。産業分類と職業分類を比較すると,設定年次で後者の方が11年も遅い。それだけ新しい分野である。改訂状況も,職業分類は37年間で4回の改訂であり,平均して8～9年に1回の割合と産業分類よりテンポがゆっくりしている。このように,標準分類の必要性が対象によって異なることがわかる。また政令によって標準分類の適用が指定されているものもある。一つは「日本標準産業分類」であり,もう一つは「疾病,傷害及び死因分類」である。

以上は日本の標準統計分類の種類である。国際比較の観点から国連などを中心に国際標準統計分類が設定され,これまでに何度か改訂されてきた。現在の国際標準統計分類には,国際標準産業分類,国際標準職業分類,標準国際貿易分類,中央生産物分類,商品の名称及び分類についての統一システムなどがある[3]。こうした国際標準分類の改訂があると,それが日本の標準統計分類にも波及する。もとより国際分類と日本の分類がまったく同じというわけではないが,その対応は配慮されている。

2.2.2 日本標準産業分類

ここで日本の代表的な標準統計分類の概略について若干述べておこう[4]。すなわち，ここでは(イ)日本標準産業分類，(ロ)日本標準商品分類，(ハ)日本標準職業分類をとりあげることにする。

まず，最も基本的な標準統計分類は(イ)の**日本標準産業分類（JSIC）**である。日本標準産業分類は，前述のように，統計法に基づく政令により，指定統計調査などにおける産業の統計表章にその使用が義務付けられている。また**表2.2**の設定年次からもわかるように，古い標準分類であり，それだけ重要度も高い。最も新しい改訂は，2002年のものである。ここでは，2002年の第11回改訂の概略について述べておく。

日本標準産業分類[5]では，産業の定義から出発している。産業分類でいう産業とは**事業所における経済活動**をいい，**一般の営利活動はもとより教育，宗教，公務などの非営利活動も含む**。ただし，市場が成立しない家庭内家事労働は含めない。この定義では，産業の分類に当たっては「事業所の経済活動」が基本となる。そこで次に，当然，事業所の定義が規定される。事業所の一般的なイメージとしては，工場，商店，事務所，病院などを想定すればよいであろう。問題は事業所の経済活動のどこに焦点を当てて産業区分の定義をするか，という点である。現在，日本では，主として以下の諸点に着目して区分されている[6]。

① 生産される財貨または提供されるサービスの種類（用途，機能など）
② 財貨生産またはサービス提供の方法（設備，技術など）
③ 原材料の種類及び性質，サービスの対象及び取り扱われるもの

---

3) 『平成17年版統計実務基礎知識』㈶全国統計協会連合会，pp. 173〜175参照。この文献は，各分類が要領よく整理されており，本節でもこの文章を参考にしている。
4) 最近の動向については，『平成17年版統計実務基礎知識』㈶全国統計協会連合会，pp. 172〜207参照。
5) 総務省『日本標準産業分類』平成14年3月改訂。
6) この点については，『平成17年版統計実務基礎知識』㈶全国統計協会連合会，pp. 185〜186参照。

(商品など)の種類

これら①～③から判断すれば，事業所の経済活動はそれと関連する財貨及びサービスの性質から，その分類基準が作成されているといえる．それだけ両者の関係は密である．また一つの事業所が複数以上の活動を行っているとき，その事業所は売上(収入)額の最も多い活動に分類される(1章1.2.4参照)．

分類の構成は表2.3のようになっている．2002年の第11回改訂では，情報通信の高度化，経済活動のソフト化・サービス化，少子・高齢社会への移行等に伴う産業構造の変化に適合させるために，「情報通信業」や「医療，福祉」など5項目が大分類として新設された．その結果，大分類はAからSまで19，中分類が97，小分類が420，細分類が1269となっている．分類の符号は，大分類がアルファベット，中分類が2桁，小分類が3桁，細分類が4桁で表示される．ただし，分類の数とその産業の売上(収入)額は必ずしも比例していない場合があるので，産業間比較を行うとき，目的に応じてある産業の分類を粗く，別の産業の分類を詳しく組み替えて利用されるのが一般的である．

2.2.3 日本標準商品分類

日本標準商品分類(JSCC)は，統計の調査結果を商品別に表章する工業統計調査，生産動態統計調査などで用いられる．現在の分類は1990年の体系である．その前の改訂が1975年であったから，15年ぶりの改訂である．この15年間に技術革新や消費者ニーズの高度化，多様化などがあり，現実の商品の生産，流通への対処からも改訂が必要となった．もう一つの改訂理由は，1980年代以降の類似の国際標準分類への対応であった．すなわち，貿易や関税率などの側面から世界関税機構(WCO)が新しい商品分類(「商品の名称及び分類についての統一システム」，略称HS)を1983年に設定した．また，国連統計委員会も1985年に標準国際貿易分類(SITC)の第3次改訂を行った．その理由は，このHSが1988年から日本でも貿易統計に利

表2.3 日本標準産業分類（第11次改訂）の分類構成

大分類		中分類	小分類	細分類
A	農業	1	4	20
B	林業	1	5	9
C	漁業	2	4	17
D	鉱業	1	6	30
E	建設業	3	20	49
F	製造業	24	150	563
G	電気・ガス・熱供給・水道業	4	6	12
H	情報通信業	5	15	29
I	運輸業	7	24	46
J	卸売・小売業	12	44	150
K	金融・保険業	7	19	68
L	不動産業	2	6	10
M	飲食店，宿泊業	3	12	18
N	医療，福祉	3	15	37
O	教育，学習支援業	2	12	33
P	複合サービス事業	2	4	8
Q	サービス業（他に分類されないもの）	15	68	164
R	公務（他に分類されないもの）	2	5	5
S	分類不能の産業	1	1	1
（計）	19	97	420	1,269

例：「フィットネスクラブ」の場合（O-7747）
大分類「O　教育，学習支援業」→中分類「77　その他の教育，学習支援業」→小分類「774　教養・技能教授業」→細分類「O-7747　フィットネスクラブ」

用されるようになったからである。

　なお，日本標準商品分類では，サービス，土地，地下にある資源などは対象外になっているものの，電力・ガス及び用水は含んでいる。

　日本標準商品分類は，商品を類似するものごとに集約することに目的があ

表2.4 日本標準商品分類（第5次改訂）の分類構成

大分類	中分類	小分類	細分類	細々分類	6桁分類
1 粗原料及びエネルギー源	9	56	291	817	924
2 加工基礎材及び中間製品	17	143	887	3,120	3,134
3 生産用設備機器及びエネルギー機器	19	120	613	1,943	2,410
4 輸送用機器	6	34	191	671	482
5 情報・通信機器	4	21	109	356	633
6 その他の機器	13	88	473	1,361	1,932
7 食料品，飲料及び製造たばこ	8	42	258	909	1,255
8 生活・文化用品	19	165	772	2,138	2,879
9 スクラップ及びウエイスト	1	9	40	94	108
0 分類不能の商品	1	—	—	—	—
（計） 10	97	678	3,634	11,400	13,757

例：「軽乗用車」の場合（471111）
大分類「4　輸送用機器」→中分類「47　自動車及び二輪自動車（原動機付自転車を含む。）」→小分類「471　完成自動車（四輪及び六輪自動車）」→細分類「4711　乗用自動車」→細々分類「471111　ガソリン機関搭載車」→6桁分類「471111　気筒容積660 cc 以下」

り，その分類基準の原則として，次の4点が挙げられている。

① 商品の用途
② 商品の機能
③ 商品の材料
④ 商品の成因

一つの商品は，原則として一つの分類項目に分類される。もし一つの商品を複数の項目に分類する必要があるときは，主たる分類項目を明示して，他の必要な項目にその同一商品を再掲することとしている。また，複合機能商品の分類は，その主たる機能に基づいて決定しており，それが困難な場合は製造費の中で最も大きい比重を占める機能によって分類されている。

分類の構成は，表2.4に示すように，大分類は10項目ある。ただし，分類

不能を除く9分類の中分類以下の構成は複雑である。実際上は中分類番号を基本コードとすることが多く，中分類は2桁（01～99）表示である。小分類以下は，原則として小分類が3桁（011～），細分類が4桁（0111～），細々分類が5桁（01111～）で整理されている。大分類の整序については，前述の商品の用途で分離し，順序は原則として粗原料的商品から最終的商品へ，最終製造品は生産財から消費財的商品に配列されている。中分類では，汎用的機能から特定機能をもつ商品へ，加工度の低い商品から高い商品へ，などの順に配列されている。小分類以下では，機能，用途，材料などのほか，各中分類ごとの商品の生産や流通の実態などによって配列されている[7]。

このように日本標準商品分類は商品数も多く，個別商品がどこに属しているかを探すのに苦労が伴う。同一商品の再掲など，利用者への便を図っているものの，利用者も各分類段階の配列の原理をある程度知っておく必要がある。

2.2.4 日本標準職業分類

日本における職業分類の原型は，1920年の第1回国勢調査に用いられた職業分類であったという。ただし，今日的視点から見れば，それは産業分類に近く，それに若干の職業的色彩を加味したものであった。当時の状況からすれば，産業分類と職業分離の区分の観念が弱く，両者の区別は1930年の第3回国勢調査以降ということになる[8]。

こうした戦前の動向から，二つのことに気づく。第一は，国勢調査が雇用統計の性質も兼ねていることである。この点は今日でも変わりない。第二は，戦前にすでに産業分類と職業分類の相違が意識されていたことである。

戦後は前掲の表2.2に示したように1960年に設定されており，標準分類としては新しい。ただし，職業分類は最も基本的な国勢調査に用いられてきた

---

[7] 各分類段階の整理および順序の原則は重要である。総務庁『日本標準商品分類』平成2年，pp. 3～5及び同付録参照。

[8] 総務庁『日本標準職業分類』平成9年12月改訂，p. 3参照。

ことから，1960年以前にも国勢調査用職業分類の作成，統計審議会による審議などが行われてきた．さらにこの間，1958年には国際労働機関（ILO）の国際標準職業分類の作成もあり，これらの経験や研究を考慮して，1960年に設定されたのである．その意味では，見かけよりも古い歴史をもつ．

　次に，1997年の分類体系の特徴について述べておこう．第一は，職業分類の適用単位は個人であるということである．第二は，職業の定義である．日本標準職業分類でいう職業とは，「個人が継続的に行い，かつ，収入を伴う仕事」となっている．この括弧内をどう規定するかが問題となる．「仕事の継続性」とは，仕事が一時的でないことをいう（周期がなくても，続けていればよい）．「収入を伴う仕事」とは，収入を目的とする社会的に有用な仕事を指す．したがって，仕事をしないで収入がある（利子などの財産収入，年金収入，仕送り金，競馬や競輪の配当など）場合は職業の従事とはみなされないし，仕事をしていても収入を伴わない（家事や無給のボランティア活動など）場合も職業とはしない．

　職業の分類基準の視点としては，次の6点が掲げられている．ただし，分類項目の設定に当たっては，その仕事の従事者数，法的資格なども考慮される．

① 個人が従事する仕事の形態
② 必要とされる知識または技能
③ 生産される財貨または提供されるサービスの種類
④ 使用する原材料・道具・機械器具・設備の種類
⑤ 仕事に従事する場所及び環境
⑥ 事業所またはその他の組織の中で果たす役割

　これら①〜⑥が分類にどのように反映されるかは，分類そのものを見るのがよいであろう．分類の構成は表2.5のようになっている．個人の職業を職業分類に格付けするときには，大分類から順次，中分類，小分類に適用される．このとき職業の決定方法が興味深い．

　その第一は，二つ以上の勤務先で異なる分類項目に従事しているときの決

2.2 標準統計分類

表2.5 日本標準職業分類（第4次改訂）の構成

大分類		亜大分類	中分類	小分類
A	専門的・技術的職業従事者		20	75
B	管理的職業従事者		4	10
C	事務従事者		7	21
D	販売従事者		2	13
E	サービス職業従事者		6	27
F	保安職業従事者		3	11
G	農林漁業作業者		3	14
H	運輸・通信従事者		5	21
I	生産工程・労務作業者	3	30	171
J	分類不能の職業		1	1
	（計） 10	3	81	364

例：「保育士」の場合（A-123）
大分類「A 専門的・技術的職業従事者」→中分類「12 社会福祉専門技術者」→小分類「123 保育士」

定方法である．原則的に，(イ) 就業時間の最も長い仕事，(ロ) 収入の最も多い仕事，(ハ) 最近時に従事した仕事，の順である．収入よりも時間が優先されている．

その第二は，同一の勤務先で異なる分類項目の仕事に従事する場合の職業の決定順位である．(イ) 就業時間の最も長い仕事，(ロ) 職業大分類による優先順位，(ハ) 主要過程または最終過程の仕事，の順でここでも就業時間が最優先されている．また，(ロ)の職業大分類による優先順位とは，優先度の高い方からG, I, H, F, E, A, D, B, Cの順となっている．大分類と職業決定がリンクしている点が興味深い．

その第三は，ある特定の身分をもつ者はその身分によって職業を格付けしている．こうした例は，自衛官・警察官・海上保安官・消防員などである．

3

わが国の統計行政

現在，日本の統計行政，すなわち統計に関する行政は，統計法を基本法として分散型の統計機構のもとで行われている。この章では，統計制度，すなわち統計法と統計機構について簡単にまとめたうえで，1995年に統計審議会が答申した「統計行政の新中・長期構想」と2003年に各府省統計主管部局長等会議がとりまとめた「統計行政の新たな展開方向」に関して説明する。

3.1 統計法と統計機構

現在日本では，国及び地方公共団体が行う統計調査は統計法（昭和22（1947）年制定），統計報告調整法（昭和27年（1952）制定）及び届出を要する統計調査の範囲に関する政令（昭和25（1950）年）に基づいて行われている。戦前は「国勢調査ニ関スル法律」など個別に法律が制定されており，現在のような統計に関する基本法ができたのは戦後である。

統計法は，(1) 統計の真実性を確保し，(2) 統計調査の重複を除き，(3) 統計の体系を整備し，(4) 統計の改善発達を図ることを目的としている。そして統計法では，国の重要な統計を指定統計として規定し，指定統計調査はすべて統計法に基づくとしている。調査規則が廃止されたものや一回限りのものを除いて，2005年4月現在，継続して行われている指定統計調査は56件である。指定統計には指定された順に番号が付されており，その第1号が

国勢調査である（2章表2.1参照）。また統計報告調整法と「届出を要する統計調査の範囲に関する政令」に基づく統計調査は，前章で述べたようにそれぞれ承認統計，届出統計と呼ばれる。これらの統計調査の総合調整は総務省政策統括官（統計基準担当）が所掌しており，その審議機関として統計審議会がある。なお，世論調査，市場調査も広義の統計調査の一種ではあるが，統計法で規定している統計調査には含まれない。

　統計法の重要な点は，その目的である統計の真実性を確保するために，次のことを条文として明確に定めていることである。まず，調査主体に① 統計調査の目的の明示，② 結果の公表を義務付ける。ただし個票は公表しない。さらに，調査主体に③ 被調査者の秘密に属する事項の保護と調査した個票の目的外利用の禁止を規定している。そして①〜③の下で被調査者に④ 申告義務を課している。

　国勢調査を例にこれらの規定を説明すると，国勢調査は「政府が本邦に居住しているものとして政令で定める者について行う人口に関する全数調査」であって，調査結果は通常，調査年の12月下旬に要計表による人口及び世帯数が公表され，また約8カ月後に1％抽出集計による主要結果の速報が行われる。その後，順次，全数集計及び抽出詳細集計の結果が公表され，報告書が刊行される。ただし，個々の調査票の記入内容を税務監査などの目的で使うことは統計法上禁止されている。このような形で秘密の保護，個々人のプライバシーは守られる一方で，申告拒否に対しては罰則規定（6カ月以下の懲役もしくは禁固または10万円以下の罰金）が設けられている。

　民間が作成している統計も含めて，図示したのが図3.1である。

　このような統計法及び統計報告調整法のもとで，日本では，各府省が所管の業務に必要な統計を作成するのが原則となっている。このため，統計を作成するための統計調査も各府省がそれぞれで実施しており，いずれも統計の作成や分析を担当する組織を置いている。このような統計機構を一つの機関が統計調査を集中して行う集中型の統計機構に対して，分散型の統計機構と呼んでいる。ただし，各府省がそれぞれ勝手に統計調査を行うと，調査が重

3 わが国の統計行政

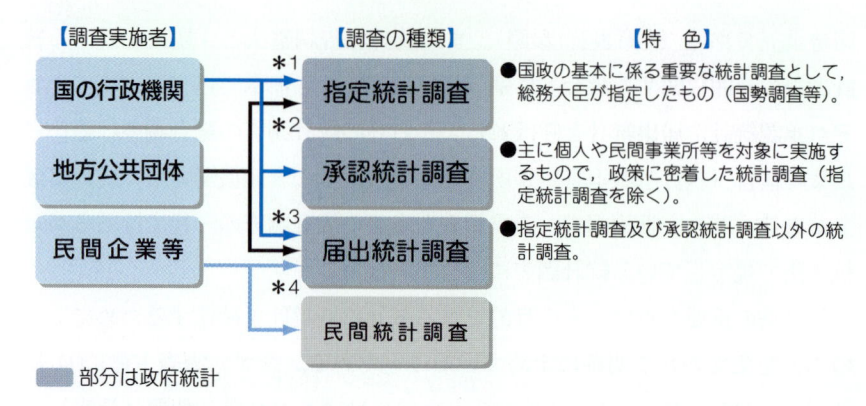

【調査実施者】	【調査の種類】	【特 色】
国の行政機関 →*1	指定統計調査	●国政の基本に係る重要な統計調査として、総務大臣が指定したもの（国勢調査等）。
地方公共団体 →*2	承認統計調査	●主に個人や民間事業所等を対象に実施するもので、政策に密着した統計調査（指定統計調査を除く）。
民間企業等 →*3	届出統計調査	●指定統計調査及び承認統計調査以外の統計調査。
→*4	民間統計調査	

■ 部分は政府統計

*1 2005年4月1日現在，56件が実施。
*2 現在実施されていない。
*3 国実施分は地方公共団体が対象。
*4 日本銀行や日本商工会議所が実施するもの（日本商工会議所は現在実施していない）。
出典：総務庁広報誌『MC VIEWS』総務庁，1997年9月，p.16

図3.1 日本で作成されている統計

複したり，統計の利用に支障が生じたりするおそれがあるため，総務省政策統括官（統計基準担当）が各府省が行おうとする統計調査の内容の審査，調整を行っている。また政策統括官（統計基準担当）は，統計の作成に必要な産業や職業の標準統計分類の設定も担当している。なお，総務省統計局は，国勢調査など国の基礎的な調査（通常は，指定統計に指定されている調査）を実施している。

　日本の統計機構は，国レベルでは「（組織）分散型」であるとはいえ，統計調査の業務の流れから見ると地方レベルでは，「（機能）集中型」であるといえる。図3.2（38～39頁）は，統計調査の業務の流れを描いた流れ図である。この図において，都道府県には統計主管課が置かれており，都道府県は国から法定受託した各種統計調査を実施するとともに，大規模な調査については市町村を経由して実施している。その際，調査内容や調査票の審査等について必要な説明を行っている。

　なお，総務省では各都道府県の調査の業務量に応じて定数を決め，それに

要する人件費等を統計専任職員配置費として交付しており，2005年度の統計専任職員数は2,219人となっている．主な指定統計について，具体的にどのような流れで行われているかを示したのが図3.3（40頁）である．このような図は，一般に調査系統図と呼ばれている．

　統計機構は，行政機構に対する思想や歴史的な発展経緯によって，国ごとに大きく異なっている．具体的に見ると，アメリカは同じ「分散型」の統計機構を採っているものの，行政予算管理庁（Office for Management & Budget）情報規制局（Office for Information & Regulatory Affairs）の下に置かれた統計・科学政策部（Statistical and Science Policy Branch）が統計に関する総合調整のみを行い，統計作成機関は，商務省センサス局，労働省労働統計局などに完全に分散されている．また，イギリスは，大蔵省に置かれた統計局（Office for National Statistics）が総合調整を行うほか，各種主要統計（たとえば，人口センサス，労働力調査，国民経済計算，小売物価指数，家計調査など）を実施するという「分散型」の統計機構を採っており，比較的日本の統計機構に近いといえる．他方，カナダは産業大臣の管轄下にあるカナダ統計局が統計の企画，調整，集計，公表などを国レベルだけではなくて，州レベルの統計についても行っており，「完全な集中型」の統計機構を採っている．ドイツは国レベルでは，連邦内務大臣の管轄下にある連邦統計局がかなりの統計を所管する「集中型」であるが，調査の実施は各州に委託され，連邦統計局は，各州ごとの結果を合算するという，地方分権が強い地方分散型である．

38　　　3　わが国の統計行政

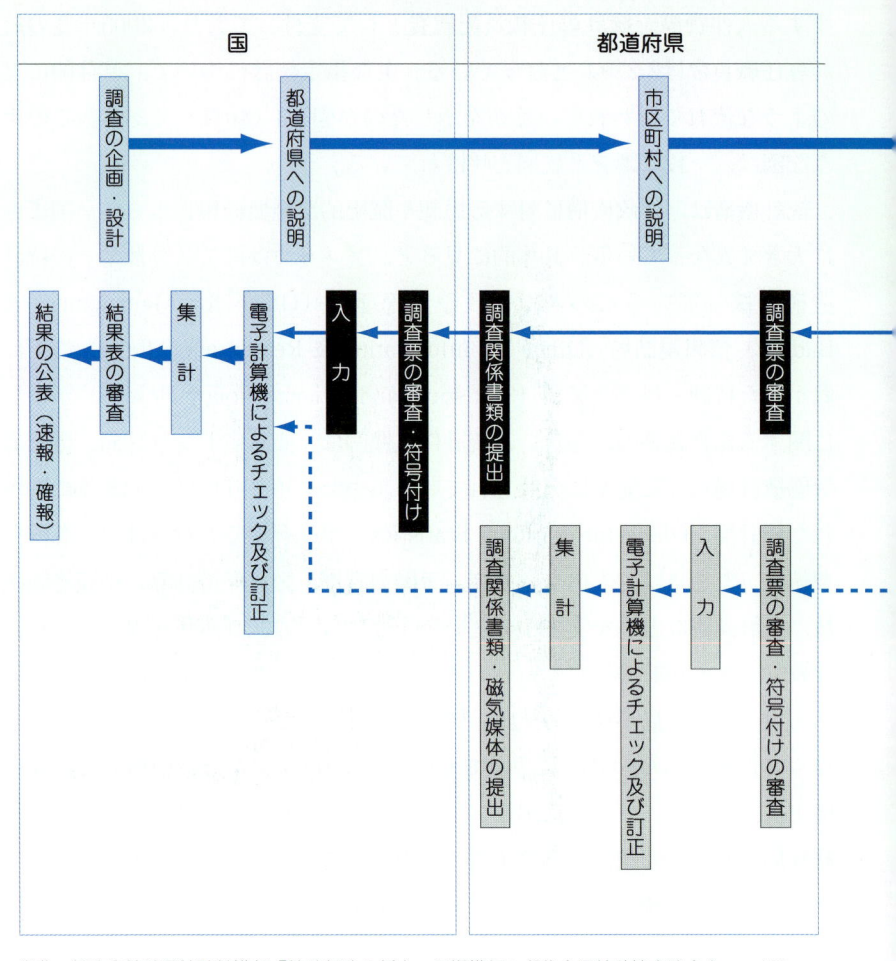

国	都道府県

調査の企画・設計 → 都道府県への説明 → 市区町村への説明

結果の公表（速報・確報） ← 結果表の審査 ← 集計 ← 電子計算機によるチェック及び訂正 ← 入力 ← 調査票の審査・符号付け ← 調査関係書類の提出 ← 調査票の審査 ←

調査関係書類・磁気媒体の提出 ← 集計 ← 電子計算機によるチェック及び訂正 ← 入力 ← 調査票の審査・符号付けの審査 ←

出典：総務庁統計局統計基準部『統計行政の新中・長期構想』（財）全国統計協会連合会，p.115

図3.2　統計調査の業務の流れ

3.1 統計法と統計機構

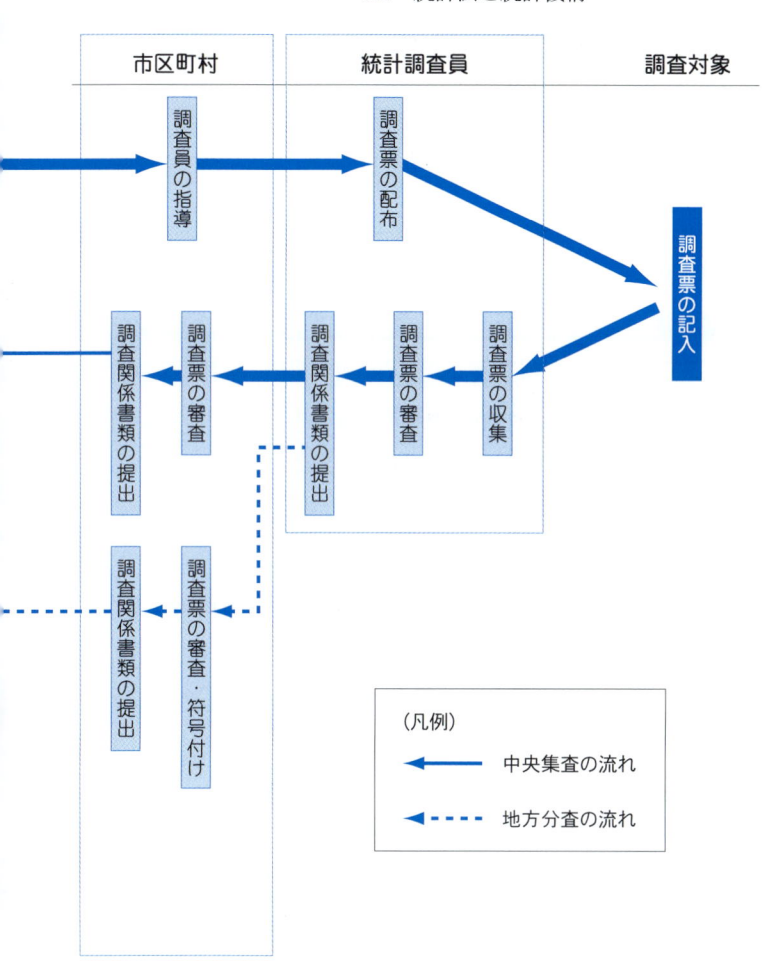

市区町村	統計調査員	調査対象

流れ:
- 調査員の指導 → 調査票の配布 → 調査票の記入
- 調査票の記入 → 調査票の収集 → 調査票の審査 → 調査関係書類の提出 → 調査票の審査 → 調査関係書類の提出
- （地方分査）調査票の審査・符号付け → 調査関係書類の提出

（凡例）
- ──▶ 中央集査の流れ
- ─ ─▶ 地方分査の流れ

中央府省 → 調査対象への流れ

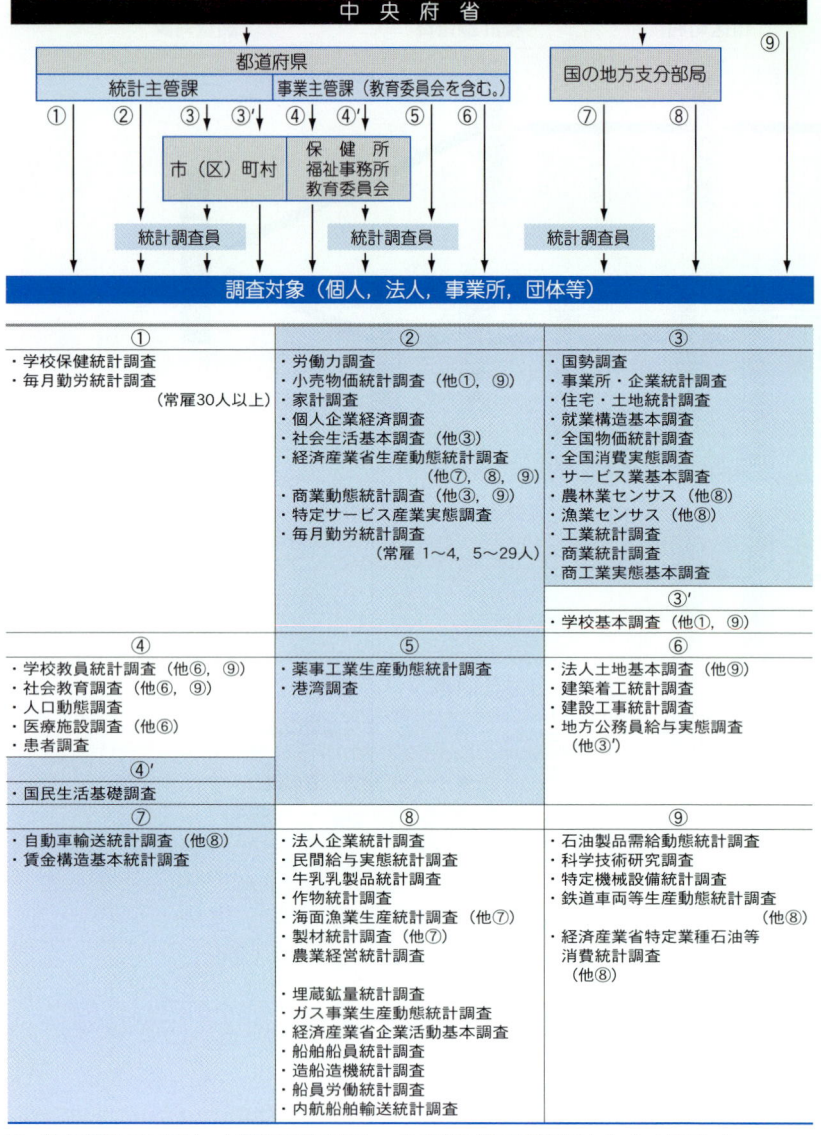

```
中央府省
 ├─→ 都道府県
 │    ├─ 統計主管課
 │    └─ 事業主管課（教育委員会を含む。）
 ├─→ 国の地方支分部局
 └─⑨
```

都道府県 ①②③③′④④′⑤⑥ → 市（区）町村／保健所・福祉事務所・教育委員会 → 統計調査員 → 調査対象（個人，法人，事業所，団体等）

国の地方支分部局 ⑦⑧ → 統計調査員 → 調査対象

①	②	③
・学校保健統計調査 ・毎月勤労統計調査 　　　（常雇30人以上）	・労働力調査 ・小売物価統計調査（他①，⑨） ・家計調査 ・個人企業経済調査 ・社会生活基本調査（他③） ・経済産業省生産動態統計調査 　　　　　　　（他⑦，⑧，⑨） ・商業動態統計調査（他③，⑨） ・特定サービス産業実態調査 ・毎月勤労統計調査 　　　（常雇1〜4，5〜29人）	・国勢調査 ・事業所・企業統計調査 ・住宅・土地統計調査 ・就業構造基本調査 ・全国物価統計調査 ・全国消費実態調査 ・サービス業基本調査 ・農林業センサス（他⑧） ・漁業センサス（他⑧） ・工業統計調査 ・商業統計調査 ・商工業実態基本調査

		③′
		・学校基本調査（他①，⑨）

④	⑤	⑥
・学校教員統計調査（他⑥，⑨） ・社会教育調査（他⑥，⑨） ・人口動態調査 ・医療施設調査（他⑥） ・患者調査	・薬事工業生産動態統計調査 ・港湾調査	・法人土地基本調査（他⑨） ・建築着工統計調査 ・建設工事統計調査 ・地方公務員給与実態調査 　　　（他③′）

④′		
・国民生活基礎調査		

⑦	⑧	⑨
・自動車輸送統計調査（他⑧） ・賃金構造基本統計調査	・法人企業統計調査 ・民間給与実態統計調査 ・牛乳乳製品統計調査 ・作物統計調査 ・海面漁業生産統計調査（他⑦） ・製材統計調査（他⑦） ・農業経営統計調査 ・埋蔵鉱量統計調査 ・ガス事業生産動態統計調査 ・経済産業省企業活動基本調査 ・船舶艤員統計調査 ・造船造機統計調査 ・船員労働統計調査 ・内航船舶輸送統計調査	・石油製品需給動態統計調査 ・科学技術研究調査 ・特定機械設備統計調査 ・鉄道車両等生産動態統計調査 　　　（他⑧） ・経済産業省特定業種石油等 　消費統計調査 　　　（他⑧）

*1　調査系統については，主要な系統に区分し，他の系統がある場合には（　）内に示した。
*2　調査名における色網かけ部分（②，③，④′，⑤，⑦）は，統計調査員調査を示す。
出典：総務省統計局のホームページ（URL は http://www.stat.go.jp）による。なお，このホームページには，総務省統計局の紹介とともに，日本の統計制度に関する要約が載せられている。

図3.3　国の統計調査における調査の流れ図（指定統計調査）

3.2　統計行政と行政改革

統計調査の結果得られる統計データは，経済現象の把握や分析に必要不可欠であり，経済計画も含む各種行政施策の企画・立案の基礎となる。したがって，統計法を基本とする統計行政は行政全体の根幹をなすということもできる。統計行政の目的は

① 統計が国民にとって必要な情報としても重要であることから，必要な統計を整備し，利用しやすい形で提供すること
② 統計調査の実施に当たっては，報告者の負担の軽減を推進するとともに，簡素・効率的な実施を図ること
③ 総合調整機能の的確な発揮により，真に必要な統計の整備を図ること
④ 統計の中立性，個別情報の秘匿性の確保等に配慮すること

である。

そして上述したように，現在日本では，国レベルでは行政課題別の分散型（すなわち，府省別），地方レベルでは機能別集中型（すなわち，国の法定受託事務として各府省の行う統計調査を地方が実施）という統計機構が採られている。このような統計制度と報告者の協力によって，日本の統計はその多様さと精度に関して世界でもトップクラスにある。

しかし，統計行政といえども行政の一環であり，近年の行政改革の対象になっている。具体的には，1975年から1994年までの間に，分散型の制度を支えてきた主要省庁の統計担当部局は，行政機関の整理統合・一省庁一局削減によって大幅に縮小され，局規模の統計部局は，総務庁統計局のみとなった。総務庁統計局（現在の総務省統計局）は，1984年に総務庁の新設時にそれまで統計の総合調整を行っていた行政管理庁統計基準主幹（局に相当）が統計基準部に編成替えされ，調査実施機関であった総理府統計局調査部と合わさってできたものである。また人的にも定員削減によって，この間に統計職員の数は約2/3に縮小している。なお，直近の2005年の統計職員数は

表3.1 国の統計職員数とその推移

(単位：人)

	1995年	1996年	1997年	1998年	1999年	2000年	2001年	2002年	2003年	2004年	2005年
本省庁	3,365	3,338	3,289	3,156	3,056	2,958	2,857	2,818	1,826	1,755	1,742
地方支分部局	6,320	6,224	6,144	6,007	5,936	5,846	5,717	5,655	5,556	4,517	4,269
計	9,685	9,562	9,433	9,163	8,992	8,804	8,574	8,473	7,382	6,272	6,011
指数(1975年 = 100)	67.2	66.3	65.4	63.6	62.4	61.1	59.5	58.8	51.2	43.5	41.7

出典：内閣府経済社会統計整備推進委員会『政府統計の構造改革に向けて』平成17年6月10日

6,011人とさらに減少し，1975年の約4割となっている(**表3.1**)。

さらに予算的にも，統計予算は頭打ち状態にあり，その伸びは一般会計予算のそれと比較しても低い(**図3.4**)。なお，統計予算には，西暦で0と5の付く年に特別枠として国勢調査費が計上されるため，5年ごとに波を描くという特徴をもつ。

このような，いわば危機的な状況に対応して，統計審議会は1985年と1995年に統計行政のあり方に関する中長期的な構想を審議し，総務庁長官に答申した。これらは，それぞれ統計行政の中・長期構想，統計行政の新中・長期構想と呼ばれている。1985年の「統計行政の中・長期構想」の審議を回顧して，当時の統計審議会会長の森口繁一氏は，次のように述べている。

> 「1985年にまとめられた『統計行政の中・長期構想』は一つの危機感の産物と見ることができよう。行政改革の流れの中で統計主管の部局が統計局に吸収されることになり，その新体制のもとで，果たして分散型の統計調査の総合調整がうまく機能するだろうかという心配が出てきたのである。
>
> 統計局自身も総務庁所属となり，自ら基幹となる統計調査を実施するとともに，官庁統計全体の総合調整にあたるという建前になったし，運営上にもさまざまの工夫をこらして，総合調整の活動はあまり変わらない姿で実施できるようにしたのであるが，それだけでは安心できないという気持ちが関係者の間に強かった。」

(総務庁統計局統計基準部監修『統計情報』㈶全国統計協会連合会，1997年5・6月号，p. 28)

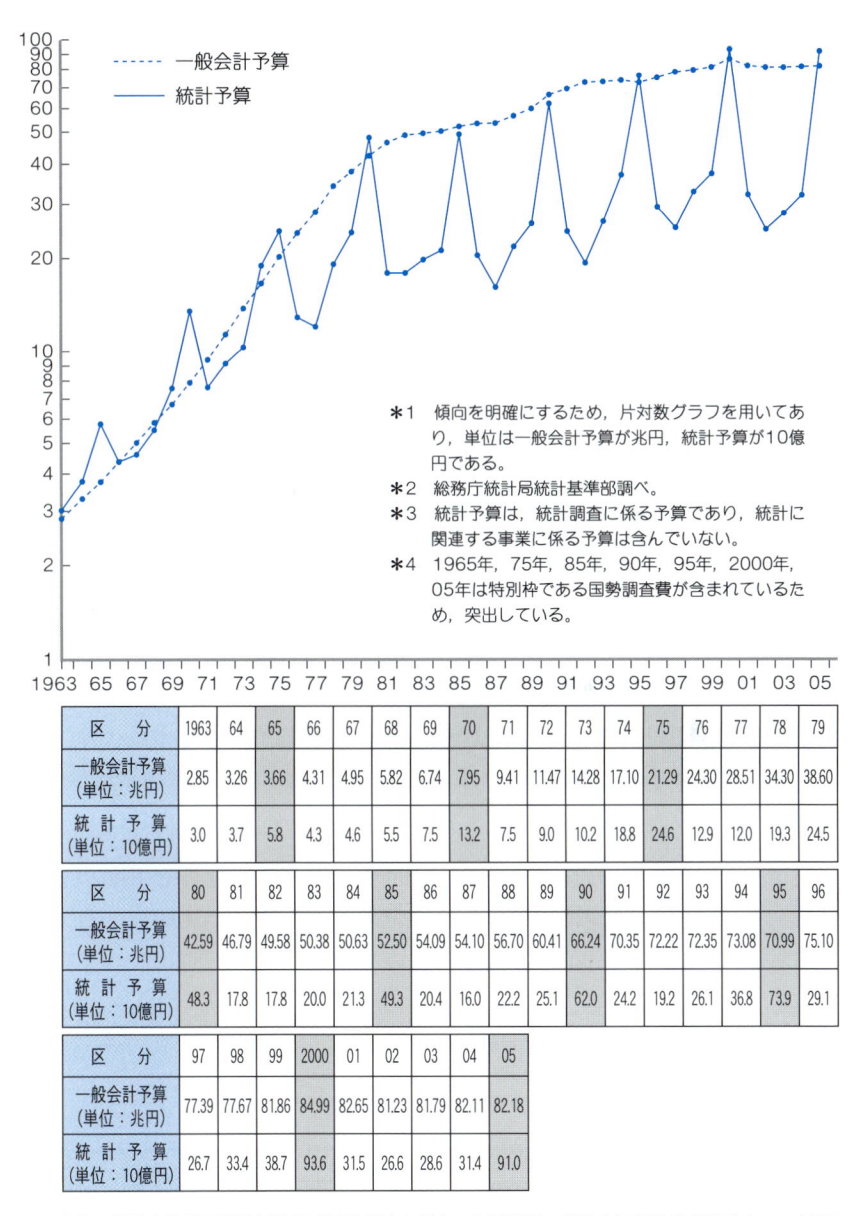

3.2 統計行政と行政改革

*1 傾向を明確にするため，片対数グラフを用いてあり，単位は一般会計予算が兆円，統計予算が10億円である。
*2 総務庁統計局統計基準部調べ。
*3 統計予算は，統計調査に係る予算であり，統計に関連する事業に係る予算は含んでいない。
*4 1965年，75年，85年，90年，95年，2000年，05年は特別枠である国勢調査費が含まれているため，突出している。

区　分	1963	64	65	66	67	68	69	70	71	72	73	74	75	76	77	78	79
一般会計予算(単位：兆円)	2.85	3.26	3.66	4.31	4.95	5.82	6.74	7.95	9.41	11.47	14.28	17.10	21.29	24.30	28.51	34.30	38.60
統計予算(単位：10億円)	3.0	3.7	5.8	4.3	4.6	5.5	7.5	13.2	7.5	9.0	10.2	18.8	24.6	12.9	12.0	19.3	24.5

区　分	80	81	82	83	84	85	86	87	88	89	90	91	92	93	94	95	96
一般会計予算(単位：兆円)	42.59	46.79	49.58	50.38	50.63	52.50	54.09	54.10	56.70	60.41	66.24	70.35	72.22	72.35	73.08	70.99	75.10
統計予算(単位：10億円)	48.3	17.8	17.8	20.0	21.3	49.3	20.4	16.0	22.2	25.1	62.0	24.2	19.2	26.1	36.8	73.9	29.1

区　分	97	98	99	2000	01	02	03	04	05
一般会計予算(単位：兆円)	77.39	77.67	81.86	84.99	82.65	81.23	81.79	82.11	82.18
統計予算(単位：10億円)	26.7	33.4	38.7	93.6	31.5	26.6	28.6	31.4	91.0

出典：総務庁統計局統計基準部『統計行政の新中・長期構想』(財)全国統計協会連合会，p.111に加筆

図3.4 一般会計予算及び統計調査予算の推移

そして，当時の行政管理庁長官に提出された建議第6号「今後の統計行政の進め方について」の中で，PDCA（plan-do-check-action）の円を用いて，中・長期構想の考え方を表している。

この答申の中で，統計調査のあり方という点では，次の三つが重要である。
① 統計調査実施後の公表までの時間の短縮
② 公表する内容を調査結果の集計表に限定せず，調査の制度も含めて詳細に定義したこと
③ 磁気テープによる結果の公表

これらが情報化の影響を強く受けていることは明らかであろう。

3.3 統計行政の新中・長期構想

1990年代に入って1985年に統計審議会でまとめられた「統計行政の中・長期構想」がどのように受け入れられたかを吟味し，その後の変化に対応するため，新しい答申の検討が開始された。そして，1995年3月**統計行政の新中・長期構想**が公表された（以下「新中・長期構想」と略す）。これは，1985年の答申から10年が経過し，「この間，社会経済情勢も大きく変化していることから」，それを見直すとともに，21世紀における統計行政のあり方を提言したものであった。具体的に，社会経済情勢の変化としては，① 国際化の進展，② 高齢化の進展，③ 国民の価値観と選択の多様化，④ 経済構造の変化を挙げて，見直しの視点としている。

「新中・長期構想」そのものは，統計行政の基本的考え方をまとめた前文の後，次の6つの章からなる[1]。

第1章　社会・経済の変化に対応した統計調査の見直し
第2章　主要統計調査の実施時期
第3章　報告者負担の軽減と地方統計機構

---

1)　総務庁統計局統計基準部監修『統計行政の新中・長期構想─統計審議会答申─』㈶全国統計協会連合会，1995参照。

第4章　調査結果の利用の拡大
第5章　統計調査の効率的実施と正確性の確保
第6章　国際協力の推進

3.4　統計行政の新たな展開方向

　2002年6月に「各府省統計主管部局長等会議」において，統計行政の進むべき新たな展開方向についての検討を開始することが決定された。具体的な検討は，関係府省のほか，オブザーバーとしての学識経験者，地方統計機構代表等を構成員とする「統計行政の新たな展開方向に関する検討会議」及び五つの「サブ会議」で行われ，2003年6月に「各府省統計主管部局長等会議」の申合せとして，統計行政の新たな展開方向（以下「新たな展開方向」と略す）が決定された。これは，統計審議会でまとめられた「新中・長期構想」からすでに8年が経過し，この間に，社会・経済のグローバル化やIT（情報通信技術）の発展に伴う情報化が急速に進展すると同時に産業構造も大きく変化したこと，また，近年，政策評価制度の導入，個人情報の保護，地方分権の推進など新たな行政制度・施策が実施されたことから，政府統計に対して，ニーズに即した統計の一層の整備，結果利用の更なる拡大などの要請が高くなってきたため，早急に新たな指針を策定することが必要となったことによるものである。

　「新たな展開方向」では，① 社会・経済情勢の変化に対応した統計の整備，② 統計調査の効率的・円滑な実施，③ 統計データの利用の拡大，④ 国際協力の推進といった統計行政全般にわたって，各府省に共通する統計行政上の諸課題を取り上げ，今後5年から10年を見込んだ具体的方策を提示している[2]。その中で，①の社会・経済情勢の変化に対応した統計の整備においては，わが国全体の包括的な産業統計を得る目的から，原則，全産業分野の

---
[2]　各府省統計主管部局長等会議『統計行政の新たな展開方向』（http://www.stat.go.jp/index/seido/pdf/10.pdf），2003参照。

経済活動を,同一時点で網羅的に把握する統計(「経済センサス(仮称)」)の創設に向けて検討を開始することが示されており,これを受けて2004年1月に「経済センサス(仮称)の創設に関する検討会」が設置され,目的,必要性,調査事項等について具体的な検討が始まっている。

なお,「統計行政の新たな展開方向」が統計審議会でなく,各府省統計主管部局長等会議でとりまとめられたのは,2001年1月の中央省庁等改革における審議会等の改革で,統計審議会の法的位置付けが変わり,諮問に対する調査審議及び建議を通じて政策提言を行うことが可能であったものから,法令に基づき個々の統計調査等について調査審議を行う法施行型審議会に移行したことによるものである。

また,「経済財政運営と構造改革に関する基本方針 2004」(2004年6月4日閣議決定,いわゆる「骨太の方針 2004」)において,既存統計の抜本的見直しや統計制度の充実が掲げられたことを受けて,経済社会統計の整備の推進を図るため,2004年11月に内閣府に経済社会統計整備推進委員会が設置された。同委員会では,わが国の統計を取り巻く環境の変化や現状の問題点を踏まえ,今後望まれる具体的な取組方策とそのスケジュール等について検討を行い,2005年6月に『政府統計の構造改革に向けて』と題する報告書[3]を取りまとめている。この報告書では,統計制度に関する事項として,統計に関する政府部内の「司令塔」機能を強化し,中長期的な視点に立って各府省の作成する統計全体を見渡して,必要に応じて全体または個別の調整を図りながら,統計体系の整備を計画的に進めていくべきであるとしている。また,個々の統計を支える基盤である制度的な仕組みや法制等についても,制度創設以来の状況の変化や国際的な取組の動向等に対応したものとなるよう見直すことが必要であると提言している。

---

3) 内閣府経済社会統計整備推進委員会『政府統計の構造改革に向けて』2005 (http://www.keizai-shimon.go.jp/explain/progress/statistics/report.pdf) 参照。

3.5 情報通信技術と統計行政

「新たな展開方向」に盛り込まれたもののうち，ここでは，特に情報通信技術の活用に関連するものを取り上げて，その内容を見てみよう[4]。

第一は，統計調査のデータ収集過程等におけるオンライン化の推進である。国民の価値観や生活様式の多様化，プライバシー意識の高まり等により，調査環境は年々厳しさが増している。このような状況の中で，情報通信分野における技術革新の成果を統計データの収集過程等に活用していくことは，報告者の負担を軽減し，調査を効率的に実施していくうえでも極めて重要となっている。また，「e-Japan 重点計画 2002」（2002年6月18日高度情報通信ネットワーク社会推進戦略本部策定）に示される行政の情報化及び公共分野における情報通信技術の活用の推進を背景として，統計調査のデータ収集過程等におけるオンライン化の推進が求められている。オンライン調査については，「新中・長期構想」においてもその必要性が提言されていることもあり，2002年11月時点で，すでに各府省において17システム23調査が実施され，さらに7システム14調査での実施が予定されていた（表3.2）。その後，さらに推進が加速し，2005年5月末現在で，オンラインによる統計調査は87調査となっている（指定統計が27調査，承認統計が40調査，届出統計が20調査）。

しかし，現在，各府省が実施または計画されているオンライン調査は，事業所や企業を対象とするものである。今後は，諸外国の2000年人口センサスにおけるオンライン調査の実施の例を参考としながら，世帯を対象とする調査についてもオンライン調査の導入を図ることが求められよう。そのためには，オンライン調査における基本的な事項である認証方式のあり方の検討

---

[4] 詳しい解説としては，竹村彰通・廣松毅「統計制度：電子社会における経済と社会の計測」，奥野正寛・竹村彰通・新宅純二郎編著『電子社会と市場経済』（新世社，2002年）参照。

表3.2 オンライン調査の実施状況

	媒体	システム数	左記のシステムにより実施している調査数
実施中のもの	インターネット	8	14
	専用回線	6	6
	電子メール	3	3
	小　計	17	23
実施予定（開発中）のもの	インターネット	6	13
	専用回線	1	1
	小　計	7	14
	計	24	37

＊ 「IT技術を活用した統計調査システム」に係る実態調査（2002年11月総務省統計局調べ）による。
出典：各府省統計主管部局長等会議「統計行政の新たな展開方向」（http://www.stat.go.jp/index/seido/pdf/10.pdf），2003年，p.32の第1表

やセキュリティ対策に関する技術的な検討が早急に必要となろう。

　第二は，情報通信技術を活用した統計情報の高度利用や提供の高度化である。社会・経済の進展に伴う統計ニーズの増大や多様化等による新たな統計需要に対応し，国民の共有財産としての統計データをより有益に活用するため，統計調査によって収集された情報をより高度に分析・加工し，これを提供していくことが求められている。

　具体的に統計情報の高度利用では，地域に関するデータについて地理情報システム（GIS）を介した提供が示されている。これを受けて総務省では，2004年1月から同省が実施している国勢調査及び事業所・企業統計調査の小地域統計データと境界データを結びつけ，背景地図と重ね合わせて，グラフ表示や集計機能等も利用できる「統計GISプラザ」の提供を開始しており，今後はその他の府省においても地域に関するデータのGISによる提供が図られるものと見られる[5]。

---

5) 「統計GISプラザ」のURLは，http://gisplaza.stat.go.jp/GISPlaza/

また，政府統計データのインターネットによる提供では，政府統計データの総合窓口としてポータルサイトの構築が示されている。国民，企業に対する政府統計データの提供については，通常，各府省の統計サイトを通じて行われている。しかし，政府の統計データを横断的に見ることができるサイトが存在しないため，その利便性は必ずしも十分でない状況にある。また，「経済財政運営と構造改革に関する基本方針 2002」において「総務省が中心となって，政府が保有する統計情報をインターネット上で高度に利活用できる仕組みを構築する」とされており，政府の統計データをより利便性高く提供する仕組みを構築する必要がある。これらを受けて総務省では各府省と連携し，各府省共同のサイトとして，統計データ・ポータルサイトを構築し，2004年1月から運用を開始している[6]。

第三は，匿名標本データの作成・利用と統計データ・アーカイブ機能の検討である。

匿名標本データとは，個票データから必要に応じて抽出を行い，地域区分や世帯番号等の個体の識別子を消去するなど個体の識別を不可能にしたものであり，また，統計データ・アーカイブとは統計調査の個票データまたは匿名標本データを整理，保管し，二次的な利用のためのデータ提供の機能を有するものである。

匿名標本データの提供については，「新中・長期構想」（当時は，「標本データ」あるいは「ミクロデータ」と呼んでいた）においても「個体の秘密保護の担保方策を中心に，外国の制度及び提供例，国内外におけるニーズの実態，現行法制度との関係，具体的な提供方策等について，おおむね2～3年を目途に専門的，技術的な研究を行う必要がある」と提言されている。その後，関係府省が参加して専門的，技術的な研究が行われ，一部の匿名標本データについては実用性が見込まれることが検証されたが，具体的な実用化には至らなかった。そこで「新たな展開方向」では，秘密の保護を前提に，匿

---

6) 「統計データ・ポータルサイト」のURLは，http://portal.stat.go.jp/

名標本データに対する社会的コンセンサスの必要性，法令上の諸問題等に関するこれまでの検討結果を吟味したうえで，実用化に向けて検討することがうたわれており，現在その検討が進んでいる。

統計データ・アーカイブについては，多くの欧米諸国で設立されており，わが国においても民間機関が実施する統計調査を対象とした大学研究機関での設立の例があるものの，各府省が実施する指定統計調査の個票データを対象としたものは設立されていない[7]。現在，各府省が実施する指定統計調査の集計後の個票データや関係書類の保存については，各調査の調査規則で定められているだけであって，各府省により必ずしも統一されていないのが実状である。これに対して，これまでに各府省が実施した統計調査の集計終了後の個票データ等を統一的な考え方のもとに整理・保管して，これを二次的集計に生かせるような統計データ・アーカイブ機能の検討が望まれている。そこで，「新たな展開方向」では，統計データに関するアーカイブの必要性等も含めて，その設置のあり方について検討することとしており，匿名標本データの実用化の検討とともに注目される課題である。

---

7) 統計データ・アーカイブの事例としては，欧米ではアメリカのミシガン大学のICPSR（Inter-university Consortium for Political and Social Research）が，またわが国では東京大学社会科学研究所附属日本社会研究情報センターのSSJDA（Social Science Japan Data Archive）が挙げられる。なお，ICPSRのURLは，http://www.icpsr.umich.edu/，SSJDAのURLは，http://ssjda.iss.u-tokyo.ac.jp/

注）「3　わが国の統計行政」に記述されている内容は，旧統計法（昭和22（1947）年制定）に基づく内容となっている。p. 46～p. 50には2004年以降の政府統計に関する動きを示しているが，平成19（2007）年に新たな統計法が公布され，平成21年4月の全面施行と同時に，わが国の統計制度及び統計行政は新法に基づいて実施されることとなる。詳細は，総務省統計局のウェブページ（http://www.stat.go.jp/index/seido/）に掲載されているので参照されたい。

II

統計調査と経済統計分析

　II部では，個別の統計調査（一次統計）について，分野別に学ぶ。具体的に，4章では人口と労働，5章では家計，6章では産業と企業，7章では個別産業，8章では財政と金融，9章では貿易と経済協力に関して，それぞれ代表的な統計調査とそれらの結果に基づく分析について学ぶ。

　このII部の内容は，経済学の分野でいうと，純然たるミクロ経済学に対応するものではないものの，個別経済主体に関する分野が多い。また一部，通常のマクロ経済学では分析できない分野もカバーしている。なお，このII部での分析はもっぱら記述統計の範囲に限定している。その理由は，本書が数学の不得意な読者にも統計的記述の方法と実際を知ってもらうことを目的としているからである。

4

人口と労働に関する統計

4.1 国勢調査と人口統計

4.1.1 国勢調査の概要と静態人口

1章で述べたように経済変量には，**ストック**（ある時点の存在量）と**フロー**（一定期間の変動量）という概念がある。これを人口の概念に適用すると，たとえば「2000年10月1日現在の日本の人口は1億2692.6万人」，及び「2000年1月1日から2000年12月31日の1年間に22.9万人の自然増加があった」ということになる[1]。前者は人口のストックであり，その時点での人口規模（存在量）を示す。これを**静態人口**という。後者は人口のフローで**動態人口**といわれる。人口の動態現象には自然増減（出生―死亡）と社会増減（転入―転出）とがある。静態人口を示す代表的な統計が**国勢調査**であり，日本の調査統計の根幹をなす。しかし，国勢調査は5年ごとの調査であるから，その中間年（たとえば2003年）の静態人口を求めるためには推計が必要となる。それには，国勢調査の結果に毎年の動態人口を加えればよい。

---

1) 前者の数値は総務省統計局『平成12年国勢調査・人口及び世帯数の確定数』平成13年10月31日，http：//www.stat.go.jp/data/kokusei/2000/kakutei/index.htm，後者の数値は厚生労働省『平成12年人口動態統計（確定数）の概況』平成13年12月13日，http：//www.mhlw.go.jp/toukei/saikin/hw/jinkou/kakutei00/index.html による。

こうして求められた静態人口を推計人口という。ちなみに2004年10月1日現在の推計人口は1億2768.7万人となっている[2]。もとより5年単位のフローでよいならば、国勢調査の結果をそのまま利用すればよい。

こうした人口統計の基本概念の説明に入る前に、その基礎となっている国勢調査の役割と特徴を述べておこう。

『解説 2005国勢調査』（総務省統計局、2005年6月）によると、「国勢調査は、国内の人口、世帯、産業構造等の実態を明らかにし、国や地方公共団体における各種行政施策の基礎資料を得ることを目的として、5年ごとに実施する国の最も基本的な統計調査で、我が国にふだん住んでいる人すべてが調査の対象となっている。」と記されている。国勢調査は、別名人口センサスともいわれる。それは、各種行政施策、選挙区などに関する基礎資料を得るためには、まず人口・世帯の実態把握が最も重要と考えられるからである。当然ながら、国勢調査は全数調査である。こうした目的は各国でも同じであり、国連も定期的に人口センサスを行うように勧告している。

表4.1（56～57頁）は主要国における人口センサスの状況を見たものである。すでに述べたように、日本の第一回調査は1920年（大正9年）であり、これは主要先進国の中では遅い方である。アメリカは1790年に、イギリス、フランス、ドイツ、カナダは19世紀に開始している。それだけ人口・世帯の把握が重要であったことを示しているといえよう。調査周期は5年の国と10年の国とに分かれる。

調査項目の数に関しては、日本の場合、大規模調査（西暦の末尾ゼロの年）と簡易調査（西暦の末尾5の年）によって項目数が異なる。2000年調査は22項目、1995年調査は17項目である。調査項目数は記入者の負担とも関係するため、工夫を凝らしている国もある。アメリカ、カナダ、韓国では全数調査では項目数を少なくし、その中から抽出調査を行って、抽出された対象には調査項目を追加する形をとっている（これを、ショートフォーム・

---

[2] 総務省『平成16年10月1日現在推計人口（確定値）』平成17年2月21日、http : //www.stat.go.jp/data/jinsui/tsuki/index16.htm による。

4.1 国勢調査と人口統計

ロングフォーム方式と呼ぶこともある）。アメリカの2000年調査を例にとれば，全数は9項目，抽出は46項目（合計55項目）である。人口・世帯の分析上必要な調査項目があっても，全数に詳しい調査項目を課すと，記入負担などから調査拒否やバイアスが発生し，調査そのものに影響を与えかねない。したがって抽出を併用して，二つの要求（分析上の要請と負担軽減）に対処しているのである。なお，日本の項目数（17または22項目）は，全数だけで対処する国の中では少ない方である。

統計で最も重要な点は調査項目の内容である。表4.2（58〜59頁）では個人事項と世帯・住居事項に大別して調査事項の変遷を示してある。2000年調査は大規模調査であり，2005年調査は簡易調査であったため「在学，卒業等教育の状況」，「利用交通手段」，「家計収入の種類」など，大規模調査での調査項目がなくなっている。また，大規模調査の項目を時系列的に見ても，すべて同一というわけでない。統計は接続性という保守的な面と，その時々の要請に答えるという進取の側面をもつ。国勢調査もこうしたバランスの上に立っている。大規模調査の例としては，1970年まで調査されていた「結婚年数」，「出生児数」が1980年以後なくなり，「利用交通手段」は1970年以後の調査項目である。2000年調査では1960年まであった「就業時間」が復活している。また，内容も微妙に変化している。その一例が「出生年月日」であって，1960年までは「出生年月日」，1965年以後は「出生年月」となっている。さらに，調査事項の内容は，いくつかの回答しにくい項目（当然のことながら，統計ではプライバシーは保護されている）があること，集計上の理由（日本ではマークシート）などによって，変化している。ただし，国勢調査の一つの特性は，国民（少なくとも世帯）全員が記入経験をもつ点である。したがって調査項目記入の負担は，分析（利用）者も判断可能である。

調査項目の内容の変化は長短両面をもつ。その削減はそれだけ利用価値を低めることになる。一般に，統計利用に当たっては「用語の説明」など，調査概要から読むことを勧めたい。用語を勝手に解釈して利用すると，誤解を生ずる危険がある。

表4.1 主要国における

	日本	アメリカ	イギリス	フランス
歴史	・第1回 1920年 ・以後，5年ごと	・第1回 1790年 ・以後，10年ごと	・第1回 1801年 ・以後，10年ごと（1941年を除く） ・1966年には，10%サンプルセンサス	・第1回 1801年 ・以後，第2次世界大戦前は5年ごと戦後は6〜8年ごと
最近の調査（人口）	・2000年10月1日（1億2693万人）	・2000年4月1日（2億8100万人）	・2001年4月29日（5900万人）	・1999年3月8日（5900万人）
調査方法	・調査員の配布・取集 ・自計方式	・都市部等では郵送調査（約8割の世帯）。その他の地域では，調査員の配布・取集（1割強）または郵送配布・調査員取集（1割弱） ・自計方式 ・インターネット・電話でも回答可 ・ロングフォーム（1/6）	・調査員の配布 ・郵送回収 ・自計方式	・調査員の配布・取集 ・自計方式
調査票	・世帯票 ・マークシート	・世帯票 ・ノート式（FOSDIC方式）	・世帯票 ・ノート式	・建物票，世帯票及び個人票 ・シート式
集計	・中央集計 ・OCR入力	・分散集計 ・FOSDIC入力	・中央集計 ・打鍵入力	・中央集計 ・打鍵入力
備考	―	・ロングフォーム及びショートフォーム調査をショートフォーム調査に一本化し，カバレッジを向上 ・別調査としてコミュニティ調査を実施（2004年7月から）	・次回調査までは郵送調査 ・行政登録簿の利用を検討（補正を可能とした手法の検討）	・周期調査からローリング・センサスに移行（2004年1月から） ・毎年，国土の1/5の地域を市町村規模に応じてローテーションで実施し，5年間で全市町村が対象 ・行政ファイルデータを利用して補正

出典：『解説 2000国勢調査』総務庁統計局 編集・発行 2000年6月，『解説 2005国勢調査』総務

　調査項目の内容をもう少し見ておこう。なお，戦前と戦後の調査は異なるため，ここでは1950年以後の調査を念頭におく。個人事項では，第一に氏名から国籍までの項目は，人口の基本的属性であるので，毎回調査されてい

4.1 国勢調査と人口統計

人口とセンサス

ドイツ	スウェーデン	カナダ	オーストラリア	韓　国
・第1回　1871年 ・以後，10年ごと	・第1回　1749年 ・以後，5年ごと	・第1回　1871年 ・以後，10年ごと 　1951年以降は5年 　ごと	・第1回　1911年 ・以後，7～14年 　ごと 　1961年以降は5 　年ごと	・第1回　1925年 ・以後，5年ごと
・1987年5月25日 　(8200万人)	・1990年11月1日 　(880万人)	・2001年5月15日 　(3000万人)	・2001年8月7日 　(1900万人)	・2000年11月1日 　(4700万人)
―	・郵送回収・レジス 　ター併用方式	・調査員の配布・郵 　送回収。遠隔地等 　の世帯（約2％） 　については調査員 　の聞き取り	・調査員の配布・ 　取集	・調査員の配布・ 　取集
		・自計方式（一部地 　域は他計方式） ・ロングフォーム 　　　　　　(1/5)	・自計方式	・自計方式 ・ロングフォーム 　　　　　　(1/10)
―	―	・世帯票 ・ノート式	・世帯票 ・マークシート	・世帯票 ・シート式
―	―	・中央集計	・中央集計 ・OMR入力	・中央集計 ・パソコン入力
・レジスターベース 　を含む新たな人口 　センサスの検討に 　着手	・レジスターベース 　に移行を検討	・インターネットに 　よる回収の導入の 　検討	・郵送またはイン 　ターネットによ 　る回収の導入の 　検討	―

省統計局　編集・発行　2005年6月

る。これより国勢調査は人口統計であることがわかる。第二に，就業状態，産業（所属の事業所の名称及び事業の種類）・職業（本人の仕事の種類）も毎回の調査項目であり，労働統計の性格を合わせもつ。

表4.2 国勢調査の調査項目の変遷

	1950年 (大規模調査)	1955年 (簡易調査)	1960年 (大規模調査)	1965年 (簡易調査)	1970年 (大規模調査)	1975年 (簡易調査)
個人事項	氏名 世帯主との続き柄 男女の別 出生の年月日 配偶の関係 国籍または出身地 一時現在者 出生地 ― ― ― 在学か否かの別と在学年数 初婚か否かの別 結婚年数 出生児数 就業状態 就業時間 従業上の地位 所属の事業所の名称及び事業の種類 仕事の種類 ― ― ― ― 引揚者か否かの別 ― 調査時に在不在の別 不在の理由	氏名 世帯主との続き柄 男女の別 出生の年月日 配偶の関係 国籍 ― ― ― ― ― ― ― ― ― 就業状態 ― 従業上の地位 所属の事業所の名称及び事業の種類 仕事の種類 ― 事業所の所在地	氏名 世帯主との続き柄 男女の別 出生の年月日 配偶の関係 国籍 ― ― ― 1年前の常住地 ― 教育 ― 結婚年数 出生児数 就業状態 就業時間 従業上の地位 所属の事業所の名称及び事業の種類 仕事の種類 ― 従業地または通学地	氏名 世帯主との続き柄 男女の別 出生の年月 配偶の関係 国籍 ― ― ― ― ― ― ― ― ― 就業状態 ― 従業上の地位 所属の事業所の名称及び事業の種類 仕事の種類 ― 従業地または通学地	氏名 世帯主との続き柄 男女の別 出生の年月 配偶の関係 国籍 ― ― 現住居への入居時期 従前の常住地 ― 教育 ― 結婚年数 出生児数 就業状態 ― 従業上の地位 所属の事業所の名称及び事業の種類 仕事の種類 ― 従業地または通学地 利用交通手段	氏名 世帯主との続き柄 男女の別 出生の年月 配偶の関係 国籍 ― ― ― ― ― ― ― ― ― 就業状態 ― 従業上の地位 所属の事業所の名称及び事業の種類 仕事の種類 ― 従業地または通学地
世帯・住居事項	世帯の種別 世帯人員 住居の種別 住宅の所有の関係 居住室の畳数	世帯の種別 世帯人員 住居の種別 住宅の所有の関係 居住室の畳数	世帯の種別 準世帯の種類 世帯人員 家計の収入の種類 住居の種別 住宅の所有の関係 居住室の畳数	世帯の種別 世帯人員 住居の種別 居住室数 居住室の畳数	世帯の種類 世帯人員 家計の収入の種類 住居の種類 居住室数 居住室の畳数	世帯の種類 世帯人員 住居の種類 居住室数 居住室の畳数

出典:『解説 2005国勢調査』総務省統計局 編集・発行 2005年6月

(1950年調査〜2005年調査)

1980年 (大規模調査)	1985年 (簡易調査)	1990年 (大規模調査)	1995年 (簡易調査)	2000年 (大規模調査)	2005年 (簡易調査)
氏名	氏名	氏名	氏名	氏名	氏名
世帯主との続き柄	世帯主との続き柄	世帯主との続き柄	世帯主との続き柄	世帯主との続き柄	世帯主との続き柄
男女の別	男女の別	男女の別	男女の別	男女の別	男女の別
出生の年月	出生の年月	出生の年月	出生の年月	出生の年月	出生の年月
配偶の関係	配偶の関係	配偶の関係	配偶の関係	配偶の関係	配偶の関係
国籍	国籍	国籍	国籍	国籍	国籍
—	—	—	—	—	—
現住居への入居時期	—	—	—	現住居での居住期間	—
従前の常住地	—	5年前の住居の所在地	—	5年前の住居の所在地	—
—	—	—	—	—	—
—	—	—	—	—	—
教育	—	教育	—	在学, 卒業等教育の状況	—
—	—	—	—	—	—
就業状態	就業状態	就業状態	就業状態	就業状態	就業状態
				就業時間	就業時間
従業上の地位	従業上の地位	従業上の地位	従業上の地位	従業上の地位	従業上の地位
所属の事業所の名称及び事業の種類	所属の事業所の名称及び事業の種類	所属の事業所の名称及び事業の種類	所属の事業所の名称及び事業の種類	所属の事業所の名称及び事業の種類	所属の事業所の名称及び事業の種類
仕事の種類	仕事の種類	仕事の種類	仕事の種類	仕事の種類	仕事の種類
従業地または通学地	従業地または通学地	従業地または通学地	従業地または通学地	従業地または通学地	従業地または通学地
利用交通手段	—	利用交通手段	—	利用交通手段	—
—	—	通勤時間または通学時間	—	—	—
—	—	—	—	—	—
—	—	—	—	—	—
—	—	—	—	—	—
—	—	—	—	—	—
世帯の種類	世帯の種類	世帯の種類	世帯の種類	世帯の種類	世帯の種類
世帯人員	世帯人員	世帯人員	世帯人員	世帯人員	世帯人員
家計の収入の種類	—	家計の収入の種類	—	家計の収入の種類	—
住居の種類	住居の種類	住居の種類	住居の種類	住居の種類	住居の種類
居住室数	居住室数	居住室数	居住室数	—	—
居住室の畳数	居住室の畳数	—	—	—	—
住宅の建て方	住宅の建て方	住宅の床面積	住宅の床面積	住宅の床面積	住宅の床面積
		住宅の建て方	住宅の建て方	住宅の建て方	住宅の建て方

第三は，従業地・通学地であり，これは1960年以後毎回調査されている（1955年には事業所の所在地がある）。これは前述の大規模調査年の項目（利用交通手段など），及び労働面の調査項目と合わせると有効な情報である。さらに毎回調査されているから，地域間の移動（昼間人口と夜間人口との差など）も把握可能となる。

次に，世帯・住居事項については「家計収入の種類」は10年ごと，「住宅の床面積」は1985年以前は「居住室の畳数」となっていること，「居住室数」が2000年には調査されなかったこと，「住宅の建て方」が1980年以後は毎回調査されているという点を除いて，他は毎回調査項目に入っている。また，世帯人員も毎回調査されている。

国勢調査の各種調査事項を組み合わせると，有益な分析が可能となる。それとともに推計人口のチェック，さらに2章で述べたように労働，家計，住宅関係の標本調査の母集団としても重要である。これが，その調査目的の中で，国勢調査は「最も基本的な統計調査」であるとうたわれているゆえんである。

ところで，各国の調査項目を調べてみると，各国の事情を反映して興味深い項目が目につく。具体的に，家庭で話す言語（アメリカ，カナダ）・仕事場で話す言語（カナダ），人種（アメリカ，イギリス，カナダ），民族（カナダ），入国年（アメリカ，オーストラリア，イタリア），宗教（カナダ，イギリス，オーストラリア），飲料水の種類（韓国），パソコン及びインターネットの使用（オーストラリア，韓国）などがある。また，収入は個人事項で調査している国も多い（アメリカ，カナダ，オーストラリア）。子供が少なく，働いている人の多い家計では，家計より個計（生活の収支が個人単位）に近いから，そうした状況を反映しているのかもしれない。こうした国による差はあるとはいえ，人口センサスが人口，労働力，家計，住居に関する情報を提供している点は日本と同じである。

4.1 国勢調査と人口統計

表4.3 役員・社長の星座と干支（1992年）

(A) 役員・社長の星座

星座名（期間，日数）	役員数	社長数
や　　ぎ（12/23～ 1/20, 29）	4,207	213
みずがめ（ 1/21～ 2/19, 30）	4,115	235
う　　お（ 2/20～ 3/20, 29）	4,094	218
おひつじ（ 3/21～ 4/20, 31）	3,346	139
お う し（ 4/21～ 5/21, 31）	2,816	140
ふ た ご（ 5/22～ 6/21, 31）	2,603	129
か　　に（ 6/22～ 7/23, 32）	2,667	153
し　　し（ 7/24～ 8/23, 31）	3,155	181
お と め（ 8/24～ 9/23, 31）	3,490	191
てんびん（ 9/24～10/22, 29）	3,361	188
さ そ り（10/23～11/22, 31）	3,269	177
い　　て（11/23～12/22, 30）	3,197	163
合　　計	40,540	2,127

(B) 役員・社長の干支

干支	役員数	社長数
子	3,661	172
丑	3,668	187
寅	3,188	200
卯	2,964	173
辰	2,937	193
巳	2,851	179
午	3,007	192
未	3,177	198
申	3,601	167
酉	3,575	146
戌	3,785	150
亥	4,143	170

出典：高木新太郎「氏名と生年月日」，『物価資料』(1994年3月号)
資料出所：星座の始まりの日と終わりの日は読売日曜版（1994年2月6日）。他は『役員四季報』(1993年版)

4.1.2 年齢別人口と指数

人口の基本属性の一つに年齢がある。ここで興味深いデータを取り上げよう。『1993年版・役員四季報』(東洋経済新報社)では，上場企業の役員数と社長数を星座別・干支別に集計している。表4.3がそれである。この統計は，上場企業という条件付きであるが全数調査である。同書が指摘するように，役員・社長とも早生まれの三つの星座（山羊，水瓶，魚座）の数が突出している。三つの星座の合計日数は88日と四半期の中では最小であるにもかかわらず，全役員の30.6％，全社長の31.3％も占める。他方，その次の三つの星座（牡羊，牡牛，双子）の合計日数は93日と多いにもかかわらず，役員と社長の割合は21.6％，19.2％と少ない。なぜ，このように四半期別に大き

表4.4 年齢別・出生月別構成比（1990年）

	男					女				
	総数 (万人)	構成比（%）				総数 (万人)	構成比（%）			
		1～3月	4～6月	7～9月	10～12月		1～3月	4～6月	7～9月	10～12月
全 体	6,047	28.7	22.9	24.6	23.8	6,281	29.5	22.6	24.3	23.6
0～ 9歳	715	24.0	24.7	26.2	25.1	681	24.1	24.5	26.1	25.3
10～19歳	949	24.5	24.8	26.0	24.6	904	24.7	24.7	26.0	24.7
20～29歳	855	26.6	24.5	25.2	23.7	832	26.8	24.4	25.1	23.8
30～39歳	845	28.9	23.3	23.8	24.0	834	29.2	23.2	23.7	23.8
40～49歳	983	29.8	22.2	24.8	23.3	984	30.2	22.1	24.6	23.1
50～59歳	778	32.5	21.1	23.1	23.4	803	33.5	20.9	22.8	22.7
60～69歳	543	34.0	20.3	23.1	22.6	642	34.9	20.1	22.6	22.4
70～79歳	276	34.0	19.8	22.4	23.7	408	35.2	19.8	22.1	22.9
80歳以上	104	32.6	20.7	23.4	23.3	192	33.5	21.1	22.9	22.5

出典：高木新太郎「氏名と生年月日」，『物価資料』（1994年3月号）
資料出所：総務庁統計局『平成2年国勢調査報告　第2巻その1　全国編』

な差が生じるのであろうか。一つの手がかりは人口分布である。

表4.4は国勢調査による年齢別四半期別の人口構成比である。まず，全体として男女とも類似しており，1～3月期（第1四半期）生まれが多く，4～6月期（第2四半期）生まれが少ない。男子を例にとれば，1～3月期が28.7％，4～6月期が22.9％である。次に，年齢階層別の動向について見ると，これも男女とも類似の傾向を示しているので，男子について述べておこう。まず第1四半期生まれに関しては，0～9歳の24.0％から70歳代の34.0％まで一貫して上昇している。しかし10～19歳が24.5％，20～29歳が26.6％であり，20歳未満と20歳以上で断層がある。第1四半期の日数は90日と他の期よりも少ないから，毎日同じ割合で出生があるとすれば，20歳以上では異常に高い。他方，第2四半期生まれは10～19歳の24.8％がピークで，70歳代の19.8％まで一貫して低下する。

ところで，前述の役員・社長の年齢分布について，前掲書によれば全役員の平均年齢は58.5歳であり，その分布は50歳代～60歳代の前半に集中している。社長（平均は61.8歳）の年齢分布は若干高く，50歳代～60歳代に集中している。そこで，表4.4より50歳代と60歳代の合計の人口分布（男子）を計算してみると，第1四半期が33.1％，第2四半期が20.8％である。役員・社長の四半期別構成比が，人口のそれと大差ないことがわかる。問題は20歳以上でなぜ第1四半期の人口が多いかということである。一つの鍵は出生届にあるかもしれない。人口動態統計を見ると，それまでは医師による証明書だけでよかったたものが，1979年以後それに加えて母子健康手帳も必要となった。出生証明が強化され，あいまいさが少なくなったのである。

次に，干支別の役員・社長はどうであろうか。星座と比べてバラツキが少ない。また，特定の干支に役員と社長が集中することはない。こうして星座（月）と干支(年)では，現象的にまったく異なっている。干支別の人口分布は集計しなかったが，国勢調査はこうした社会現象を解く糸口を与えてくれる。

年齢別人口で利用されるものに，年齢構成指数がある。まず，全人口を年少人口（0～14歳），生産年齢人口（15～64歳），老年人口（65歳以上）と3分割する。この区分は，ゆるい形で義務教育までの年代，労働市場への参加年代，退職後の年代という区分に対応している。高齢化や高学歴化が進めば，別の年齢区分も可能であるかもしれないものの，通常この3区分が利用されている。年齢構成指数は次の算式で定義される。

$$年少人口指数 = \frac{年少人口}{生産年齢人口} \times 100$$

$$老年人口指数 = \frac{老年人口}{生産年齢人口} \times 100$$

$$従属人口指数 = \frac{(年少人口 + 老年人口)}{生産年齢人口} \times 100$$

$$老年化指数 = \frac{老年人口}{年少人口} \times 100$$

表4.5　年齢構成指数：全国

年 次	年少人口指数	老年人口指数	従属人口指数	老年化指数
1920	62.6	9.0	71.6	14.4
25	63.0	8.7	71.7	13.8
1930	62.4	8.1	70.5	13.0
35	63.1	8.0	71.1	12.6
1940*	61.0	8.0	69.0	13.1
45	63.3	8.8	72.2	14.0
1950	59.3	8.3	67.5	14.0
55	54.4	8.7	63.1	15.9
1960	46.8	8.9	55.7	19.1
65	37.6	9.2	46.8	24.6
1970	34.7	10.2	44.9	29.5
75	35.9	11.7	47.6	32.6
1980	34.9	13.5	48.4	38.7
85	31.6	15.1	46.7	47.9
1990	26.2	17.3	43.5	66.2
95	23.0	20.9	43.9	91.2
2000	21.4	25.5	46.9	119.1

＊　海外にいる軍人・軍属を含み，韓国・朝鮮，台湾，樺太及び南洋群島以外の国籍の外国人を除く。
出典：総務省統計研修所編集『第53回　日本統計年鑑』総務省統計局発行，2004年

　3区分の人口を前述のように解釈すれば，従属人口指数は，生産年齢人口1人当たりが養う扶養人口の割合をパーセント表示したものであり，年少人口指数と老年人口指数はその内訳を示す。老年化指数は若年と高齢との比であるから，一国全体としての高齢化（または若年化）の傾向を示す。

　表4.5は1920～2000年の年齢構成指数である。1945年は特殊な年なので，ここでは戦前（1920～1940年）と戦後（1950～2000年）に分けて，その動向を見てみよう。

　まず年少人口指数に関しては，戦前は62前後で安定している。戦後は59.3（1950年）から34.7（70年）まで低下し，75年に35.9と上昇するものの，その後また低下し21.4（2000年）となっている。この指数の動向の大きな特

徴は戦前が高い値で安定していたのに対して，戦後は一時期反転するが，低下傾向を示していることである。これは，戦後の少子化（分母の増加もある）を反映している。一時期の反転は第二次ベビーブームの影響で年少人口が増加したことを示している。

次に，老年人口指数は，戦前はゆるい形ではあるものの9.0（1920年）から8.0（1940年）まで低下傾向を示している。他方，戦後は8.3（1950年）から25.5（2000年）まで一貫して上昇している。特に1970年以後は，急テンポで上昇している。

両指数の和である従属人口指数は，戦前には70前後で安定していたのに対して，戦後は1950年（67.5）から1970年（44.9）にかけて急激に低下し，それ以後は40台で推移している。同指数の低下期は日本の高度成長期に一致しており，この時期は人口面から見ると生産年齢人口が扶養すべき人口負担が低下していた時期であったことがわかる。1970年以後の動向は年少・老年両人口指数の相反傾向の結果である。

最後は老年化指数である。この指数も戦前は13.0前後で安定している。戦後は14.0（1950年）から一貫して上昇し，2000年には老年人口が年少人口を上回ったことから100を超え119.1となった。特に1980年（38.7）以後は急ピッチで上昇している。これは少子化と高齢化の相乗効果を反映している。国立社会保障・人口問題研究所による将来推計人口（2002年1月推計，中位推計）によれば，2025年には65歳以上人口は全人口の28.7％を占め（約4人に1人以上が老年人口），老年化指数は246.5にも達する。このような動向に対しては高齢者対策が重要となる。人口面からもう一つ注意すべき点がある。それは老年人口の男女の性比である。2004年10月1日時点での性比は，女子を100とすれば男子は73.1である。高齢者対策にはこの点の配慮も必要である。

4.1.3 推計人口と自然増加

人口動態は一定期間内の人口増減を示すものであって，大きく自然増減と社会増減とに分かれる．t 期と $(t+a)$ 期の静態人口を P_t, P_{t+a} とし（国勢調査なら $a=5$ 年），a 期間の自然増減を ΔN_a，社会増減を ΔS_a とすれば

$$P_{t+a} = P_t + \Delta N_a + \Delta S_a \tag{4.1}$$

$$\Delta P_a \equiv P_{t+a} - P_t = \Delta N_a + \Delta S_a \tag{4.2}$$

が成立する．Δ 印は人口動態を示す．ΔN_a は具体的には出生 (B_a) と死亡 (D_a) との差であり，ΔS_a は転入 (I_a) と転出 (E_a) との差である．

$$\Delta N_a = B_a - D_a \tag{4.3}$$

$$\Delta S_a = I_a - E_a \tag{4.4}$$

これら4本の式は一国全体についても，特定地域についても成立する．(4.1)は推計人口に用いられる算式である．すなわち，基本的に，推計人口は基準人口 P_t（最新の国勢調査人口）に ΔN_a と ΔS_a を加算して求められる．

これに対して，日本の将来推計人口はコーホート要因法による推計であり，男女・年齢別人口を出発点として，仮定された女子年齢別出生率，男女・年齢別生残率，男女・年齢別人口移動率，出生性比を適用して将来人口を求めている[3]．したがって，将来推計人口数は出生率，生残率，純移動率の仮定に依存する．純移動の推計は全国（出入国者）より地域（地域間移動者）の方が困難が大きい．

表4.6は東京とその周辺及び政令指定都市を含む県を対象に，2000年の国勢調査と1997年5月推計の将来推計人口を比較したものである．将来推計人口については，都道府県別の男女・年齢別純移動率に関して3ケースを想定し，各々の将来推計人口を公表している．表4.6の将来推計人口は，1990〜95年の純移動率を一定とした場合である．都市にも盛衰があるから，このケースが妥当かどうかは別として，わかりやすいケースを選んだ．

---

[3] 国立社会保障・人口問題研究所『日本の将来推計人口（平成14年1月推計）』(http：//www.ipss.go.jp/Japanese/newest02/newest02.pdf) の p.5 参照．コーホートとは同時発生（この場合は同時出生）集団のことをいう．

4.1 国勢調査と人口統計

表4.6 国勢調査による人口と将来推計人口

	(A)国勢調査 (千人)	(B)将来推計人口 (千人)	$(C) = \frac{(B)}{(A)}$，（誤差）
全　国	126,926	126,892	0.9997(▲0.03%)
北 海 道	5,683	5,698	1.0026(0.26%)
宮 城 県	2,365	2,394	1.0123(1.23%)
埼 玉 県	6,938	7,099	1.0232(2.32%)
千 葉 県	5,926	6,022	1.0162(1.62%)
東 京 都	12,064	11,554	0.9577(▲4.23%)
神奈川県	8,490	8,456	0.9960(▲0.40%)
愛 知 県	7,043	7,007	0.9949(▲0.51%)
京 都 府	2,644	2,633	0.9958(▲0.42%)
大 阪 府	8,805	8,677	0.9855(▲1.45%)
兵 庫 県	5,551	5,587	1.0065(0.65%)
広 島 県	2,879	2,903	1.0083(0.83%)
福 岡 県	5,016	5,023	1.0014(0.14%)

資料出所：(A)は総務省統計局『平成12年国勢調査　第1次基本集計結果』，(B)は厚生省人口問題研究所『都道府県別の将来推計人口』（平成9年5月推計）

　全国では0.03％の差であり，精度が非常によい。12都道府県のうち，誤差1％未満が7，1～2％が3，2％以上が2である。約半数が1％未満であり，全国ほどではないにしろ，精度は高い。精度が相対的に落ちるのは，東京（差が4.23％），埼玉（同2.32％）といった比較的人口移動の大きい都県である。また，**表4.6**の倍率が1以上（将来推計人口の方が大きかった）の県は，1990～95年の社会増加率に比べて1995～2000年のそれが低下したことを意味している。5年後の予測がこの程度の誤差率であることから，第一に人口予測は精度がよいこと，第二に自然増減 ΔN_a より社会増減 ΔS_a の方が困難であることがわかる。一般に，ΔS_a の統計は動態統計というよりも，**人口移動統計**と呼ばれることの方が多い（この点については後述する）。一国全体を対象としたときは，出入国を除けば（4.1）より，自然増減だけが問題と

なる。

　自然増減を示す基本的統計は人口動態統計である。同統計は出生，死亡，婚姻，離婚，死産の全数を対象としており，(4.1)～(4.3) の項目以上の情報が得られる。そして，自然増減と関連して各種の比率が定義されている。具体的に

$$出生率：\frac{年間出生数}{10月1日現在日本人人口} \times 1000$$

$$死亡率：\frac{年間死亡数}{10月1日現在日本人人口} \times 1000$$

$$自然増加率：\frac{自然増加数}{10月1日現在日本人人口} \times 1000$$

$$出生性比：\frac{年間男子出生数}{年間女子出生数} \times 100$$

$$死亡性比：\frac{年間男子死亡数}{年間女子死亡数} \times 100$$

などである。出生率等の分母で10月1日現在日本人人口を用いているのは，国勢調査を意識しているからである。現に2002年の人口動態統計では1970年，1975年，1980年の数値は国勢調査の確定数を用いている。

　図4.1は1899～2004年の105年間にわたる日本の人口動態である。戦前は1920年前後に断層があり，前半は多産多死，後半（1940年頃まで）は出生率，死亡率ともゆっくり低下している。その結果，傾向的にはほぼ安定した自然増加率になっている。他方，戦後の自然増加率は，全体的傾向としては第一次ベビーブーム期（1947～49年）の高い増加率（19.7～21.6）から1957年（8.9）まで急激に低下し，その後若干変動はあるものの（特に1966年の丙午），1971～73年の第二次ベビーブーム期までは比較的安定的に推移し（9～12台），それ以後は低下傾向にある。特に最近の低下は著しく，2004年は0.7となっている。

　戦後の傾向を出生率と死亡率に分解してみよう。出生率は第一次ベビーブ

4.1 国勢調査と人口統計

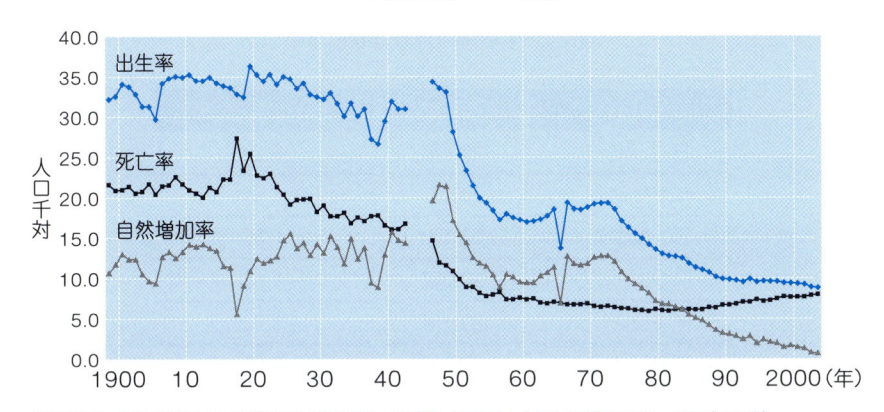

資料出所:『平成16年人口動態統計月報年計(概数)の概況』(厚生労働省発表,2005年6月)
http://www.mhlw.go.jp/toukei/saikin/hw/jinkou/geppo/nengai04/toukei2.html

図4.1 人口動態の年次推移

ームの高出生率(34.3～33.0)から1957年の17.2まで急激に低下する。その後,1966年の13.7を除けば,1975年までは17～19台で安定している[4]。その後低下し(81年の13.0までは低下幅大),2004年には8.8となっている。出生率は二つのベビーブームとその後の低下幅の拡大が大きな特徴である。

一方,死亡率の動向はどうであろうか。まず1947年の14.6から1952年の8.9まで急激に低下し,その後若干の変動があるにしても1979年の6.0まで低下する。最近は,人口の高齢化から上昇傾向にあり,2004年は8.2となっている。

このように多産多死から少産少死への移行は,出生率と死亡率の動向から見ると戦後10年程度という,ごく短期間に達成されている。これが第一の特徴である。第二は最近時の動向であり,出生率の低下と高齢者の割合が増えたことによる死亡率の上昇である。結果として,最近は自然増加が低下している。

---

[4] ベビーブーム期の区切り方については,若干幅がありうる。第一次を出生率30台に限れば1947～49年であり,1950年も28.1と高いから含めることも可能である。同様に,第二次を19台に限定すれば1971～73年である。ただし,1974年も18.6と高い。

表4.7 主要国の合計特殊出生率

国　名	年　次	合計特殊出生率
日　本	2004年	1.29
イタリア	2001年	1.24
ドイツ	2001年	1.35
スウェーデン	2002年	1.65
イギリス	2001年	1.63
フランス	2001年	1.90
アメリカ	2002年	2.01

資料出所：
(1)日本は，『平成16年人口動態統計月報年計（概数）の概況』（厚生労働省発表，2005年6月）
http://www.mhlw.go.jp/toukei/saikin/hw/jinkou/geppo/nengai04/sankou2.html
(2)アメリカは，NCHS，National Vital Statistics Reports
(3)ヨーロッパの各国は，UN，Demographic Yearbook 2002

出生率と関連して，最近注目されている指標の一つに「合計特殊出生率」（Total Fertility Rate，略してTFR。単に「合計出生率」ということもある）がある。これは，まず女子の再生産年齢期間を仮定したうえで，その間の女子の年齢別出生率を年齢ごとに合計したものである。日本の人口動態統計では，15歳から49歳までを合計している。いま，iを年齢とすると

$$TFR = \sum_{i=15}^{49} (女子の年齢別出生率)_i$$

$$= \sum_{i=15}^{49} \left(\frac{母の年齢別出生数}{年齢別女子人口} \right)_i \tag{4.5}$$

となる（Σについては256頁参照）。合計特殊出生率は年齢別出生率に従って女子が子供を生むと仮定したとき，1人の女子が再生産年齢を終えるまでに（すなわち一生の間に）生む平均的な子供の数を示している。

表4.7は主要国の合計特殊出生率を示したものである。日本の合計特殊出生率は1.29（2004年）で，表の7カ国の中ではイタリアの1.24（2000年）

4.1 国勢調査と人口統計　　　71

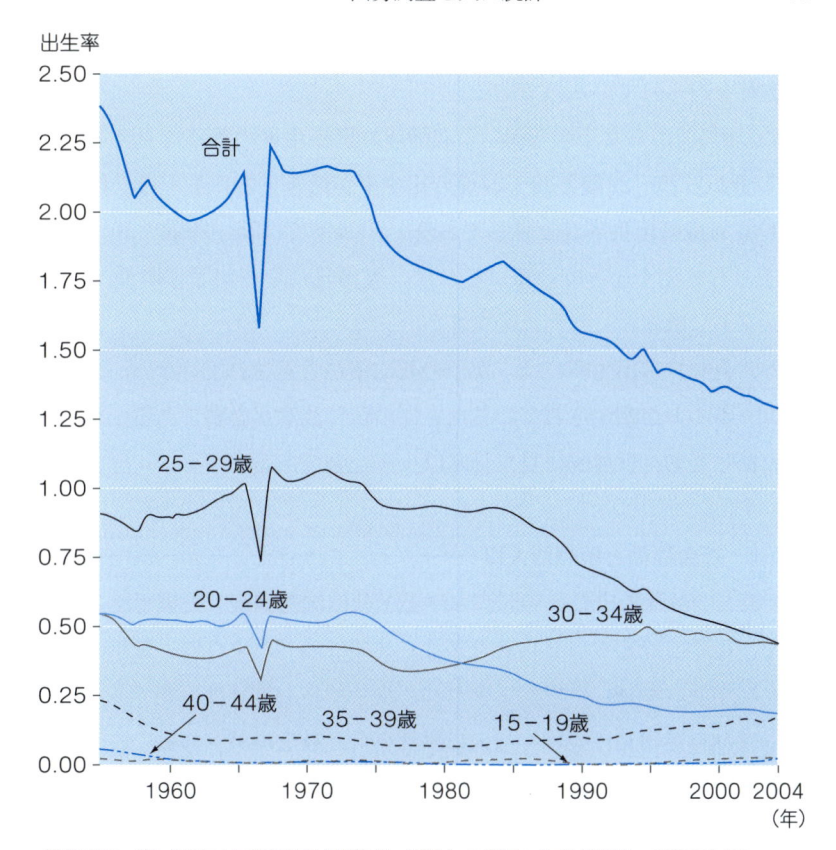

出生率

（図：合計特殊出生率の年次推移のグラフ。合計、25−29歳、20−24歳、30−34歳、40−44歳、35−39歳、15−19歳の各曲線が1960年から2004年まで示されている）

資料出所：『平成16年人口動態統計月報年計（概数）の概況』（厚生労働省，2005年6月）
http : //www.mhlw.go.jp/toukei/saikin/hw/jinkou/geppo/nengai04/kekka2.html#2

図4.2　合計特殊出生率の年次推移（年齢階級別内訳）

に次いで低い。その他の国ではドイツが1.35（2001年），スウェーデンが1.65（2002年），イギリスが1.63（2001年），フランスが1.90（2001年），アメリカが2.01（2002年）となっており，アメリカ，フランスが主要国の中ではやや高くなっている。

　日本の合計特殊出生率は，時系列的に見ても，3.65（1950年），2.00（1960年），2.13（1970年），1.75（1980年），1.54（1990年），1.36（2000年），1.29（2004年）と推移しており，少子社会に向かっている。少子社会と将

来の高齢社会の到来に対処するために，われわれは社会経済面における抜本的な改革を迫られているのである。

次に，図4.2から女子の年齢（5歳階級）別出生率の推移を見てみよう。1975年頃から25〜29歳と20〜24歳の出生率が低下している一方，1980年頃より30〜34歳の出生率が上昇しており，2004年では25〜29歳と30〜34歳の差はほとんどなくなっている。これは，晩婚化により出産の時期が30〜34歳にシフト（晩産化）したためである。

なお，合計特殊出生率には，女子の死亡率が考慮されていない，また仮説的なコーホートが想定されているなどについて注意が必要である。しかし，いずれにしても，世界的に見て日本は少子社会である。

4.1.4 社会移動と地域別人口

5年ごとの静態人口と5年間における増減は国勢調査で把握可能である。しかし，毎年の静態人口も必要である。すでに述べたように，毎年の自然増減，社会増減（移動）が把握できれば，少なくとも推計は可能である。そのためには，自然増減については人口動態統計，社会増減（移動）については住民基本台帳が利用可能である。われわれは住所を移動するときに住民票の転出と転入の届出を行い，その届出に基づいて住民基本台帳の変更が行われる。それを集計することによって社会移動人口が得られる。一国全体を対象とするときは自然増減だけが問題となるが（国内の社会移動は相殺されるため），都道府県，市区町村等の地域を対象とするときは社会移動が重要となる。

住民基本台帳による統計には，(A)総務省統計局の『住民基本台帳人口移動報告年報』と(B)総務省自治行政局がとりまとめている『住民基本台帳に基づく人口・人口動態及び世帯数』がある。(A)は暦年ベース，(B)は年度ベースで集計している。なお，(A)は四半期，月別にも集計している。年単位の結果を見ると，(A)は男女別移動者（月，県内，県間，他市区町村等）を中心に集計している。(B)は人口については都道府県，市町村別だけではなくて，年齢階級別にも，また人口動態（自然増減，社会増減）については都

4.1 国勢調査と人口統計

表4.8 圏域別の社会増減

		社会増加数（対前年，人）				社会増加率（対前年，%）			
		2001年	2002年	2003年	2004年	2001年	2002年	2003年	2004年
東京圏	埼　玉	2,409	4,374	7,172	7,021	0.04	0.06	0.10	0.10
	千　葉	9,198	13,446	13,901	9,843	0.16	0.23	0.23	0.16
	東　京	58,799	72,422	77,541	73,325	0.50	0.61	0.65	0.61
	神奈川	22,790	29,200	34,968	26,936	0.27	0.35	0.41	0.32
	小　計	93,196	119,442	133,582	117,125	0.28	0.36	0.40	0.35
名古屋圏	岐　阜	▲2,997	▲3,868	▲2,083	▲4,144	▲0.14	▲0.18	▲0.10	▲0.20
	愛　知	▲425	3,292	9,760	7,487	▲0.01	0.05	0.14	0.11
	三　重	▲757	▲2,933	▲1,470	▲953	▲0.04	▲0.15	▲0.08	▲0.05
	小　計	▲4,179	▲3,509	6,207	2,390	▲0.04	▲0.03	0.06	0.02
関西圏	京　都	▲4,327	▲3,127	▲1,618	▲163	▲0.17	▲0.12	▲0.06	▲0.01
	大　阪	▲24,931	▲16,653	▲12,520	▲8,706	▲0.29	▲0.19	▲0.14	▲0.10
	兵　庫	3,121	2,200	2,020	▲1,608	0.06	0.04	0.04	▲0.03
	奈　良	▲3,415	▲5,523	▲4,876	▲4,391	▲0.24	▲0.38	▲0.34	▲0.30
	小　計	▲29,552	▲23,103	▲16,994	▲14,868	▲0.16	▲0.13	▲0.09	▲0.08
三大都市圏		59,465	92,830	122,795	104,647	0.10	0.15	0.20	0.17
地　方　圏		▲83,483	▲100,927	▲56,644	▲86,897	▲0.13	▲0.16	▲0.09	▲0.14
全　国　合　計		▲24,018	▲8,097	66,151	17,750	▲0.02	▲0.01	0.05	0.01

資料出所：『住民基本台帳人口要覧（平成16年版）』，（財）国土地理協会

道府県，市町村別に集計している．なお，(B)には世帯の情報も含まれている．

表4.8は，圏別・都道府県別の社会増減を示したものである．まず，圏別について見ると，関西圏は連続して減少（▲印）を示している．また，東京圏は増加が続いており，名古屋圏は2年連続の増加となっている．

都道府県別では，東京圏の各都県が4年連続して増加しており，また，愛知県も3年連続して増加となっている．一方，関西圏で増加の続いていた兵庫県は減少に転じている．東京圏への転入増の要因としては，一時高かった地価が下落したことなどが挙げられよう．しかし，何が真の要因かを知るためには，別途分析が必要である．

都市化の分析の一つに都市の発展段階説がある[5]．これは，都市圏を中心

---
5) たとえば，宮尾尊弘『現代都市経済学』日本評論社，第3章参照．

都市と郊外とに分けて（たとえば，東京圏を23区とその他に分割），各々の人口の増減率を求めて，都市化の状況を分析するものである。この説は長期的視点に立っていることから，国勢調査等が利用されることが多い。しかし，年ごとに把握したいときには，表4.8のようなデータの利用が有効である。

社会移動（フロー）と関連した概念に昼間人口（ストック）がある。

$$昼間人口 = 常住人口（夜間人口）+ 流入人口 - 流出人口 \quad (4.6)$$

である。昼夜間人口比率（昼間/夜間，％表示）は，都市の特性としてよく使用される。2000年国勢調査によれば，東京23区137.5，横浜市90.5，大阪市141.2，奈良市92.1，名古屋市117.0，札幌市101.3，福岡市114.6等である。中心都市で高くなっていることがわかる。

4.2 労働に関する統計調査とそのデータの分析

4.2.1 労働力率

労働量については雇用（人），時間，人×時間と三通りの単位が考えられる。また，原数値と指数（特定時点を100とした表示）の二つの表示方法がある。さらに，労働量は統計的に供給（家計）側と需要（事業所）側から把握可能である。このうち，ここでは労働力，労働時間及び賃金を中心に，原数値を主として説明する。

図4.3は国勢調査による産業別就業者数の構成比である。国勢調査，労働力調査（月次調査）は家計側から調査し，雇用を就業者として把握している。図4.3に示す1970年から2000年までの30年間は，高度成長の終わりからバブル崩壊後の長期低迷に至る期間であり，就業構造も大きく変化した。各産業の推移を見ると，第一次産業の農・林・漁業の割合（1970年の19.3％から2000年の5.0％）が大きく低下している。また，建設業（同7.5％から10.0％）は上昇したものの，製造業（同26.1％から19.4％）の低下が大きいため，第二次産業も低下している。その結果，第三次産業が大幅に上昇している。第三次産業では特にサービス業（同14.6％から27.4％）の伸びが著しく，着実

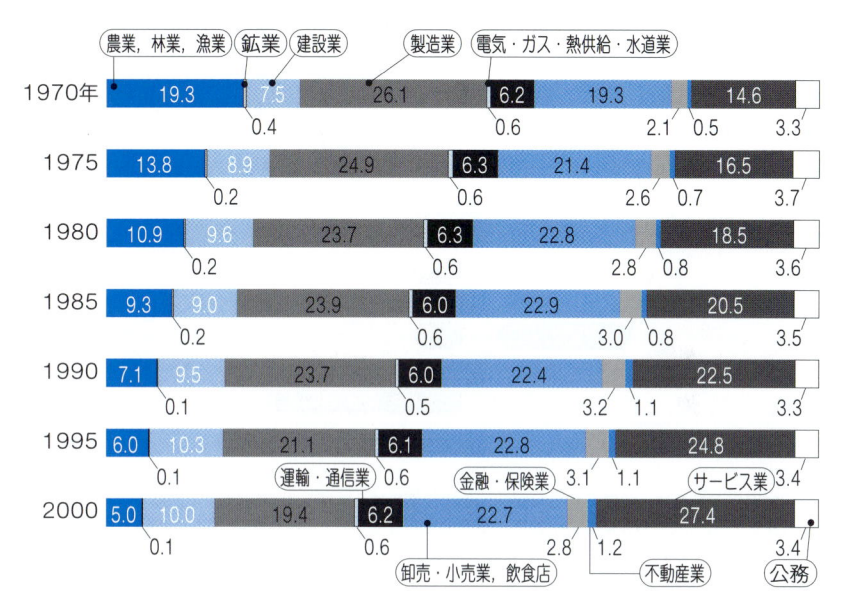

4.2 労働に関する統計調査とそのデータの分析　　75

	農業, 林業, 漁業	鉱業	建設業	製造業	電気・ガス・熱供給・水道業				
1970年	19.3	0.4	7.5	26.1	0.6	6.2	19.3	2.1 0.5	14.6	3.3

(図中の数値：各年の産業別構成比)

1970年　19.3／0.4／7.5／26.1／0.6／6.2／19.3／2.1／0.5／14.6／3.3
1975年　13.8／0.2／8.9／24.9／0.6／6.3／21.4／2.6／0.7／16.5／3.7
1980年　10.9／0.2／9.6／23.7／0.6／6.3／22.8／2.8／0.8／18.5／3.6
1985年　9.3／0.2／9.0／23.9／0.6／6.0／22.9／3.0／0.8／20.5／3.5
1990年　7.1／0.1／9.5／23.7／0.5／6.0／22.4／3.2／1.1／22.5／3.3
1995年　6.0／0.1／10.3／21.1／0.6／6.1／22.8／3.1／1.1／24.8／3.4
2000年　5.0／0.1／10.0／19.4／0.6／6.2／22.7／2.8／1.2／27.4／3.4

（運輸・通信業、金融・保険業、サービス業、卸売・小売業、飲食店、不動産、公務）

資料出所：総務省統計局『国勢調査』

図4.3　産業大分類別就業者数構成比の推移

にサービス経済化が進行中である。高齢社会の到来とともに，今後とも社会福祉，医療保健を中心に就業者が増加すると考えられる。また，第三次産業の中では，卸売・小売業，飲食店の割合（同19.3％から22.7％）が大きく上昇している。これは，この時期にコンビニエンス・ストア，ファミリーレストラン，各種ファーストフード等の新しい業務形態が出現したことの反映である。

次に就業状態の区分について見てみよう。労働力調査では就業状態は図4.4に示すように分類される。

労働力調査は月末1週間（12月は20日から26日までの1週間）の活動状態により分類するので，アクチュアル方式といわれる（国勢調査もこの方式である）。これに対して，もっと長期的な「ふだんの活動」に基づく分類方式をユージュアル方式といい，日本では就業構造基本調査で採用されている。

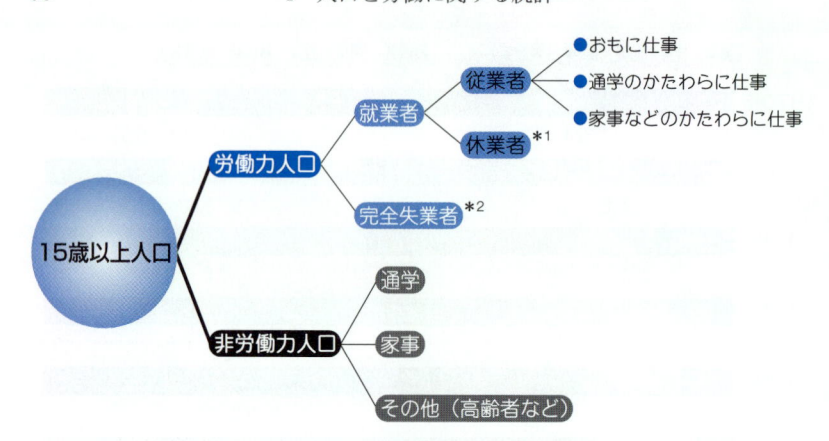

```
                                    ●おもに仕事
                      ┌─従業者──────●通学のかたわらに仕事
              ┌─就業者─┤              ●家事などのかたわらに仕事
              │       └─休業者*1
   労働力人口─┤
              │
              └─完全失業者*2
15歳以上人口
              ┌─通学
   非労働力人口┤─家事
              └─その他（高齢者など）
```

*1 平常は収入のある仕事をもちながら調査期間中その仕事を休んだ者のうち，次の二つの条件を満たす者
 (1)自営業主の場合は，事業をもちながら，その仕事を休み始めてから30日にならない
 (2)雇用者の場合は，調査期間中の給料・賃金の支払を受けたか受けることになっている（家族従業者は休業者としない）
*2 次の三つの条件を満たす者
 (1)仕事がなくて調査期間中に少しも仕事をしなかった（就業者ではない）
 (2)仕事があればすぐ就くことができる
 (3)調査期間中に，仕事を探す活動や事業を始める準備をしていた（過去の求職活動の結果を待っている場合を含む）
資料出所：総務省統計局『労働力調査年報』

図4.4　労働力調査における就業状態の区分

　なお，図4.4の就業者については「従業上の地位」から，自営業主＋家族従業者＋雇用者（さらに，常雇＋臨時＋日雇に細分）に分けられている。このうち常雇（雇用者）とは，期間を定めず，または1年を超える期間を定めて雇われている者のことをいう。

　また，ユージュアル方式では，15歳以上人口を「ふだんの就業・不就業」によって，図4.5のように分けている。

　労働力調査で用いられている指標の一つに労働力人口比率（または労働力率）がある。これは労働力人口を15歳以上人口で除したものである。図4.6は男女，年齢別の労働力人口比率である。

　まず男子について見ると，20歳代前半は70％台（1988年が71.0％，2003

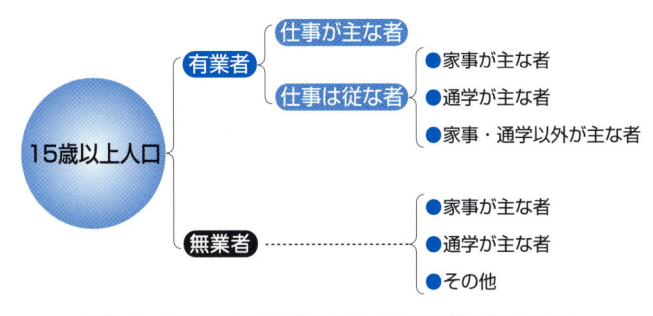

図4.5 就業構造基本調査における就業状態の区分

年が70.8％）であるが，20歳代後半には95％前後となり，50歳代後半（1988年が91.3％，2003年が93.5％）まで90％以上が続いている。

1988年と2003年を比較してみると，三つのことがわかる。第一は労働市場の入口に当たる若年層の労働力人口比率がやや低下していることである。これは高学歴化を反映しているものとみられる。しかし，最近では仕事にも就かず，学校等にも行っていないニート（NEET：Not in Education, Employment or Training）と呼ばれる若者が増えてきていることも影響しているのではないかと考えられ，今後，注視していく必要がある。第二は定年退職の時期を迎える50歳代後半の労働力率が上昇していることである。これは年金の支給年齢の引き上げが影響していると見られる。なお，中高年層のリストラが問題となっているが，リストラにより失業者となった者も労働力人口に含まれる。第三は65歳以上の高齢者層の労働力率が低下していることである。年金等の効果も考慮する必要があるものの，平均寿命が延びたことで労働力率の低い後期高齢者（85歳以上の高齢者）の割合が増えたためと考えられる。この影響により男子全体の労働力率は，77.1％（1988年）から74.1％（2003年）に低下している。

次に女子の労働力率を見てみよう。女子は学卒後，男子と同じように労働市場に参入する。20歳代前半では労働力率の男女差はない。その後，結婚や出産により労働市場から一時退出した後，子育て等が一段落すると再び参

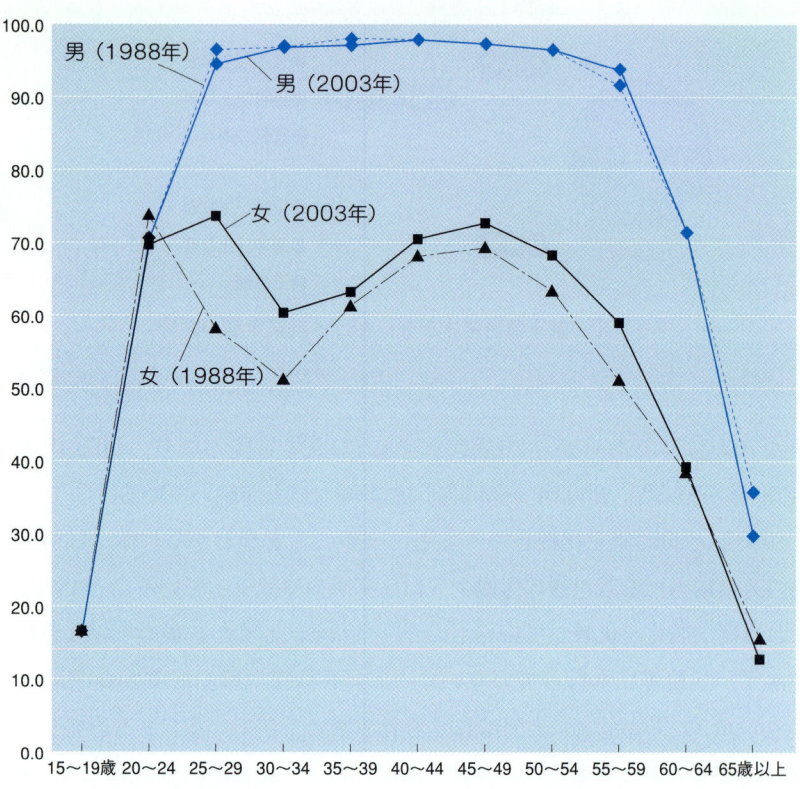

図4.6 男女，年齢階級別労働力人口比率

資料出所：総務省統計局『労働力調査年報』

入してくる。その結果，女子の年齢階級別労働力率をグラフにすると，M字曲線を描き，男子とまったく異なっている。図4.6を見ると，1988年と2003年のM字曲線が確認できる。両者を比較して見ると次のことがわかる。第一は20歳代後半から60歳代前半の各年齢層とも2003年の方が上方にシフトしている。これは働く女子の割合が増えていることを示している。第二は，1988年の労働力率は20歳代前半から20歳代後半にかけて低下していたのが，2003年では上昇しており，遅れて20歳台後半から30歳代前半にかけて低下している。これは晩婚化，晩産化等が影響していると考えられる。第三は，

子育てが一段落する40歳代以降である。1988年から2003年までの間に，2.2ポイント（40歳代前半）から8.0ポイント（50歳代後半）上昇しており，各年齢層とも労働意欲の強さを示している。

4.2.2　失業率と有効求人倍率

　労働経済で注目される一つの指標は**失業率**である。なお，統計指標では，「**完全失業率**」と呼ばれている[6]。完全失業率（総務省）は**有効求人倍率**（厚生労働省）とセットで発表されており，両者は労働市場の需給状況を示す指標となっている。

　完全失業率は労働力人口に占める完全失業者の割合をパーセント表示したものであり，労働力調査より得られる。労働力調査では，完全失業者とは就業者ではなくて，調査期間中に就業可能で，調査期間中（過去1週間）に求職活動を行った者と定義されている。なお，仕事があればすぐ就ける状態で過去に行った求職活動の結果を待っている者も完全失業者に含めることとしている。

　一方，有効求人倍率とは，有効求人数を有効求職者数で除した値であって，求職者1人当たりの求人数を示しており，ハローワーク（公共の職業安定所）の求人・求職者数を集計した職業安定業務統計から得られる。有効求人数とは，前月から繰越された未充足の求人数に当月の「新規求人数」を加えた数であり，有効求職者数とは，同じく前月から繰越された就職未決定の求職者数に当月の「新規求職者数」を加えた数である。なお，求職者は必ずしも失業者ではなく，職をもちながら求職活動を行っている者も含まれる。ま

---

6)　1950年以前の失業者の定義は，「調査期間中働くことを希望しながらも，適当な仕事がないためとか，季節的閑散のため，又は材料，賃金，動力の不足のため等の理由で，収入を目的とする仕事に少しも従事できなかった者」となっており，求職条件（仕事を探していた）が失業者の要件になっていなかった。1950年に失業者の定義を現行のものに改めた際，従来のものと区別するために「完全失業者」とした。したがって，「不完全失業者」といった概念はない。

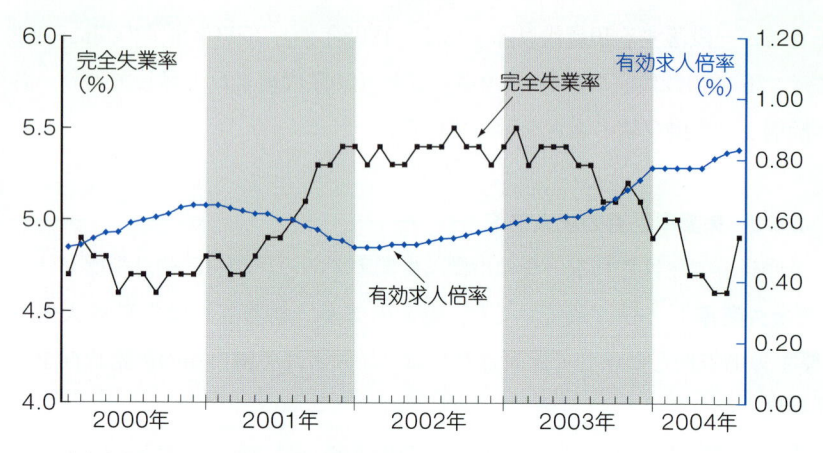

図4.7 完全失業率と有効求人倍率

＊ 完全失業率，有効求人倍率とも季節調整済
資料出所：総務省統計局『労働力調査』，厚生労働省職業安定局『職業安定業務統計』

た，失業者が必ずしも公共の職業安定所で求職活動を行うとは限らず，最近はその数が増えてきているといわれており，カバレッジが指摘されている。

図4.7は2000年1月以降の完全失業率と有効求人倍率の動きを示したものである。各数値の定義からも明らかなように，完全失業率が上昇すると有効求人倍率は低下し，完全失業率が低下すると有効求人倍率は上昇しており，両者は逆の動きとなっている。また，長期にわたって両者の関係を見ると，完全失業率は，有効求人倍率に遅れて推移する傾向にある。なお，近年は有効求人倍率が上昇しても完全失業率が改善されない傾向が見られる。これは，仕事が増えてきても求人側と求職側の条件が一致しないため（いわゆるミスマッチにより），就職に至らないケースが増えてきているためと見られる。

失業は発生する原因によって，需要不足失業，構造的失業，摩擦的失業の三つに区分することができる。需要不足失業は，景気後退期に労働需要が減少することによって生じる失業である。また，構造的失業とは，労働需要が満たされていないにもかかわらず，企業が求める人材と求職者のもつ能力や希望とが一致しない，いわゆるミスマッチにより生じる失業である。三つ目

4.2 労働に関する統計調査とそのデータの分析

図4.8 UV分析の考え方

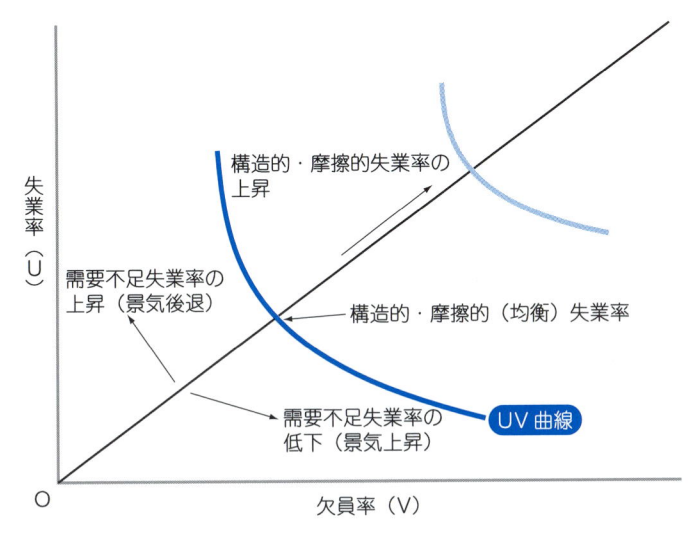

資料出所：厚生労働省『平成14年版労働経済白書』第3図

の摩擦的失業とは，求職者と求人企業の互いの情報が不完全であるため，両者が相手を探すのに時間がかかることにより生じる失業である。ただし，構造的失業と摩擦的失業を明確に区分することは困難であるため，通常は両者を併せて「構造的・摩擦的失業」と呼んだり，または摩擦的失業を構造的失業に含めたりしている。

それでは，日本の需要不足失業と構造的・摩擦的失業の動向をUV分析によって見てみよう。UVのUとは失業（Unemployment）すなわち需要不足を，Vとは欠員（Vacancies）すなわち需要超過を意味する。横軸に欠員率，縦軸に失業率をとり，各時点の組合せを図上にプロットして，その時系列的な動きをとらえたのが図4.8である。一般に，欠員が増えると失業が減り，欠員が減ると失業は増えることから，プロットした点を結ぶと右下がりの曲線として描かれることになる。この曲線をUV曲線という。また，この図の右上（左下）への動きは構造的・摩擦的失業率の上昇（低下）を，左上（右下）への動きは需要不足失業率の上昇（低下）を示している。実際の

表4.9 主要国の失業率（各国の発表値と OECD

	日　本	アメリカ	カ ナ ダ
2000年	4.7 (4.7)	4.0 (4.0)	6.8 (6.8)
2001年	5.0 (5.0)	4.8 (4.7)	7.2 (7.2)
2002年	5.4 (5.4)	5.8 (5.8)	7.7 (7.7)
2003年	5.3 (5.3)	6.0 (6.0)	7.6 (7.6)
データの取集方法	・実地調査による取集 ・標本調査	・実地調査による取集 ・標本調査	・実地調査による取集 ・標本調査
調査時期及び期間	・毎月1回 ・1週間（月末）	・毎月1回 ・1週間（12日を含む）	・毎月1回 ・1週間（15日を含む）
調査対象年齢	・15歳以上	・16歳以上	・15歳以上
失業者の定義	・就業者でなく ・調査期間中に就業可能で ・調査期間中（過去1週間）に求職活動を行った者 ☆仕事があればすぐ就ける状態で過去に行った求職活動の結果を待っている者も失業者とする	・就業者でなく ・調査期間中に就業可能で ・過去4週間以内に求職活動を行った者 ☆レイオフ中の者は求職活動要件に関係なく失業者とする	・就業者でなく ・調査期間中に就業可能で ・過去4週間以内に求職活動を行った者 ☆レイオフ中の者は求職活動要件に関係なく失業者とする ☆4週間以内に就職が内定の待機者も就職活動要件に関係なく失業者とする
失業率の計算		・軍人を除いて計算	・軍人を除いて計算

＊ 失業率中，（ ）内は OECD による標準化失業率を示す。
資料出所：総務省統計局『労働力調査年報』平成15年

　データをこの図4.8にプロットして見ると，完全失業率が急激に上昇し始めた1998年以降，UV 曲線は右上に移動しており，構造的・摩擦的失業率が大きく上昇したことがわかる。

　雇用状況が悪化すると，日本の失業者数や失業率は，国際的に見て低く計算されているのではないかといわれることがある。失業者の定義については，ILO が国際基準を設定しており，各国と同様に日本もその基準に準拠し，

4.2 労働に関する統計調査とそのデータの分析　　83

による標準化失業率）とデータの取集方法等

イギリス		ドイツ	フランス
3.6	(5.4)	9.7 (7.8)	9.5 (9.3)
3.2	(5.0)	9.4 (7.8)	8.7 (8.5)
3.1	(5.1)	9.8 (8.6)	9.0 (8.8)
3.1	(5.0)	10.5 (9.3)	9.7 (9.4)
・業務資料による取集 ・職業安定所への雇用保険の請求者	・実地調査による取集 ・標本調査	・業務資料による取集 ・職業安定所の登録者	・業務資料による取集 ・職業安定所の登録者
・毎月1回 ・1日間（第2木曜日）	・3か月を1単位とし、13分割した調査区を毎週調査 ・各1週間	・毎月1回	・毎月1回
・男16〜64歳 ・女16〜59歳	・16歳以上	・15〜64歳	・15歳以上
・就業者でないか ・1週間の平均就業時間が16時間未満の ・求職活動を行っている者	・就業者でなく ・2週間以内に就業可能で ・過去4週間以内に求職活動を行った者 ☆2週間以内に就職が内定の待機者も就職活動要件に関係なく失業者とする	・就業者でないか ・1週間の平均就業時間が15時間未満の ・求職活動を行っている者	・就業者でなく ・15日以内に就業可能な ・求職活動を行っている者
		・軍人を除いて計算	

　調査が行われている．しかし，ILO の基準には，定義に幅があったり，国情に応じた特例を認める部分もあったりすることから，各国が発表した数値を単純に比較することは危険が伴う．そこで，OECD は各国の失業率をILO 基準に近づけるための調整を行った標準化失業率を算出している．表4.9は主要国における2000年から2003年までの国内発表値と OECD の標準化失業率を比較したものである．両失業率の差は，日本，アメリカ，カナダ

では小さい（ILO 基準に近い）のに対して，業務資料からデータを取集しているドイツ，フランスではかなりの差が生じている[7]。

4.2.3 労働時間

労働時間は，労働需要と労働供給の両面にとって重要な指標である。労働時間に関する統計は，労働需要側の企業（事業所）を調査対象とした統計と，労働供給側の家計を対象とした統計がある。前者には，毎月勤労統計調査，賃金構造基本統計調査，賃金労働時間制度等総合調査があり，これら三統計の所管は厚生労働省である。後者の代表は労働力調査と就業構造基本調査であり，この所管は総務省である。さらに，労働時間を生活時間の一環として把握する統計に，総務省の社会生活基本調査と NHK の国民生活時間調査（ともに5年周期）があり，この統計も家計側の統計である。一口に労働時間といっても，どの統計を使用するかにより把握の対象，内容等に微妙な差が発生するので，統計の使い分けが必要である。

〈労働時間の短縮〉

かつて「日本人は働きすぎ」といわれていた。労働時間が長いことが国際的に非難の的となっていたのである。図4.9は「年間総実労働時間」の国際比較である。国際比較を行おうとするとき，国によって労働慣行，制度等が異なるから，共通の尺度を用いて比較しようとするとその範囲は限定せざるを得ない。図4.9は製造業・生産労働者に限定しているが，それでも各国により対象事業所の規模が異なっている。

図4.9を見ると，確かに日本の製造業生産労働者の年間総実労働時間は1988年には2,200時間近くもあり，アメリカやイギリスと比べて200時間以上長かった。しかし，1988年の改正労働基準法の施行[8]以降1993年にかけて

---

7) イギリスについては，毎月，労働力調査による ILO 基準の失業率と職業安定所への雇用保険の請求者数から求めた比率（Claimant count rate）の両方を発表している。ただし，労働力調査の結果はサンプル数が少ないことなどから，直近の3カ月平均（たとえば，2004年7月発表では，3〜5月平均）となっている。

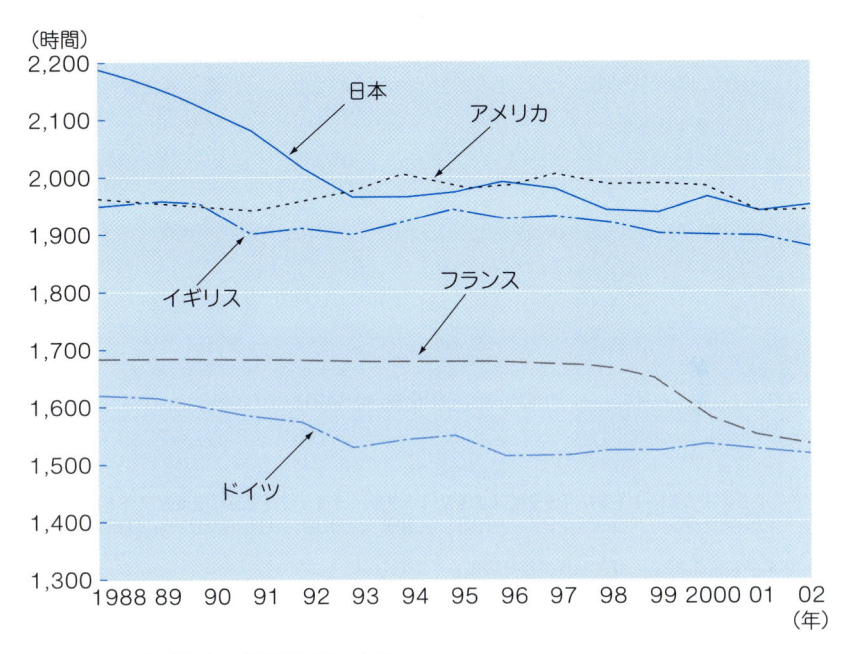

4.2 労働に関する統計調査とそのデータの分析　85

図4.9 年間総実労働時間の国際比較（製造業生産労働者）

＊1　フランス及びドイツは総労働時間である。
＊2　事業所規模は日本5人以上，アメリカ全規模，その他は10人以上。
＊3　常用パートタイム労働者を含む。
出典：厚生労働省『平成16年版労働経済白書』第46図
資料出所：厚生労働省大臣官房統計情報部『毎月勤労統計調査』，EU及び各国資料より厚生労働省労働基準局賃金時間課推計

大きく減少し，イギリスやアメリカとほぼ同水準となった。ただし，ドイツやフランスと比較すると，依然として400時間程度長くなっている。

　なお，労働時間の動き，特に所定外労働時間の動きは，景気動向を見るうえで重要な指標となっており，製造業の所定外労働時間は景気動向指数の一致系列に採用されている。製造業の所定外労働時間は生産の動向を反映しており，図4.10に示すように鉱工業生産指数とほぼパラレルに動いていることがわかる。

---

8)　1997年4月1日より，週40時間労働制が全面的に適用された。

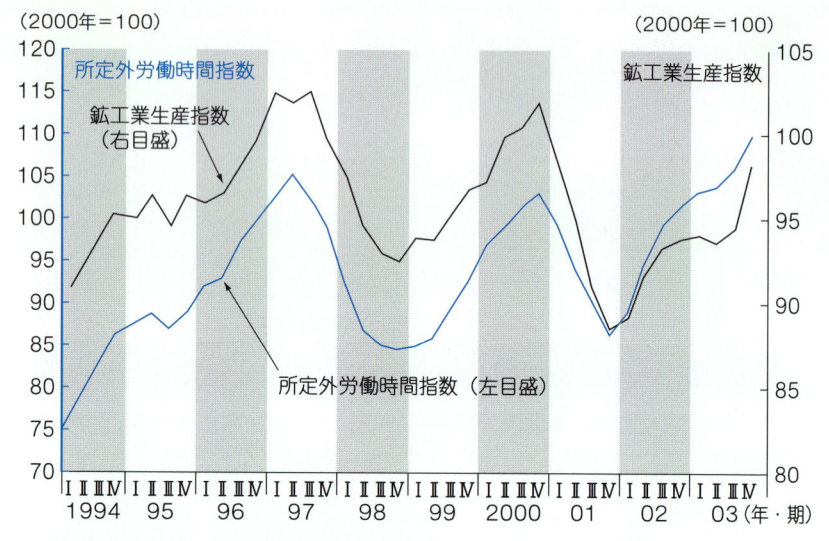

図4.10 製造業の所定外労働時間と鉱工業生産指数（季節調整値）

〈労働生産性〉

　先に示した日本の労働時間の短縮要因については，労働基準法の改正等による労働時間対策と並んで，労働生産性の上昇が考えられる。一般に生産性とは投入量と生産量の比率をいう。投入量には，労働だけでなく，原料や燃料，機械といった生産要素が挙げられる。このうち，生産量を労働投入量で割った比率が労働生産性であり，これは労働者が単位労働時間内に作り出す生産量に当たる。現在，労働生産性指数は社会経済生産性本部で作成されている。この指数は，経済産業省の生産動態統計調査をはじめ，国土交通省，厚生労働省，農林水産省などの統計から生産量と雇用量（延べ労働時間数）のデータを取集し，産出量指数と労働投入量指数を作成した後，先に示したように産出量指数を労働投入量指数で除して求めている。詳しくは11章11.1を参照せよ（表4.10参照）。

表4.10 製造業の労働生産性・労働投入量・産出量指数

	指　数			上　昇　率		
	労働生産性	労働投入量	産出量	労働生産性	労働投入量	産出量
1994年	95.8	101.0	96.8	2.5	▲1.6	0.9
95年	100.0	100.0	100.0	4.4	▲1.0	3.3
96年	103.2	99.1	102.3	3.2	▲0.9	2.3
97年	108.2	98.0	106.0	4.8	▲1.1	3.6
98年	103.8	94.9	98.5	▲4.1	▲3.2	▲7.1
99年	106.8	92.9	99.2	2.9	▲2.1	0.7
2000年	113.3	92.7	105.0	6.1	▲0.2	5.8
01年	107.8	89.9	96.9	▲4.9	▲3.0	▲7.7

＊　1995年＝100，事業所規模5人以上。
出典：『活用労働統計（2003年版）』生産性労働情報センター，p. 96 D-1

4.2.4　賃　金

「賃金」というとき，賃金水準ないしは賃金所得（労働所得）を指す場合と，賃金率を指す場合がある。賃金率は賃金所得を労働量で割ったものであり，時間当たり賃金（時給等）を指す場合が多い。賃金体系等は企業によって異なるから，両者の区別は統計を利用する場合には注意が必要となる。

賃金について代表的な統計調査は毎月勤労統計調査（以下，「毎勤」という）である。「毎勤」では労働時間，出勤日数等も調べられており，組み合わせれば単位当たり賃金率の算出が可能である。

賃金統計のもう一つの代表的な統計調査は，賃金構造基本統計調査（以下，「賃構」という）である。この調査も事業所側から調査しており，この点は「毎勤」と類似している。ただし，対象事業所（5人以上の常用労働者を雇用する民営事業所，及び10人以上の常用労働者を雇用する公営事業所），対象期日（6月末現在）等の相違がある。こうした形式的な差よりも調査項目と表章形式の相違が大きい。「賃構」は賃金センサスともいわれ，その目的は常用労働者[9]（次頁）の賃金等の実態を，産業，地域，規模，性，就業形態，学歴，職階，年齢，勤続年数など構造的に把握することにある。

「毎勤」はその名のとおり毎月調査であるが,「賃構」は毎年6月末時点についての調査(所定内給与,所定内実労働時間等は6月値。ただし,賞与等は前年1年間)である。その反面,「賃構」は属性別情報が詳しいという長所がある。両統計は厚生労働省の所管の指定統計であり,賃金関係の基本統計といえる。

賃金・所得関連統計はこれ以外にも多数存在する。民間給与実態統計調査(国税庁)といった賃金・給与を直接対象とした調査に加えて,家計調査(総務省)のような世帯の収支を対象とした調査からも間接的に得られる。

また,賃金等に大きな影響を与える要因として,賃金体系,賃金制度等がある。それらに関する統計としては,厚生労働省による**就労条件総合調査**(1999年までは「賃金労働時間制度等総合調査」の名称で実施,毎年)がある。

ここでは,「賃構」と「毎勤」の二つの統計から賃金等の状況を見ていくことにしよう。賃金の代表的な動向の一つに,賃金の年齢(または勤続年数)別プロファイルがある。**表4.11**は男性標準労働者の年齢別賃金等を示している。ここで標準労働者とは,「学校卒業後直ちに企業に就職し,同一企業に継続勤務している労働者」を指しており,年齢の変化と勤続年数のそれは類似(ただし,学卒年齢は異なるので同一ではない)の傾向をもつ。ただし,賃金の単純比較は学歴別,企業規模別,男女別等の各種の格差を含むため,賃金格差の議論はこのような属性をコントロールすることが重要である(この点は,樋口美雄『労働経済学』東洋経済新報社,「8章賃金格差」を参照せよ)。**表4.11**では産業計,企業規模計であるから,全体の動向である。

まず,大卒と高卒の比較(B)である。年齢構成を無視した全体の平均は,高卒を100とすると,大卒は117.9で約18%高い。高校卒業時点で就職するか,大学進学かは個人の選択に依存する。経済的に考えれば,就職は早くから賃金所得を得るわけであり,進学はその間教育費を支出する。日本では親

---

9) この常用労働者には常用雇用者以外に,日雇名義であっても過去2カ月間に各月18日以上働いた者も含んでいる。p.76参照。

表4.11　男性標準労働者の学歴，年齢階級別賃金等

年齢階級 (歳)	(A)賃金（千円）		(B)学歴格差	(C)年齢間賃金格差（20～24歳 = 100）			
	大卒	高卒	(大卒/高卒)	大卒		高卒	
	2003年	2003年	2003年	1998年	2003年	1998年	2003年
平均	391.2	331.7	117.9	180	178	167	170
20～24	220.1	194.9	112.9	100	100	100	100
25～29	258.1	236.1	109.3	122	117	120	121
30～34	334.2	279.9	119.4	156	152	147	144
35～39	409.4	333.0	122.9	191	186	174	171
40～44	479.5	380.9	125.9	225	218	204	195
45～49	536.2	437.4	122.6	264	244	230	224
50～54	589.3	476.3	123.7	292	268	266	244
55～59	604.8	489.8	123.5	303	275	265	251

*1　賃金は2003年6月分の所定内給与。
*2　(B)は高卒を100とした数値。
*3　対象は産業計，企業規模計。
資料出所：『平成15年賃金構造基本調査（全国結果）の概況』（厚生労働省発表，2004年3月）の第11表，第12表

が丸抱えで教育費を支出する傾向にあるが，学生自身が負担するとしたら，就職と進学の選択は本人にとって経済的に重大である．平均18％の増額が，4年間の損失を相殺するかどうかは，教育を投資として考えるべきかどうか等，別途研究が必要となる．もとより，個人差はあるものの，大学生活は経済面とは別にプラスの側面も大きいであろう．

(B)欄の学歴別賃金格差（高卒を100としたときの大卒の数値）をもう少し詳しく見ると，2003年では20歳代は110前後と1割程度の格差となっているが，35歳以上では120を超えており，2割超の格差となっている．また，年齢間の格差を大卒と高卒に分けて見たのが(C)欄である．まず大卒について見ると，1998年，2003年とも年齢が高くなるとともに賃金も上昇しており，年功賃金の効果が見られる．しかし，2003年は1998年に比べて年齢間

の格差が小さくなっていることがわかる。次に高卒について見ると，高卒も年齢が高くなるとともに賃金も上昇しているとはいえ，大卒に比べると年齢間の賃金格差は小さい。また，1998年と2003年を比較すると，大卒と同様に2003年は1998年に比べて年齢間の格差が小さくなっている。

　これまで学歴，年齢別賃金の平均値を比較してきた。同時に，それぞれの賃金分布のバラツキ度合いを見ておくことも重要である。「賃構」ではひろがりの尺度として，**十分位分散係数**を用いている。一般に分布の状況は分布の中心とひろがり度合いによって記述される。分布の中心としては，算術平均を用いるのが一般的である。しかし，分布の偏りが大きい場合は**中位数（中央値）**を用いる場合が多い。中位数は，変量を最小値から最大値まで，その大きさの順に並べたときに中央に位置する値である。こうした統計量を**順序統計量**という。一方，分布のひろがりを示す尺度にはいろいろなものがあり，その代表は**分散，標準偏差**である。これらは算術平均と対をなす。これに対して，順序統計量の場合は**分位数**が用いられる。中位数と同様にデータを最小値から最大値まで，その大きさの順に並べ，それらを10等分したとき，小さいほうから10分の1，10分の2…10分の9までの順序統計量を各々，第1十分位数，第2十分位数…第9十分位数という（表4.12の注を参照）。十分位数以外に四分位数，五分位数などが利用される。

　表4.12の「十分位分散係数」は，最大と最小10分の1のデータを除いた残りのデータの変化の幅を，中位数の2倍（分布全体を近似）で基準化（相対化）したもので，分布のひろがりの程度（係数が大きいほどひろく，小さいほど狭いこと）を示している。

　表4.12を見ると，まず第一に大卒，高卒とも年齢が上昇するに応じて十分位分散係数が上昇しており，中高年層ほど賃金格差が大きいことを示している。第二に大卒と高卒の係数を比較してみると，男性では20歳代と50歳代で，高卒の係数が高くなっており，若年層と中高年層で高卒の方が賃金のバラツキ度合いが大きいことがわかる。また，女性では25～29歳以上の各階級で大卒の方が係数が高くなっている。第三に男女間を比較して見ると，大

4.2 労働に関する統計調査とそのデータの分析

表4.12 労働者の性別，学歴，年齢階級別所定内給与の十分位分散係数

年齢階級（歳）	男			女		
	学歴計	大 卒	高 卒	学歴計	大 卒	高 卒
計	0.55	0.58	0.50	0.46	0.51	0.44
20～24	0.22	0.19	0.23	0.24	0.19	0.23
25～29	0.26	0.25	0.27	0.27	0.27	0.26
30～34	0.32	0.33	0.29	0.35	0.38	0.32
35～39	0.38	0.37	0.33	0.45	0.45	0.40
40～44	0.43	0.41	0.36	0.54	0.55	0.47
45～49	0.48	0.42	0.41	0.60	0.58	0.52
50～54	0.52	0.43	0.46	0.59	0.61	0.53
55～59	0.56	0.46	0.52	0.62	0.56	0.55
60～64	0.74	0.75	0.64	0.63	0.60	0.55

*1　2003年，産業計，企業規模計
*2　十分位分散係数とは，次の算式により計算された数値をいい，その値が小さいほど分布の広がりの程度が小さいことを示す。たとえば，十分位分散係数の0.01の上昇（低下）は，中位数を〈100〉としたときの第1・十分位数から第9・十分位数までの幅の大きさが2だけ拡大（縮小）することを示す。
　なお，中位数，第1・十分位数，第9・十分位数は下記に示すとおりである。
▶十分位分散係数 $= \dfrac{\text{第9・十分位数} - \text{第1・十分位数}}{2 \times \text{中位数}}$
▶第1・十分位数……十等分し，低い方から最初の節の者の賃金
▶中　位　数……二等分した節の者の賃金
▶第9・十分位数……十等分し，高い方から最初の節の者の賃金

出典：厚生労働省統計情報部編『賃金センサス（平成15年賃金構造基本統計調査）第1巻』労働法令協会，2004年

卒の全体では男性の方が係数が高く，年齢階級別に見ると25～29歳以上の各階級で女性の方が係数が高くなっている。これは，女性は結婚や出産で一度職場を離れ，子が成長した後に再就職するケースがあるため，同じ学歴や年齢でも勤続年数や就業形態の違いによって賃金が異なるためと見られる。

表4.13 現金給与総額とその内訳別の増加率の推移等（調査産業計，事業所規模5人以上）

(単位：円，％)

	現金給与総額			きまって支給する給与	所定内給与	所定外給与	特別給与	実質賃金
		［一般労働者］	［パートタイム労働者］					
(金額)								
2000年	355,474	421,195	95,226	283,846	265,062	18,784	71,628	—
2001年	351,335	419,480	94,074	281,882	263,882	18,000	69,453	—
2002年	343,480	413,752	93,234	278,933	261,046	17,887	64,547	—
2003年	341,898	414,089	94,026	278,747	260,153	18,594	63,151	—
(前年比)								
2000年	0.1	1.0	3.2	0.5	0.3	4.0	▲1.5	1.0
2001年	▲1.5	▲0.5	▲0.5	▲1.1	▲0.8	▲4.5	▲3.3	▲0.6
2002年	▲2.9	▲0.6	▲3.0	▲1.6	▲1.7	▲1.3	▲7.8	▲1.8
2003年	▲0.8	0.0	0.7	▲0.5	▲0.8	3.6	▲2.5	▲0.6

＊ 前年比などの増減率は調査対象事業所の抽出替えに伴うギャップ等を修正した指数から計算。
出典：厚生労働省『平成16年版労働経済白書』p. 30-31,『毎月勤労統計調査』

次に「毎勤」の結果から，最近の賃金の動向を見ておこう。**表4.13**は現金給与総額の増加率と内訳別の増加率の推移を示している。特に2003年の前年比を見ると，二つの点で興味深い結果となっている。一点目は現金給与総額が前年比0.8％減となっているものの，その内訳を見ると，所定外給与（超過労働給与）が3.6％増と3年ぶりに増加となっていることである。これは所定外労働時間が前年比4.8％増となったことを反映している。

一般に所定外給与や所定外労働時間の推移は景気動向を見るうえで先行指標として用いられており，これらの結果が前年比プラスとなったことは，わが国の経済の先行きに明るさが見られることを示している。

二点目は現金給与総額が前年比0.8％減となっているのに，これを就業形態別に見ると，一般労働者が前年と同水準，パートタイム労働者が0.7％増と，一見，矛盾した結果になっていることである。これは，相対的に見て賃金がかなり低いパートタイム労働者の割合が上昇したことによるものと見ら

れる。このように全体の中に大きな格差をもった集団が存在している場合，全体の動きを見るときには，当該集団の割合の変化にも注意する必要がある。

最後に，「毎勤」の利用に関する注意点を述べておこう。この調査は，賃金，雇用，及び労働時間を総合的に把握する調査であり，労働や経済の一般的な基礎統計としてだけではなくて，景気動向の視点からも重要な統計である。毎月の公表は実数と指数と二通りの形で行われている。また，指数は，基本的に基準年（現在は2000年）の実数を100とした数値で示されている。

しかし，なぜ実数があるにもかかわらず，指数を別途算出するのであろうか。「毎勤」は，構造を把握するための利用よりも時系列的比較を行うために利用されることの多い調査であることから，指数の公表は利用者にとって便利であるということ以外に，もう少し深い配慮がある。すなわち，公表される指数は実数の単純比率の形で算出されているのではない。なぜならば，実数は調査対象事業所（30人以上の規模の標本）の抽出替えによって，調査結果の実数にギャップが生じることがある。そこで，このギャップを修正するため，一定期間過去に遡って指数とその増減率を改訂しているのである。したがって，指数は時系列的な接続を意図して作成されており，その時点で公表されている指数は将来改訂されることになる。

以下でギャップ修正の意味を説明しておこう。調査対象を数年間固定して調査していると，通常，新設された事業所の状況は調査対象事業所（標本）に反映されず，集計結果が母集団（現実の全事業所）の状況からずれてくる。このずれ（ギャップ）を一般にバイアス（偏り）という。ギャップ修正はこれを補正するねらいがある。ギャップ修正による指数の改訂方法は常用雇用指数についてはやや複雑なので，ここでは，賃金と労働時間の指数について説明することにする。

まず，各月の指数は2000年を基準時点とすると

$$各月の指数 = \frac{各月の実数}{基準数値} \times 100 \tag{4.7}$$

となる。改訂は，前回抽出替えの翌月分（1999年2月）に遡って，2004年

1月分調査において行われる。すなわち，現在の改訂のベースは2004年1月である。そこで

$$G(\text{ギャップ率}) = \frac{2004年1月分\ 新調査結果}{2004年1月分\ 旧調査結果} \tag{4.8}$$

として，1999年2月～2003年12月までの指数を修正し，改訂指数とする。

$$改訂指数 = 修正前指数 \times \left\{1 + \frac{n}{60}(G-1)\right\} \tag{4.9}$$

ただし，n = 1999年2月から当該月までの月数（1999年2月 = 1，2003年12月 = 59）である。すなわち，ギャップ率が最近月になるほど60分の1ずつ効いてくる調整となっている。

　なお，賃金指数では実質賃金指数も公表されている。これは（名目）賃金指数を消費者物価指数の「持家の帰属家賃を除く総合」で除したものである。

5

家計に関する統計

5.1 所得・消費・貯蓄のバランス

家計にとって，所得は各種経済活動の源泉であるという意味で，極めて重要な経済変数である。家計所得の中心は勤労所得（雇用者報酬）である。前章の「毎勤」，「賃構」等から給与等は把握できるものの，それらは労働需要（事業所）側からの調査である。これに対して労働供給（世帯）側からの調査が，総務省が実施している就業構造基本調査（略して「就調」指定統計）である。「就調」では有業者に対して「ふだんの就業・不就業」以外に，仕事の種類，就業日数，年間収入等が調査されている。無業者に対しても，世帯主については有業者と同様に世帯の収入の種類，世帯全員の年間収入等の調査項目がある。ただし，「就調」の調査周期は5年であり，これが「毎勤」等と大きく異なる点である。

家計の収入は世帯の属性により，その種類が異なる。稼得所得（雇用者報酬，事業所得等）を W，公的年金等の社会保障給付，利子・配当等の財産所得等を合わせた移転所得を T とする。家計の受け取り所得 Y は

$$Y = W + T \tag{5.1}$$

となる。他方，家計は各種の支出を行う。これを大きく，所得税，社会保障負担等の移転支出 F と，食料費や教養娯楽費等の消費支出 C に大別すれば，

総支出 E は

$$E = F + C \tag{5.2}$$

となる．いま，Y と E の差を貯蓄 S とすると

$$S = Y - E = W + (T - F) - C \tag{5.3}$$

である．すなわち，貯蓄は稼得所得 W と純移転所得 $(T - F)$ の和から消費 C を差し引いたものである．さらに，一般に可処分所得 Y_d という概念が導入されることが多い．これは

$$Y_d = W + (T - F) \tag{5.4}$$

である．(5.4)を用いれば

$$S = W + (T - F) - C = Y_d - C \tag{5.5}$$

とも書ける．

(5.1)～(5.5)は，家計のフロー（所得，消費，貯蓄）のバランス関係を示している．これは一国全体の国民経済計算（SNA）のバランスであると同時に（12章参照），それが個別家計においても成立する．ただし，家計の一次統計でこのバランスを意識して調査，表章が行われるとは限らない．名称等の差はあるとはいえ，家計の収支バランスを意図した代表的な一次統計は，家計調査と全国消費実態調査（略して「全消」）であり，ともに総務省が実施している指定統計である．家計調査は月次調査で，調査世帯数は約9,000（単身世帯調査を含む）である．「全消」は家計調査の調査項目を拡大し，家計の総合統計といった性格をもつ調査であり，調査世帯数も約60,000と多い．ただし，5年周期の調査（最新の調査は2004年実施）であるという制約がある．

表5.1は家計調査の収支バランスを示したものである．まず，体系は現金（カードによる支払い，借入金等も含む）を中心とした収支（便宜上，「市場収支」と略記）と，現物収支に大別される．「市場収支」は表5.1のⅠとⅡ，現物収支はⅢである．両者とも，総額は収入 ＝ 支出という形でバランスしている．中心は「市場収支」であるので，ここでは主にⅠとⅡについて見ていこう．

5.1 所得・消費・貯蓄のバランス

表5.1 家計調査の収支バランス（2004年）

	勤労者世帯	無職世帯		勤労者世帯	無職世帯
Ⅰ 収　入			**Ⅱ 支　出**		
1 収入総額	1,008,118	627,122	2 支出総額	1,008,118	627,122
1.1 実収入	530,028 (100.0)	217,119 (100.0)	2.1 実支出	415,899 (78.5)	279,533 (128.7)
1.1.1 経常収入	520,749 (98.2)	209,264 (96.4)	2.1.1 消費支出	330,836 (62.4)	252,603 (116.3)
1.1.1.1 勤め先収入	501,122 (94.5)	20,280 (9.3)	2.1.2 非消費支出	85,063 (16.0)	26,930 (12.4)
1.1.1.2 事業・内職収入	2,902 (0.5)	3,505 (1.6)	2.1.2.1 直接税	36,871 (7.0)	10,784 (5.0)
1.1.1.3 他の経常収入	16,725 (3.2)	185,479 (85.4)	2.1.2.2 社会保険料	48,036 (9.1)	16,100 (7.4)
うち公的年金給付	12,956 (2.4)	179,402 (82.6)	うち公的年金保険料	28,511 (5.4)	2,670 (1.2)
1.1.2 特別収入	9,279 (1.8)	7,855 (3.6)	2.1.2.3 他の非消費支出	155 (0.0)	47 (0.0)
1.2 実収入以外の収入	403,957	329,696	2.2 実支出以外の支出	521,571	274,504
うち預貯金引出	362,364	290,727	うち預貯金	405,830	226,745
1.3 繰入金	74,133	80,307	2.3 繰越金	70,649	73,086
Ⅲ 現　物					
収入＝支出	8,498	10,076			
Ⅳ 派生概念					
4.1 可処分所得	444,966 (84.0)	190,189 (87.6)			
4.2 黒字	114,129 (21.5)	▲62,414 (▲28.7)			

＊　農林漁家世帯を除く2人以上の世帯における1世帯当たり年平均1カ月間の収支（円）
資料出所：総務省統計局ホームページ　http://www.stat.go.jp/data/kakei/2004n/index.htm

Ⅰの収入は次のようになる。まず

$$\text{収入総額} = \text{実収入} + \text{実収入以外の収入} + \text{繰入金} \quad (5.6)$$

$$\text{実収入} = \text{経常収入} + \text{特別収入} \quad (5.7)$$

である。ここで「実収入以外の収入」とは，預貯金引出，財産売却，借入金等の資本取引に伴う現金等の収入であり，労働所得等の収入とは異なる。「特別収入」は受贈金等の収入である。また，「経常収入」には労働所得等以外に社会保障給付等の移転所得を含んでいる。したがって，前述の記号に準じて述べれば，「経常収入」は W 以外に T の一部を含み，「特別収入」は T の一部となる。(5.7)より，「実収入」はほぼ Y に等しい概念となる。「繰入金」の存在も一次統計特有のものである。

次に，Ⅱの支出を見てみよう。関係式は

$$\text{支出総額} = \text{実支出} + \text{実支出以外の支出} + \text{繰越金} \quad (5.8)$$

$$\text{実支出} = \text{消費支出} + \text{非消費支出} \quad (5.9)$$

$$\text{非消費支出} = \text{直接税} + \text{社会保険料} + \text{他の非消費支出} \quad (5.10)$$

である。ここで「実支出以外の支出」とは「実収入以外の収入」と対をなし，資産購入等の資本取引である。「繰越金」も「繰入金」と対応する。したがって，(5.8)の支出総額は(5.2)の E より範囲が広い。むしろ E に対応するのは，(5.9)の実支出である。ここでも移転支出の処理に差があり，消費支出に贈与金や仕送り金等の移転支出 F の一部が含まれている。

Ⅲの現物収支では，外部からのもらい物や自家菜園の産物等を各調査世帯が市場価格で評価し，「市場収支」と別分類の形で集計している。ただし，持ち家の帰属家賃（12章12.5.1参照）は含めない。

こうして，家計調査とSNAでは取引の処理に微妙な差（特に移転収支）があるものの，実収入が Y，実支出が E に近い概念となっている。

最後に，ⅠとⅡを利用した二つの派生概念について見ておこう。すなわち

$$\text{可処分所得} = \text{実収入} - \text{非消費支出} \quad (5.11)$$

$$\text{黒字} = \text{実収入} - \text{実支出} \quad (5.12)$$

である。マクロの可処分所得は(5.4)で示したように，要素所得（稼得所得

5.1 所得・消費・貯蓄のバランス

で近似）W に純移転所得を加えたものであった。一方，家計調査について見ると，(5.11)の中の実収入には，先に示したように社会保障給付等の移転所得 T を含んでいる。また，非消費支出は原則的に移転支出 F であるが，前述のように消費支出の一部に F の一部が含まれている。したがって，概念的には SNA の可処分所得 Y_d と家計調査の可処分所得は近いとはいえ，「市場収支」の範囲に限定すると，家計調査の可処分所得の方が大きいといえる。

次は(5.12)の黒字である。「実収入」は Y，「実支出」は E に近いから

$$\begin{aligned}黒字 &= Y - E = (W + T) - (F + C) \\ &= (W + T - F) - C = S \end{aligned} \tag{5.13}$$

となる。したがって，家計調査の黒字は貯蓄に対応する。

家計調査では勤労者（サラリーマン）世帯及び無職世帯以外は月々の収入を調査していないので，全世帯の収支バランスを示した統計はない。表5.1 では勤労者世帯と無職世帯の2004年における1カ月間の収支バランスを，別々に示している。

最初に勤労者世帯の収支から見ていこう。まず，「収入総額」が1カ月間で100万円以上とかなりの高額となっている。内訳を見ると「実収入以外の収入」の中の「預貯金引出」も36万2千円とかなりの金額である。これは，現在，サラリーマンの多くは給料の一部またはすべてを銀行振込みにしていることが多く，そのような場合には，給料の受取りは「勤め先収入」に記帳されると同時に，支出側の「預貯金」となる。そして，銀行口座から生活費を引き出せば，収入側の「預貯金引出」となる。このように記録されているので，「収入総額」や「預貯金引出」が1カ月間でかなりの金額となるのである。

次に「実収入」を100とした各項目との比を見てみよう。サラリーマン世帯であることから，「実収入」の内訳では「勤め先収入」が94.5と最も高くなっている。支出項目では「消費支出」が62.4，「直接税」や「社会保険料」などの「非消費支出」が16.0となっている。「実収入」に対する「非消費支出」の比率は，人口の高齢化が進むにつれ，今後さらに高くなるものと考え

られる。また,「実収入」から「非消費支出」を差し引いた「可処分所得」は84.0,「可処分所得」から「消費支出」を差し引いた「黒字」は21.5となっている。

次に無職世帯について,「実収入」を100とした各項目との比を見てみよう。無職世帯の世帯主の平均年齢は69.3歳であることから,「実収入」の内訳では厚生年金などの「公的年金給付」が82.6と最も高くなっている。支出項目では「非消費支出」が12.4と勤労者世帯に比べてやや低いのに対して,「消費支出」は116.3と100を超えている。また,「消費支出」と「非消費支出」を合算した「実支出」は128.7となっている。これは,「公的年金給付」を主とする「実収入」では毎月の生活費を賄いきれないことを示している。したがって,「可処分所得」から「消費支出」を差し引いた「黒字」は▲28.7とマイナスとなっており,金額にすると6万2千円の赤字である。この赤字額は預貯金引出から預貯金額を差し引いた額にほぼ等しいことから,無職世帯では毎月の不足分を預貯金の取り崩しで賄っていると見られる。

最後に貯蓄率について見ておこう。SNAの家計の貯蓄率は貯蓄 S を可処分所得 Y_d で除したものである。この貯蓄率に近い概念は,家計調査では「黒字率」であり,黒字と可処分所得の比である。しかし,SNAの家計の貯蓄率と家計調査の黒字率は水準も傾向も異なり,これまでいろいろと議論されてきた(1章1.1.2参照)。たとえば,貯蓄率は2000年が9.6%,2001年が6.7%であるのに対して,黒字率は2000年,2001年とも27.9%である(表5.2)。

しかし,SNAの貯蓄率と家計調査の黒字率は同一の対象を比較したものではない。先にも示したように,家計調査では勤労者世帯及び無職世帯以外は月々の収入を調査していないので,全世帯の黒字率は計算できない。そこで,通常は全世帯に占める割合が大きい勤労者世帯の黒字率と比較しているケースが多い。その場合でも,人口の高齢化が進むにつれて黒字率がマイナスとなる無職世帯の割合が高まっていることから,国全体を対象とするSNAの貯蓄率と比較することは困難である。

このほかにも「持ち家の帰属家賃」や「医療費」など,家計調査とSNA

表5.2 主要貯蓄指標の推移

(単位：%)

年	総貯蓄率	家計貯蓄率	勤労者世帯黒字率	農家黒字率
1980	32.3	17.3	22.1	18.1
81	32.6	18.2	20.8	18.7
82	31.4	16.8	20.7	19.3
83	30.4	16.2	20.9	19.4
84	31.2	16.1	21.3	19.4
85	31.9	15.5	22.5	18.3
86	32.1	14.8	22.6	18.5
87	32.3	13.1	23.6	18.1
88	33.5	13.5	24.3	20.0
89	33.6	13.6	24.9	23.4
1990	33.8	13.9	24.7	24.5
91	34.5	15.1	25.5	25.8
92	33.7	14.2	25.5	24.9
93	32.3	13.7	25.7	24.1
94	30.3	12.6	26.6	26.1
95	29.5	11.9	27.5	23.7
96	29.7	9.9	28.0	23.3
97	30.0	10.0	28.0	21.3
98	28.8	11.1	28.7	22.2
99	27.6	10.7	28.5	21.0
2000	27.6	9.6	27.9	21.6
01	26.4	6.7	27.9	20.7
02	25.7	6.4	26.9	20.8

*1 総貯蓄率，家計貯蓄率の1990年以降はSNA93ベース基準
*2 総貯蓄率 = 総貯蓄/国内総生産（名目 GDP）〈1989年までは分母に GNP を使用〉
　　総貯蓄 = 貯蓄 + 固定資本減耗 + 資本移転（純）
*3 家計貯蓄率 = 家計純貯蓄/(家計可処分所得（純）+ 年金基金年金準備金の変動（受取））
　　家計純貯蓄 = 家計可処分所得 + 年金基金年金準備金の変動（受取）− 最終消費支出
*4 勤労者世帯黒字率 = 黒字/可処分所得
*5 農家黒字率 = 農家経済余剰/可処分所得
*6 「農家黒字率」は1994年までは年度計数
出典：貯蓄広報中央委員会『暮らしと金融なんでもデータ　平成16年度版』
http://www.saveinfo.or.jp/kinyu/stat/stat-00.html
資料出所：内閣府『国民経済計算年報』，総務省『家計調査年報』，農林水産省『農業経営動向統計』
（1990年までは『農家経済調査報告』）

で取扱いに違いのある項目があり，それらも SNA の貯蓄率と家計調査の黒字率が異なる理由の一つと考えられる。そこで，貯蓄関数（または消費関数）の計測をする場合には，使用したデータによって解釈が変わる可能性があるので，どのデータを使用したかの明示が必要である。表5.2は主要な貯蓄率とその概念を示している。一見して，SNA と一次統計に大きな差があることがわかる。この点は，家計分析のトピックスの一つといえる。

5.2　所得の種類と所得分配

　労働需要（事業所）側からの所得の把握は，「個人ベース」での「賃金（給与）所得」が中心となる。労働供給（世帯）側から把握する所得は，前述の家計調査のように「世帯ベース」が多く，収入（所得）についても一種類とは限らない。世帯主の給与所得以外にも，事業や内職による収入，他の世帯員の収入等がある。さらに，公的年金等の移転収入もある。農家の場合も同様である。農林水産省が実施している農業経営統計（指定統計）によれば，2003年における全国の販売農家[1] 1戸当たりの総所得（7715.8，単位千円）の内訳は農業所得1106.2（14.3%），農外所得4323.8（56.0%），年金等2285.8（29.6%）である。

　また，税務統計からも所得情報が得られる。代表的な調査は国税庁が実施している民間給与実態統計調査（指定統計。報告書名は『税務統計から見た民間給与の実態』[2]）である。この調査の目的は民間企業の年間給与実態を明らかにし，税務行政運営等の基礎資料とすることにある。特徴としては，従業員1人の事業所から5000人以上の事業所まで幅広い対象を把握していることが挙げられる。租税負担の検討等に目的があるとはいえ，事業所を対象としているので，統計調査の面から見ると，この統計は労働需要サイドの

---

[1]　経営耕地面積30 a 以上または農産物販売金額50万円以上の農家。
[2]　2003年（平成15年）分の結果は次の URL より入手できる。
http : //www.nta.go.jp/category/toukei/tokei/menu/minkan/h15/pdf/00.pdf

5.2 所得の種類と所得分配

表5.3　1世帯当たり平均所得金額の年次推移

(単位：万円)

年	全世帯	対前年増加率(%)	高齢者世帯	対前年増加率(%)	児童のいる世帯	対前年増加率(%)
1993	657.5	1.5	292.8	▲1.1	745.6	2.5
94	664.2	1.0	305.0	4.2	758.6	1.7
95	659.6	▲0.7	316.9	3.9	737.2	▲2.8
96	661.2	0.2	316.0	▲0.3	781.6	6.0
97	657.7	▲0.5	323.1	2.2	767.1	▲1.9
98	655.2	▲0.4	335.5	3.8	747.4	▲2.6
99	626.0	▲4.5	328.9	▲2.0	721.4	▲3.5
2000	616.9	▲1.5	319.5	▲2.9	725.8	0.6
01	602.0	▲2.4	304.6	▲4.7	727.2	0.2
02	589.3	▲2.1	304.6	0.0	702.7	▲3.4

資料出所：『平成15年　国民生活基礎調査の概況』(厚生労働省発表，2004年5月)
http://www.mhlw.go.jp/toukei/saikin/hw/k-tyosa/k-tyosa03/index.html

統計である。

　労働需要サイドの統計は，家計所得の一部である給与所得が中心となる。しかし，給与所得以外の所得も家計における各経済活動(消費，資産形成等)に大きな影響を与える。したがって，家計の所得は世帯側からの調査が望ましい。家計の収支バランスについては求められないものの，所得の種類や課税等が詳しく調べられている，世帯側からの統計に国民生活基礎調査(指定統計。厚生労働省が実施)がある。表5.3は同調査の結果であり，全世帯，高齢者世帯[3]及び児童のいる世帯について，1993年から2002年までの1世帯当たりの平均所得金額の推移を示している。全世帯の所得を見ると，2002年の総所得は589.3万円で，1993年(657.5万円)を100.0とすると89.6と1割以上減少している。これは，バブル崩壊後の景気低迷によるものだけではなくて，人口の高齢化が進み，全世帯平均に比べて所得が低い高齢者

---
[3]　国民生活基礎調査における「高齢者世帯」は，65歳以上の者のみで構成するか，またはこれに18歳未満の未婚の者が加わった世帯をいう。

表5.4 全世帯及び特定世帯別に見た所得の種類別1世帯当たり平均所得金額及び構成割合（2002年）

■1世帯当たり平均所得金額

(単位：万円)

特定世帯	総所得	稼働所得	公的年金・恩給	財産所得	年金以外の社会保障給付金	仕送り・個人年金・その他の所得
全世帯	589.3	468.0	93.3	13.4	3.5	11.0
高齢者世帯	304.6	60.6	204.1	22.5	4.1	13.3
児童のいる世帯	702.7	643.1	42.2	8.7	3.2	5.5

■1世帯当たり平均所得金額の構成割合

(単位：%)

特定世帯	総所得	稼働所得	公的年金・恩給	財産所得	年金以外の社会保障給付金	仕送り・個人年金・その他の所得
全世帯	100.0	79.4	15.8	2.3	0.6	1.9
高齢者世帯	100.0	19.9	67.0	7.4	1.3	4.4
児童のいる世帯	100.0	91.5	6.0	1.2	0.5	0.8

資料出所：『平成15年 国民生活基礎調査の概況』（厚生労働省発表，2004年5月）
http://www.mhlw.go.jp/toukei/saikin/hw/k-tyosa/k-tyosa03/index.html

世帯の割合が増えてきていることも影響している。

次に2002年における所得の種類別1世帯当たり平均所得金額を見てみよう（表5.4）。全世帯では雇用者所得や事業所得などの「稼働所得」が79.4％，「公的年金・恩給」が15.8％である。他方，高齢者世帯では「公的年金・恩給」が67.0％，「稼働所得」が19.9％である。また，高齢者世帯では利子・配当などの「財産所得」の割合が7.4％と全世帯（2.3％）に比べて高くなっており，世帯の属性により所得の種類が大きく異なっている。

特に所得分布（分配）は世帯の属性に大きく依存する。それを全世帯の所得五分位階級（109頁参照）における高齢者世帯と母子世帯の所得分布（表5.5）で見てみよう。母子世帯では，第Ⅰ五分位に全体の58.1％が入っている。また，高齢者世帯も第Ⅰ五分位に全体の47.5％が入っており，これらの世帯ではやはり低所得層に分布する割合が高くなっている。所得分配（分布）の状況や所得格差の変化は，今後のわが国の家計動向を見るうえで大変重要である。

5.2 所得の種類と所得分配

表5.5 母子世帯と高齢者世帯の所得五分位階級別に見た分布状況

	全 世 帯	母 子 世 帯	高齢者世帯
所得五分位階級	100.0	100.0	100.0
第 Ⅰ 五 分 位	20.0	58.1	47.5
第 Ⅱ 五 分 位	20.0	25.7	30.1
第 Ⅲ 五 分 位	20.0	13.5	13.9
第 Ⅳ 五 分 位	20.0	1.4	5.4
第 Ⅴ 五 分 位	20.0	1.4	3.2

資料出所:『平成15年 国民生活基礎調査の概況』(厚生労働省発表,2004年5月)
http://www.mhlw.go.jp/toukei/saikin/hw/k-tyosa/k-tyosa03/index.html

　所得分配(分布)が集中している程度を数値で把握する方法として,これまで各種の不平等度尺度が利用されてきた.その一つにジニ係数がある.ジニ係数はローレンツ曲線との関係で示される数値である.図5.1のように,横軸に世帯の相対累積度数をとり,縦軸に低所得からの所得の相対累積度数をとると,たとえば ODC のような曲線が得られる.これをローレンツ曲線という.すべての世帯が同一所得ならば,世帯で累積しても所得で累積しても同じであるから,ローレンツ曲線は OEC (45度線)になる.この45度線を均等分布線という.一方,所得が1世帯に集中しているときは,ローレンツ曲線は OAC となる.このローレンツ曲線を利用し,集中度(または不平等度)尺度として,ジニ係数 G が定義される.すなわち

$$\text{ジニ係数}\ (G) = \frac{\text{弓形 ODCEO}}{\varDelta \text{OAC}} \tag{5.14}$$

である.すべての世帯が同一所得ならば(5.14)の分子はゼロとなるので,$G = 0$ である.一方,すべての所得が1世帯に独占(集中)されていれば,分子は分母と等しくなるので,$G = 1$ となる.所得分配で,「平等・不平等」という言葉がよく用いられるが,それは平等 = 同一,不平等 = 集中という

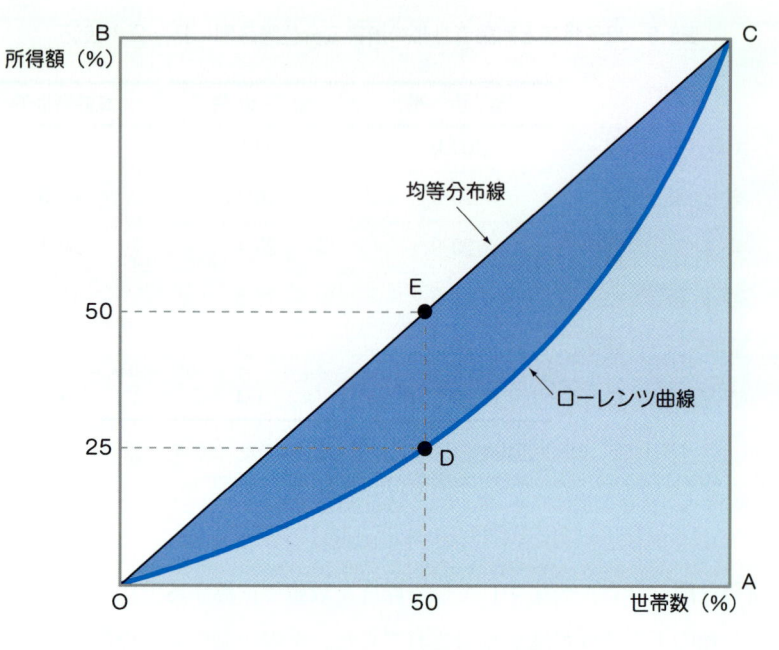

図5.1 ローレンツ曲線とジニ係数

意味であって，通常の倫理的な意味と異なる。いずれにしても，G がゼロに近づくほど所得分配は平等に近づき，G が1に近づけば不平等となる。

そこで，このジニ係数を使って，わが国の所得格差の状況を見てみよう。まず，総務省が5年ごとに実施している全国消費実態調査の結果を用い，OECD で採用されている国際的な枠組みに沿って，等価世帯人員[4]で調整した可処分所得（以下「**等価可処分所得**」という）を計算する。「等価可処分所得」とは，世帯当たり所得が同水準であっても世帯人員によって1人当たりの効用水準が異なることを考慮して，世帯の年間可処分所得を等価世帯

---

[4] 等価世帯人員（equivalent household member）とは世帯人員に等価弾性値（0〜1の値をとる）を累乗したものであり，総務省の計算では，等価弾性値0.5すなわち$\sqrt{世帯人員}$を使用している。なお，等価弾性値が0のときは世帯所得がそのまま世帯の等価可処分所得となり，1のときは1人当たりの所得がその世帯の等価可処分所得となる。

5.2 所得の種類と所得分配

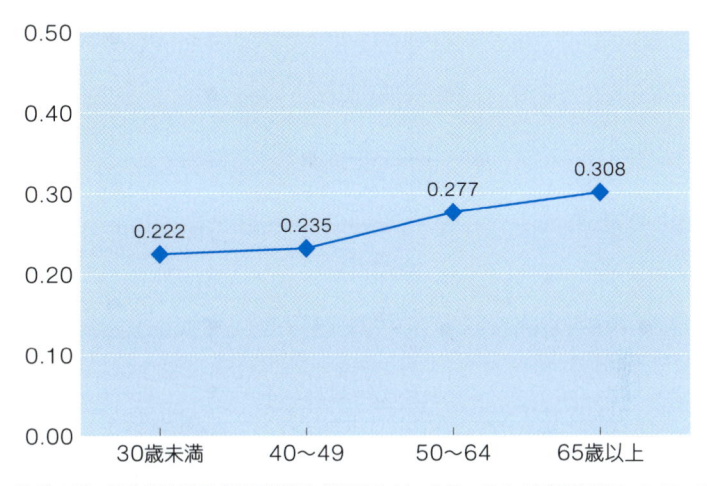

資料出所：総務省統計局『全国消費実態調査トピックス―日本の所得格差について―』
2002年8月2日公表　http://www.stat.go.jp/data/zensho/topics/1999-1.htm

図5.2　総世帯の年齢階級別等価可処分所得のジニ係数（1999年）

人員（$\sqrt{世帯人員}$）で調整したものである。計算式は以下のとおりである。

$$等価可処分所得 = \frac{世帯所得}{\sqrt{世帯人員}} \qquad (5.15)$$

この「等価可処分所得」によりジニ係数を計算すると，1999年の総世帯（2人以上の一般世帯と単身世帯を合わせた世帯）では，0.273となっている。1984年からの推移を見ると，1984年が0.252，1989が元年0.260，1994が年0.265と，しだいに高くなってきており，わが国の所得格差が拡大していることがわかる。

次に1999年のジニ係数を年齢階級別に見ると，30歳未満が0.222，30～49歳が0.235，50～64歳が0.277，65歳以上が0.308と，年齢が高くなるほどジニ係数が高く，所得格差が大きいことがわかる（図5.2）。したがって，人口の高齢化も全体の所得格差の拡大に影響しているものと見られる。

この「等価可処分所得」によるジニ係数は，国際的な基準に沿っていることから，諸外国の結果と容易に比較することができる。その結果を見ると，

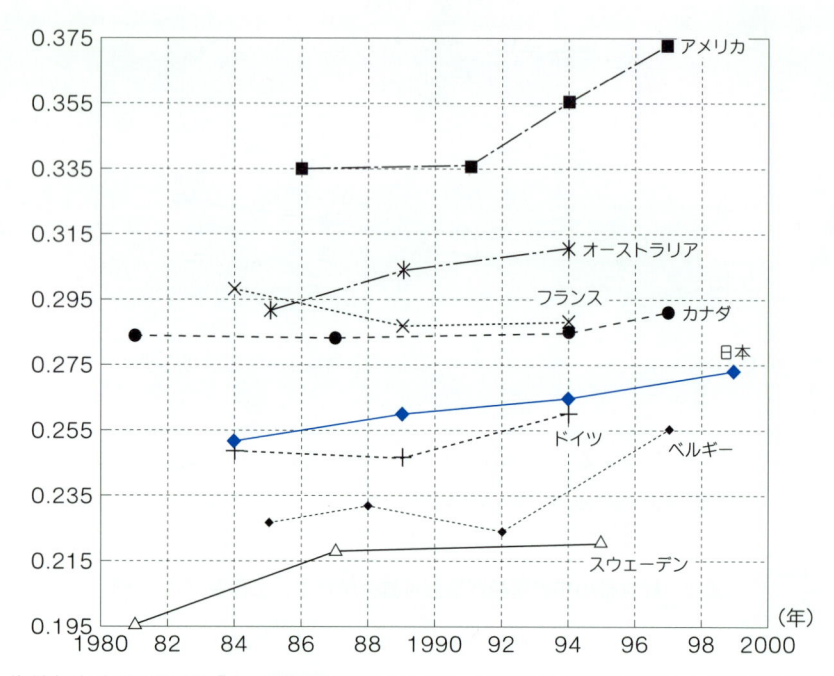

図5.3 諸外国の等価可処分所得によるジニ係数

資料出所：総務省統計局『全国消費実態調査トピックス―日本の所得格差について―』2002年8月2日公表　http://www.stat.go.jp/data/zensho/topics/1999-1.htm

各国の調査年はやや異なるが，わが国の所得格差（1999年のジニ係数0.273）は，スウェーデン（1995年のジニ係数0.221）やベルギー（1997年のジニ係数0.255）などより大きいものの，アメリカ（1997年のジニ係数0.372）やカナダ（1997年のジニ係数0.291）などより小さいことがわかる（図5.3）。

5.3　消費需要に関する統計

　消費の分析対象には大きく二つある。一つは前述の消費総額を分析対象とするものであり，消費関数（可処分所得を与件とすれば，定義から貯蓄関数と同値）といわれる。もう一つは消費総額を与件とし，その内訳である食料，

被服等個別費目（または品目）を分析対象とするものであって，**消費需要関数**（略して，**需要関数**）といわれる。これら二つの消費分析は，別のいい方をすれば，前者がマクロの消費関数，後者がミクロの需要関数となる。これらの分析を行うには，マクロとミクロが体系的に把握されている統計が望ましい。該当する統計としては，5年ごとに実施されている全国消費実態調査と毎月結果が発表される家計調査がある。また，家計調査を補完する月次調査として2001年10月から開始された家計消費状況調査がある。ここでは，家計調査の所得階層別結果を用いて，後者の消費需要関数を中心に説明していこう。

まず，消費支出の内訳とその構成比を，年間収入五分位階級別に見てみよう。年間収入五分位階級とは，年間収入の低い世帯から高い世帯へ順に並べて5等分し，低い方から第Ⅰ分位，第Ⅱ分位，…，第Ⅴ分位としたものであり，各階級の収支項目については，一世帯当たりの値を算出している。なお，家計調査では，あらかじめ定めた間隔で区切った年間収入階級別結果が集計されているとはいえ，時系列の結果を長期に見ると，途中で階級の数や間隔が変更されていることがあるので，時点間の比較が難しい場合がある。それに比べて五分位階級や十分位階級別の結果はやや粗い階級区分ではあるが，時点間の比較がしやすいといえる。

表5.6は，2004年の勤労者世帯について，年間収入五分位階級別に1カ月平均の消費支出金額とその内訳を費目別に示したものである。この表に示されている10大費目の構成比（消費支出に占める割合）を年間収入の高低で比較して見ると，① 高所得層ほど構成比が小さい費目，② 高所得層ほど構成比が大きい費目，③ 所得の高低と構成比との間に特に関係が見られない費目の3つに区分することができる。

食料費の構成比，すなわちエンゲル係数はやはり高所得層ほど小さくなっており，エンゲルの法則に従っていることがわかる。また，住居，光熱・水道，保健医療は食料費と同じく①に示す区分に該当する。一方，被服及び履物，教育，教養娯楽，交際費や諸雑費などのその他の消費支出は高所得層ほど構成比が大きくなっており，②に該当する。さらに，家具・家事用品，交

表5.6　1世帯当たり1カ月間の消費支出金額とその費目別内訳

	平均	年間収入五分位階級				
		I	II	III	IV	V
世帯主の年齢	46.4歳	44.3歳	44.1歳	45.5歳	48.0歳	50.2歳
持家率	68.8%	50.5%	60.1%	67.5%	78.9%	87.3%
消費支出	330,836	220,329	266,745	311,802	382,583	472,723
食料	72,025	54,018	62,830	70,911	80,328	92,039
住居	20,804	23,521	22,104	20,828	19,856	17,712
光熱・水道	20,909	17,180	18,942	20,427	22,539	25,454
家具・家事用品	10,419	7,407	8,823	9,602	12,289	13,971
被服及び履物	14,893	8,502	10,893	13,942	17,679	23,451
保健医療	11,531	8,940	9,580	11,624	13,165	14,345
交通・通信	47,218	31,544	39,366	43,662	55,080	66,438
教育	19,714	7,317	11,812	18,803	25,467	35,174
教養娯楽	33,710	18,449	26,965	32,728	41,122	49,284
その他の消費支出	79,613	43,451	55,431	69,273	95,058	134,854
構成比（%）						
消費支出	100.0	100.0	100.0	100.0	100.0	100.0
食料	21.8	24.5	23.6	22.7	21.0	19.5
住居	6.3	10.7	8.3	6.7	5.2	3.7
光熱・水道	6.3	7.8	7.1	6.6	5.9	5.4
家具・家事用品	3.1	3.4	3.3	3.1	3.2	3.0
被服及び履物	4.5	3.9	4.1	4.5	4.6	5.0
保健医療	3.5	4.1	3.6	3.7	3.4	3.0
交通・通信	14.3	14.3	14.8	14.0	14.4	14.1
教育	6.0	3.3	4.4	6.0	6.7	7.4
教養娯楽	10.2	8.4	10.1	10.5	10.7	10.4
その他の消費支出	24.1	19.7	20.8	22.2	24.8	28.5

＊　2004年平均，全国・勤労者世帯
資料出所：総務省統計局『家計調査』(農林漁家世帯を除く)

通・通信は③の所得の高低と構成比との間には特に関係が見られない費目である。

しかし，表5.6から年間収入の高低による各費目の構成比の違いを見る際にはやや注意を要する。それは，年間収入が高くなるに従って世帯主の年齢も高くなっており，ライフステージの違いも含まれていることである。また，家計調査の住居費は家賃地代と設備修繕・維持からなり，住宅ローンの返済等は含まれていないことなどから，家賃支出のない持ち家世帯の住居費は借家世帯に比べて低くなる。したがって，持ち家率が高い高所得層ほど住居費

は低くなることになる。なお，持ち家世帯分の家賃については，別途，帰属家賃を推計する考え方もあるものの，当該結果表の情報だけから正確に推計することは困難である。

表5.6で示した費目の分類は用途分類と呼ばれているものであり，交際のために購入した財やサービスへの支出は「その他の消費支出」の中の「交際費」に含まれている。これに対して，交際か否かを考慮せず購入した財やサービスによって約620項目に分類した品目分類が別途あり，この結果表も家計調査や全国消費実態調査では公表されている。

次に『家計調査年報』に毎年掲載されている費目別需要関数を見てみよう。表5.7は2003年における全国の勤労者世帯を対象とした推計結果である。この推計値は，年間収入階級別の結果表データを(5.16)に当てはめて，最小二乗法[5]で求めたものである。

$$E_i = a_i + b_i y \tag{5.16}$$

ただし，y：消費支出額，E_i：費目 i の支出額

表5.7の a_i は切片，b_i は限界性向を示している。b_i を限界性向と呼ぶのは，消費支出が微少額増加（Δy）したときの各費目の支出額の変化（$\Delta E_i / \Delta y$）を示しているからである。たとえば，消費支出が1万円増えたとすると，食料費は1,492円，光熱・水道は302円増えることを意味している。

この限界性向（b_i）から，消費支出が1％増加したときに当該費目の支出（需要）が何％増加するかを示す指標を求めることができる。この指標は(5.17)に示すように変化率の比率として定義され，支出弾力性（η_i）と呼ばれている。

$$\eta_i = \frac{\Delta E_i / E_i}{\Delta y / y} = \frac{\Delta E_i}{\Delta y} \times \frac{y}{E_i} = b_i \times \frac{\bar{y}}{\bar{E}_i} \tag{5.17}$$

ただし，$\bar{E}_i, \bar{y}$ はそれぞれ E_i と y の平均値

---

5) 最小二乗法等の計量経済学の手法については，たとえば，山本拓『計量経済学』新世社（新経済学ライブラリー12），1995年，蓑谷千凰彦・廣松毅監修，蓑谷千凰彦著『計量経済学』多賀出版（数量経済分析シリーズ・第1巻），1997年など参照。

表5.7　費目別消費支出の弾力性

	切　片	限界性向	t 値	弾力性
1　食料	23,230	0.14920	23.15967	0.67292
2　住居	23,717	▲0.00476	▲0.46264	▲0.06878
3　光熱・水道	10,903	0.03022	19.90676	0.47031
4　家具・家事用品	804	0.02926	17.45523	0.92096
5　被服及び履物	▲6,489	0.06710	26.57570	1.43240
6　保健医療	4,801	0.02047	7.07218	0.57728
7　交通・通信	2,181	0.13114	12.92071	0.95065
8　教育	▲11,817	0.09160	12.77614	1.67436
9　教養娯楽	▲6,024	0.11781	28.77814	1.18995
10　その他の消費支出	▲41,306	0.36797	29.25899	1.53949
（再掲）教育関係費	▲32,788	0.18979	21.87193	2.17075
1～10の合計	0	1		

＊1　2003年，全国・勤労者世帯
＊2　この表は，年間収入階級別の結果から最小二乗法によって切片（a_i）及び限界性向（係数 b_i）を計算した。
＊3　200万円未満の階級及び1500万円以上の階級は計算から除き，各階級の調整集計世帯数をウェイトとして考慮した。
資料出所：総務省統計局『家計調査年報』2003年

　また，(5.17)で求まる支出弾力性は，限界性向（b_i）に消費支出の平均値と各費目の平均値の比を乗じて求めることから，平均値まわりの支出弾力性という。

　それでは，表5.7に示す値から各費目の特徴を見ていこう。限界性向（b_i）はその t 値から10大費目では「住居」以外で統計的に有意性が認められることがわかる[6]。限界性向の分布状況を見ると，「保健医療」が0.02047と最も低く，「その他の消費支出」が0.36797と最も高くなっており，同じ1単位

　6）　t 値とは回帰係数の統計的有意性を示す値であり，絶対値が大きいほど有意性があることを示している。たとえば，回帰係数を求める際に用いた年間収入の階級区分が18（自由度は16）の場合，t 値が2.12以上なら95％，さらに2.92以上なら99％の確率で有意であることを示している。脚注5）の参考文献参照。

の消費支出増加に対して，費目ごとに増加の大きさがかなり異なることがわかる。次に支出弾力性を見てみよう。支出弾力性（η_i）については1.0が当該費目の性質を見る一つの区分である。支出弾力性が1.0ということは，消費支出の増加率と当該費目の増加率が等しいことを示している。支出弾力性が1以上の費目は消費支出の増加率以上の伸びを意味していることから選択的支出費目（または贅沢品），逆に1未満は基礎的支出費目（または必需品）と呼ばれている。この基準によって各費目を分類すると，選択的支出費目は教育（1.67436），その他の消費支出（1.53949），被服及び履物（1.43240），教養娯楽（1.18995）の4費目である。一方，基礎的支出費目は光熱・水道（0.47031），保健医療（0.57728），食料費（0.67292），家具・家事用品（0.92096），交通・通信（0.95065）の5費目である。消費支出の増加は所得の増加と強い関係があることがわかっている。上記の結果は所得が増加すると生活に必要な基礎的支出から生活を豊かにするような選択的支出に消費構造が変化することを意味している。

　ここでは，10大費目について限界性向や支出弾力性を見てきた。家計調査年報では10大費目の内訳についてもこれらの値が掲載されている。費目によってはさまざまな支出が混在しているので，その内訳項目で基礎的支出か，選択的支出かをとらえた方が分析に適している場合がある。また，家計調査では支出目的をやや広くとらえた分類を設けて，このような分類の限界性向や支出弾力性も年報に掲載している。その一つが「教育関係費」である。これは10大費目の「教育」に他の大費目に分類されている学校給食，通学定期代，国内遊学仕送り金など教育に関係する支出項目を加えたものである。「教育関係費」の支出弾力性（2.17075）を10大費目の「教育」と比較してみると，0.5近く大きくなっており，「教育関係費」の方が教育全般について把握しようとする場合にはより的確な値を得ることができる。

　最後に形式的なことを二点述べておこう。それらは，(5.16)が線型回帰式であること，支出弾力性は平均値まわりで定義されていることである。線型回帰式は平均値を通るので，(5.17)は次のように変形することができる。

$$\eta_i = b_i \frac{\bar{y}}{\bar{E}_i} = \frac{(a_i + b_i \bar{y}) - a_i}{a_i + b_i \bar{y}} = 1 - \frac{a_i}{E_i} \tag{5.18}$$

(5.18)より，支出弾力性が1より大きいか小さいかは切片（a_i）の符号に依存することがわかる．したがって，a_i が正ならば1未満，負ならば1を超えることになる．このことは表5.7からも確認できる．

次に(5.16)を用いて各費目を集計すると次のような算式になる．

$$y = E_1 + E_2 + \cdots + E_m = \sum_{i=1}^{m} E_i \tag{5.19}$$

$$\sum_{i=1}^{m} E_i = \sum_{i=1}^{m}(a_i + b_i y) = \sum_{i=1}^{m} a_i + y \sum_{i=1}^{m} b_i \tag{5.20}$$

(5.20)の左辺は，(5.19)より消費支出（y）であり，右辺と等しくなるためには，切片（a_i）の総和はゼロ，限界性向（b_i）の総和は1となることがわかる（Σについては256頁参照）．

5.4　資産等のストックに関する統計

家計の資産，負債等の全体的な把握に関しては，家計（個人企業を含む）部門のバランス・シートが明示されている国民経済計算の結果が便利である．資産は大別すると，住宅，設備（個人企業を含むため），土地等の非金融資産と，預金，株式等の金融資産とからなる．この資産から負債を差し引いたものが正味資産といわれ，いわば家計部門の富を示すバランス項目である．

表5.8は家計部門の主要資産の金額（各暦年末の存在高つまり残高）と構成比を示したものである．(B)固定資産は前述の住宅，設備等の和であり，(D)金融資産には預金等以外に債券，生命保険等が含まれている．各資産の構成比の推移を見ていこう．まず，(B)固定資産は1980年の14.2％から1990年の8.4％に低下したが，1995年に9.7％に上昇し，その後は9％台で推移している．(C)土地は地価の影響を大きく受ける資産である．したがって，バブル期の1990年には54.3％と全資産の半分を超えていた．その後，地価の

5.4 資産等のストックに関する統計

表5.8 家計（個人企業を含む）部門の主要資産構成等

(単位：兆円，( ) 内は%)

	(A)期末資産(合計)	(B)固定資産	(C)土　地	(D)金融資産	(E)正味資産
1980暦年末	1002.2 (100.0)	142.5 (14.2)	476.3 (47.5)	350.7 (35.0)	874.8
85暦年末	1480.0 (100.0)	170.3 (11.5)	673.9 (45.5)	609.9 (41.2)	1289.9
90暦年末	2735.4 (100.0)	229.6 (8.4)	1485.4 (54.3)	990.8 (36.2)	2418.3
95暦年末	2640.1 (100.0)	256.7 (9.7)	1102.8 (41.8)	1254.1 (47.5)	2243.3
2000暦年末	2677.0 (100.0)	251.1 (9.4)	981.3 (36.7)	1423.6 (53.2)	2284.9
01暦年末	2599.7 (100.0)	242.4 (9.3)	922.1 (35.5)	1417.0 (54.5)	2213.3
02暦年末	2553.5 (100.0)	237.2 (9.3)	876.7 (34.3)	1422.1 (55.7)	2173.5
03暦年末	2533.0 (100.0)	234.2 (9.2)	829.5 (32.7)	1452.2 (57.3)	2152.6

資料出所：内閣府経済社会総合研究所『平成15年度国民経済計算確報（期末貸借対照表勘定）』

下落とともにその比重は低下し，2003年には32.7%となっている。(D)金融資産は1985年（41.2%）から1990年（36.2%）にかけて低下した後，バブル崩壊後は上昇に転じ2003年では57.3%となっており，金利がかなり低い中で，その比重は高まっている。最後に(A)期末資産（合計）を見ておこう。1980年は1002兆円であったが，バブル期の1990年には2735兆円と2.7倍に増加している。その後，地価の下落により1995年には2640兆円に減少し，2000年は2677兆円とやや増加したが，2003年は2533兆円と，1995年に比べて200兆円の減少となっている。このように1980年以降，資産額および資産構成（選択）は大きく変化している。

さて，資産の大きな特徴の一つは，フローの所得分布等と比べて世帯単位に見た分布が不平等なことである。図5.4は1994年全国消費実態調査報告から引用したものである。前述のように全国消費実態調査は家計調査より規模の大きい標本調査で5年ごとに実施されている。家計調査に比べて資産に関する結果は多岐にわたっており，金融資産・負債残高が調査されているほかに，住宅・宅地や耐久消費財についても，調査結果をもとに資産額が推計されている。各項目のジニ係数は，年間収入が0.297，耐久消費財が0.341，金融資産残高が0.538，住宅・宅地資産が0.641，負債が0.793である。フロ

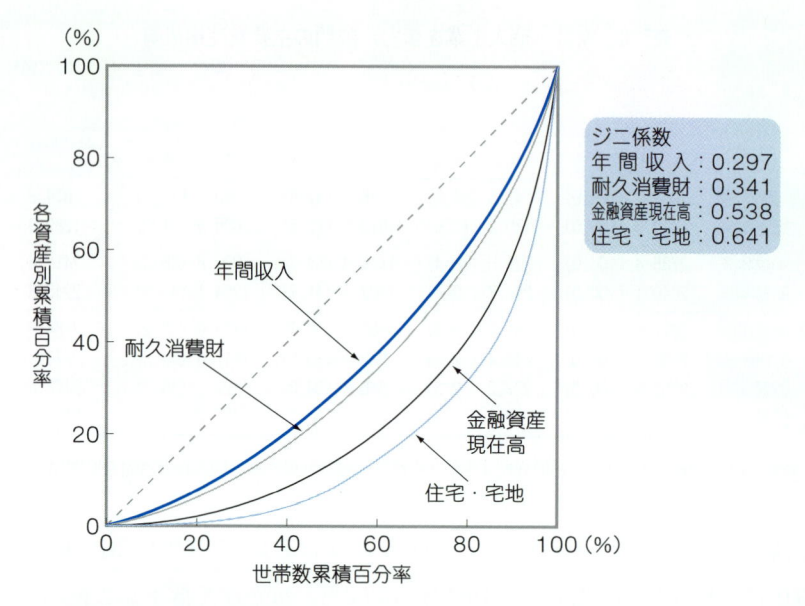

(%)

ジニ係数
年間収入：0.297
耐久消費財：0.341
金融資産現在高：0.538
住宅・宅地：0.641

*1 1994年
*2 住宅・宅地資産には現住居以外のそれも含む。
*3 耐久消費財にはゴルフ会員権等を含まない。
資料出所：総務庁統計局編『平成6年全国消費実態調査報告　第6巻資料編　その2家計資産』

図5.4　家計資産の種類別ローレンツ曲線（全世帯）

一の所得である年間収入のジニ係数がやはりこの中では小さく，最も平等といえる。耐久消費財は通常フローでは，購入時点で消費されたとみなされるが，中古自動車などは実際に市場で売買されている。そのため，残存価値があるので資産と見て，その残高を推計してジニ係数を求めると，その値は年間収入よりも大きい。また，住宅・宅地資産のジニ係数は金融資産残高よりも大きい。この図には示していないが，それよりもさらに負債のジニ係数が大きい点に注目する必要がある。これは負債のある世帯は一部の世帯で，また高額に偏っていることを示唆している。

次に個別資産の動向を見ておこう。住宅と土地については，5年ごとに実施される大標本調査の**住宅・土地統計調査**（指定統計。総務省）がある[7]。この調査では，住宅の所有関係，構造，規模，建築時期，敷地面積，家賃な

どのほか，住環境や世帯の年間収入などの世帯属性についても調査している。しかし，物理的な項目が主であり，金額的な項目は多くない。したがって，住宅属性の分析に適している。ただし，年間収入等の情報を利用すれば，住宅立地の分析等にも有効である。

表5.9は全国と東京都区部の住宅関連指標である。まず空き家率を見ると，全国平均（網かけ部分）では1983年には8.6％であったのが，2003年には12.2％まで上昇しており，住宅全体の1割以上が空き家となっている。東京都区部の空き家率も1983年は9.2％であったのに対して，2003年は11.2％と上昇している。しかし，5年前（1998年）と比べるとやや低下しており，全国平均の動きと異なっている。これは，地価の低下による都心回帰を反映したものと見られる。

次に持ち家率を見てみよう。全国平均の持ち家率は，地価の高騰もあって1993年（59.8％）までは低下していたのが，1998年（60.3％），2003年（61.2％）と上昇している。東京都区部の持ち家率も全国と同様の動きを示しているものの，全国平均と比べてその水準は低く，2003年で43.3％となっている。東京都区部の持ち家率が低いのは，地価や住宅価格が高いだけではなくて，若年単身者の割合が高いなど世帯構成がかなり異なっていることも影響している。

住宅の延べ面積は，全国平均で見ると，持ち家は1983年（107.25 m^2）から2003年（123.03 m^2）までの20年間に15％程度広くなっている。借家も同様に広くなっているとはいえ，増加幅はやや低く，2003年では持ち家に比べると4割弱の面積（46.91 m^2）である。一方，東京都区部について見ると，2003年の持ち家の延べ面積は87.01 m^{2}と，全国平均の約7割となっている。また，1993年（89.68 m^2）までは増加していたのが，1998年（89.10 m^2），

---

7) 住宅・土地統計調査は，1948年に開始され，第1回調査は全数調査により実施されたが，その後は標本調査となった。また，1998年の調査から，調査内容に土地に関する項目を加え，調査の名称が住宅統計調査から住宅・土地統計調査となっている。なお，土地に関する単独の調査は，1993年に土地基本調査世帯調査（総務庁統計局，国土庁土地局）が実施されている。

2003年（87.01 m²）と減少している。これは，一戸建てよりも狭いマンションなどの集合住宅の占める割合が高くなったためであろう。しかし，1人当たりの居住室の畳数を見ると，持ち家に限定した数値ではないが，1世帯当たりの世帯人員が少なくなったこともあり，1998年，2003年と増加している。

借家の1カ月当たりの家賃は，全国平均で見ると1983年（25,606円）から2003年（51,127円）までの20年間に約2倍となっている。この時期は延べ面積も増加しているものの，それは1.12倍にすぎないので，かなりの上昇である。また，2003年の家賃を東京都区部と全国平均で比較してみると，東京都区部は全国平均の約1.5倍となっている。東京都区部の延べ面積は全国平均に比べて狭いので，1 m² 当たりに換算して比較すると，その差はさらに広がり約1.9倍となる。

住宅の価値はその広さだけでなく，住宅の立地環境にもよる。その一つの指標として，「日照時間が3時間未満住宅の割合」を見ると，全国平均，東京都区部とも1988年をピークに低下しており，改善している[8]。また，介護保険制度の導入もあって，1998年より最寄りの老人デイサービスセンターまでの距離についての集計結果が公表されている。これを見ると，全国平均では1 km 未満の住宅の割合は1998年では23.4％にすぎなかったのが，2003年には43.7％に上昇しており，老人デイサービスセンターが近隣にかなり増えたことがうかがえる。ちなみに人口が集中している東京都区部の同割合を見ると，2003年では73.9％となっており，やはり全国平均に比べて利便性が高いことがわかる。

以上，住宅・土地統計調査によりわが国の住宅の現況等を概観してきた。前述のようにこの統計は住宅，世帯の属性，住宅関連の物的情報に詳しい反面，全国消費実態調査のような金額情報が少ないので，住宅の資産面（金額表示）を分析するときは工夫が必要である。

次に住宅価格の推移について見てみよう。わが国の住宅価格は一般に高い

---

8) 日照時間については，2003年の住宅・土地統計調査では調査されていない。

5.4 資産等のストックに関する統計

表5.9 住宅関連指標（全国，東京都区部）

		1983年	1988年	1993年	1998年	2003年
■住宅総数		38,607	42,007	45,879	50,246	53,866
	（千）	3,377	3,503	3,788	4,010	4,407
・居住世帯あり（総数）		34,705	37,413	40,773	43,922	46,836
	（千）	2,983	3,113	3,300	3,469	3,842
・持ち家		21,650	22,948	24,376	26,468	28,657
	（千）	1,261	1,244	1,263	1,385	1,662
・借　家		12,951	14,015	15,691	16,730	17,161
	（千）	1,697	1,704	1,815	1,975	1,947
・空き家		3,302	3,940	4,476	5,764	6,595
	（千）	310	310	398	458	492
■空き家率		8.6	9.4	9.8	11.5	12.2
	(%)	9.2	8.8	10.5	11.4	11.2
■持ち家率		62.4	61.3	59.8	60.3	61.2
	(%)	42.3	40.0	38.3	39.9	43.3
■延べ面積						
・専用住宅（総数）		81.56	84.95	88.38	89.59	93.85
	(m^2)	51.41	54.01	56.48	56.39	59.54
・持ち家		107.25	112.08	118.45	119.97	123.03
	(m^2)	83.28	85.84	89.68	89.10	87.01
・借　家		41.72	43.08	44.29	43.78	46.91
	(m^2)	30.73	33.2	35.78	35.45	37.46
■1人当たりの居住室の畳数		8.55	9.55	10.41	11.24	12.19
	（畳）	7.13	7.85	8.56	9.48	10.38
■借家の1カ月当たり家賃		25,606	33,762	44,763	49,494	51,127
	（円）	38,166	53,088	70,513	74,145	76,911
■日照時間3時間未満住宅の割合		11.7	16.6	15.1	12.0	—
	(%)	25.1	30.7	26.3	23.2	—
■最寄りの老人デイサービスセンターまでの距離が1km未満住宅の割合		—	—	—	23.4	43.7
	(%)	—	—	—	(51.0)	(73.9)

*1 　　のある部分は全国，ない部分は東京都区部を表す。
*2 （　）内は東京都全体の値
資料出所：総務省統計局『住宅・土地統計調査』

表5.10 首都圏の住宅価格の年収倍率の推移

年	年収 (万円)	マンション			建売住宅			
		価格 (万円)	年収倍率	床面積 (m^2)	価格 (万円)	年収倍率	敷地面積 (m^2)	床面積 (m^2)
1979	445	1,992	4.5	59.5	2,583	5.8	185.0	95.5
80	493	2,477	5.0	63.1	3,051	6.2	189.3	101.3
81	516	2,616	5.1	61.0	3,453	6.7	186.8	103.8
82	534	2,578	4.8	60.2	3,623	6.8	186.9	104.4
83	557	2,557	4.6	59.8	3,629	6.5	187.5	104.1
84	594	2,562	4.3	61.1	3,732	6.3	185.3	106.1
85	634	2,683	4.2	62.8	3,537	5.6	181.5	105.6
86	663	2,758	4.2	65.0	3,629	5.5	180.3	106.7
87	660	3,579	5.4	65.2	3,668	5.6	182.8	109.5
88	682	4,753	7.0	68.0	5,085	7.5	189.2	118.2
89	730	5,411	7.4	67.9	5,371	7.4	187.2	121.6
90	767	6,123	8.0	65.6	6,528	8.5	193.1	126.5
91	828	5,900	7.1	64.9	6,778	8.2	192.8	128.3
92	875	5,066	5.8	63.3	6,269	7.2	194.8	124.1
93	854	4,488	5.3	63.8	5,873	6.9	183.5	116.1
94	854	4,409	5.2	64.6	5,752	6.7	178.8	114.8
95	856	4,148	4.8	66.7	5,737	6.7	175.8	115.3
96	842	4,238	5.0	69.5	5,785	6.9	176.4	119.6
97	853	4,374	5.1	70.3	5,864	6.9	171.1	118.7
98	896	4,168	4.7	71.0	5,698	6.4	158.4	114.0
99	859	4,138	4.8	71.8	5,552	6.5	157.3	113.3
2000	815	4,034	4.9	74.7	5,234	6.4	152.0	111.5
01	813	4,026	5.0	77.0	4,821	5.9	142.4	107.8
02	823	4,003	4.9	78.0	4,733	5.8	141.7	107.2
03	783	4,069	5.2	74.7	4,590	5.9	140.0	106.0

*1 住宅のデータは，㈱不動産経済研究所「全国マンション市場動向」による首都圏の新規発売民間分譲マンション及び建売住宅の平均値より作成。
　　首都圏：〈マンション〉　東京・神奈川・千葉・埼玉
　　　　　　〈建売住宅〉　東京・神奈川・千葉・埼玉・茨城南部
*2 年収は，総務省「貯蓄動向調査」による京浜葉大都市圏の勤労者平均年収（1998年以前は京浜大都市圏の勤労者世帯平均年収）
　　2001年以降は「家計調査（貯蓄・負債編）」（総務省）による京浜葉大都市圏の勤労者世帯年収
　　2001年は，2002年1〜3月平均のデータを活用。2002年は，2002年年報のデータを活用した。
出典：国土交通省住宅局住宅政策課監修『2004年（平成16年）度版　住宅経済データ集』住宅産業新聞社，2004

表5.11　個人金融資産残高と構成比の国際比較

	日本	アメリカ	イギリス	ドイツ	フランス
金融資産残高（兆円）	1,461	4,257	545	430	367
国民1人当たり残高（万円）	1,148	1,494	909	523	620
構成比（％）					
現金・預金	54	11	24	34	27
保険・年金準備金	27	30	52	29	26
有価証券	14	57	21	35	43
株式・出資金	7	34	14	13	32
債券	5	10	2	10	2
投資信託	2	13	5	12	9
その他	4	3	3	1	3

＊1　2001年末
＊2　上記の日本の金融資産残高のうち，家計部門は1,414兆円，残りの47兆円は対家計民間非営利団体部門
出典：日本銀行調査統計局　越智誠『わかりやすい経済の見方　国際比較：個人金融資産1,400兆円』にちぎんクオータリー2003年春季号

といわれている。そのときに示されるのが年間収入に対する倍率（年収倍率）である。表5.10は『2004年版　住宅経済データ集』からの引用であって，首都圏の新規に発売された住宅の平均価格とその年収倍率を示したものである。建売住宅について見ると，年収倍率の推移は1990年の8.5倍をピークとして，バブル期に当たる88年（7.5倍）〜92年（7.2倍）が高くなっている。また，その後は低下傾向が続き，2001年以降では6倍を下回り，1987年（5.6倍）の水準近くにまで下がっている。しかし，仮に無利子の住宅ローンを借りて住宅を購入し，年収の25％をその返済に当てたとしても，返済までに22.4（＝5.6÷0.25）年もかかることになる。実際には無利子の住宅ローンはないので，それ以上の期間がかかるであろう。年収倍率がバブル期前の水準に低下したとはいっても，やはり住宅の購入が家計に与える影響はかなり大きいといえる。

　最後に，金融資産について資産選択の状況を見ておこう。金融資産には，

1. アメリカ（個人企業は企業部門）

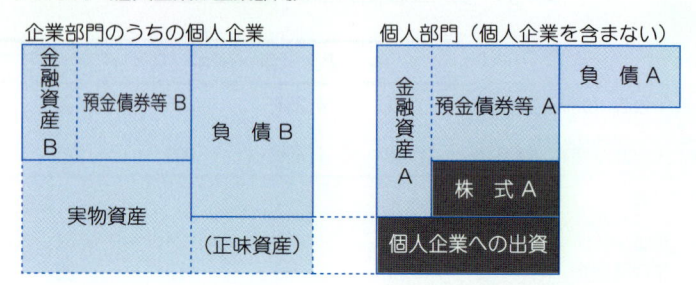

   企業部門のうちの個人企業／個人部門（個人企業を含まない）
   金融資産B・預金債券等B・負債B・実物資産・（正味資産）
   金融資産A・預金債券等A・負債A・株式A・個人企業への出資

2. 日本（個人企業は個人部門）

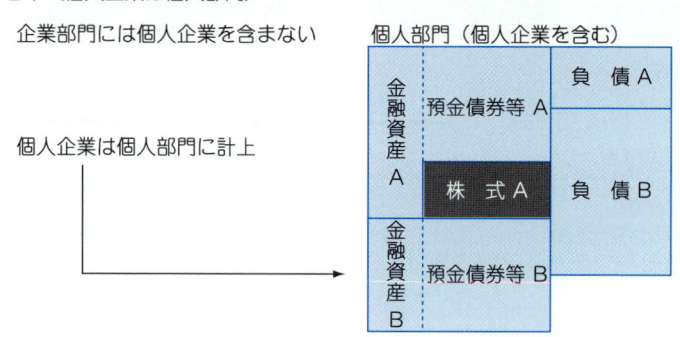

   企業部門には個人企業を含まない／個人部門（個人企業を含む）
   個人企業は個人部門に計上
   金融資産A・預金債券等A・負債A・株式A・負債B・金融資産B・預金債券等B

* 黒い部分が株式・出資金に該当。
出典：日本銀行調査統計局　越智誠『わかりやすい経済の見方　国際比較：個人金融資産1,400兆円』にちぎんクオータリー　2003年春季号

図5.5　日米における個人企業の取扱いの違い

現金，預金等のリスク，リターンがともに小さい**安全資金**と，将来の市場価値や収益性が不確実な株式等の**危険資産（リスク資産）**がある。両資産をどの程度選好するかは，経済学的には富に関する将来時点における期待効用の最大化問題として定式化される。表5.11は日本，アメリカ，イギリス，ドイツ，フランスのG5各国における2001年末の個人金融資産残高とその構成比を示したものである。金融資産の国民1人当たり残高を見ると，日本は1,148万円とアメリカ（1,494万円）に次いで高く，ドイツが523万円と5カ国の中で最も低くなっている。なお，この結果は各国の株価や為替レートの

5.4 資産等のストックに関する統計

変動の影響により大きく動くこともあるので、注意して見る必要がある。

次に金融資産の構成比を見ると、日本は現金・預金の割合が54％と最も高く、他の4カ国に比べて突出している。保険・年金準備金はイギリスが52％と突出して高くなっている。これは年金制度の違いによるものと見られる。というのは、年金は大きく公的年金と私的年金とに分けられるが、資金循環統計では私的年金は個人の金融資産に、また公的年金は政府の金融資産に分類されるので、公的年金の役割が相対的に小さな国ほど個人の金融資産が大きくなる傾向があるからである。

有価証券は、アメリカが57％と最も高く、次いでフランスが43％となっている。さらに有価証券の内訳である株式・出資金の割合を見ると、アメリカは34％、フランスは32％となっている。なお、株式・出資金の割合を比較する際は、各国で個人企業の取扱いが異なっていることに留意する必要がある。それは、個人企業と個人が日本では分離されていないのに対して、アメリカではそれぞれ別部門として両者の出資状況を明示的にとらえているからである。そのため、株式・出資金の割合が高くなりやすい（図5.5）。

6

産業と企業に関する統計

6.1　産業に関する統計

　産業に関する最も基本的な統計は事業所・企業統計調査（指定統計。総務省が実施）である。

　事業所・企業統計調査（5年に1回の調査，中間年に簡易調査を実施）は，個人経営の農林漁家を除く製造業，卸売・小売業，サービス業など全国のすべての事業所を対象として，事業の種類，経営組織，従業者数などを調査し，日本の産業構造や事業経営の実態を明らかにすることを目的としている。結果は総務省統計局『事業所・企業統計調査報告』に収録されている。この報告書には，第1巻 事業所に関する集計，全国結果，第2巻 会社企業に関する集計，全国結果，第3巻 事業所及び企業に関する集計，都道府県別結果，第4巻 解説編などがある。

　ここで，事業所とは「物の生産またはサービスの提供を業とし，一区画を占めて経済活動が行われている個々の場所」のことをいう。この調査は，事業所を対象とした毎月勤労統計調査などの各種統計調査のための母集団，国民経済計算体系やその他の加工統計の基礎資料を提供することも目的としている。1947年に第1回調査が実施され，96年の第16回調査からは「企業」に関する事項を加えて，「事業所・企業統計調査」と改称された。そして，

2004年の第19回調査は大規模な調査の中間年に当たる簡易な調査（簡易調査としては2回目）として実施された．なお，2004年調査は7章で取り上げる商業統計調査及びサービス業基本調査と同時に実施されている．

調査の単位は，原則として一区画の場所で同一の経営者が事業を営んでいる事業所である．同一経営者が異なる場所で事業を営んでいる場合は，それぞれ異なる場所ごとに1事業所となっている．

なお，以下の産業については特例を設けている．

① 鉱業：鉱物を採掘，採石している現場は，諸帳簿を備えて現場を管理している事業所や営業所などに一括して1事業所とされる．

② 建設業：作業の行われている工事現場，現場事務所などは，それらを直接管理している本社，支店，営業所，出張所などに一括して1事業所とされる．

③ 鉄道業：駅，車掌区，車両工場などは，それぞれ1事業所とされる．ただし，駅，車掌区などの名称をもっていても，駅長，区長など管理責任者の置かれていないものは，単独で1事業所とせず，管理責任者のいるところに一括して1事業所とされる．

④ 学校：同一の学校法人に属するいくつかの学校，たとえば大学，高等学校，中学校，小学校，幼稚園などが，同一構内にあるような場合には，それぞれ1事業所とされる．

⑤ 国及び地方公共団体の機関：(1) 本来の行政事務を行う国の機関は，国家行政組織法の規定により設置される府，省，庁，委員会ごと，場所ごとに1事業所とされる．(2) 立法事務，司法事務及び本来の行政事務を行う地方公共団体の機関は，議決機関，執行機関及び委員会ごと，場所ごとに1事業所とされる．(3) 立法事務，司法事務及び本来の行政事務でない現業的業務を行う機関は，上記の機関と同一場所にあっても別の事業所とされる．

また，個人経営の農林漁家以外にも，次の事業所は対象外とされている．

① 標準産業分類の中分類の「家事サービス業」，「外国公務」に属す

る事業所．
② 収入を得て働く従業者のいない事業所．
③ 休業中で，従業者がいない事業所．
④ 季節的に営業する事業所で，調査期日に従業者がいないもの．
⑤ 劇場，遊園地，運動競技場，駅の改札口などの有料施設の中に設けられている事業所．
⑥ 家事労働のかたわら，特に設備をもたないで賃仕事をしている個人の世帯．

ここでいう従業者とは，調査期日現在，その事業所に所属する従業者（個人業主，家族従業者，有給役員，常雇，臨時・日雇）のことである．ただし，休職者及び長期欠勤者（3カ月以上）は除かれる．

2001年に行われた大規模調査における調査項目は，事業所に関する事項としては，① 名称，② 所在地，③ 経営組織，④ 本所または支所の別，⑤ 開設時期，⑥ 従業者数，⑦ 事業の種類・業態，⑧ 形態，であり，さらに企業に関する事項としては，⑨ 本所等の名称・所在地，⑩ 登記上の会社成立の年月，⑪ 資本金額及び外国資本比率，⑫ 親会社・子会社等の有無及び親会社の名称・所在地，⑬ 支所・支社・支店の数，⑭ 会社全体の常用雇用者数，⑮ 会社全体の主な事業の種類である．ただし，国公共企業体，地方公共団体の事業に対する乙調査では，①，②，⑥，⑦についてのみ調査している．

この2001年の調査結果を中心に，日本の産業について見ていこう．なお，以下のデータは2001年の大規模調査の結果による．

6.1.1 事業所数・従業者数

2001年10月1日現在の日本の事業所数は649万事業所である．このうち非農林事業所数は，1951年調査の321万事業所から91年の669万事業所へと40年間に約2倍に増加した後，減少に転じている（表6.1及び図6.1）．

事業所数の推移を変化率（年率）で見ると，経済成長が本格化した1960年以降年率3％前後の高い伸びで推移してきた．ただし75年調査は，いわゆ

6.1 産業に関する統計

表6.1 事業所数と従業者数の推移：非農林漁業（公務を除く）

	事業所数		従業者数	
	実　数 (1,000)	変化率 (年率) (％)	実　数 (1,000)	変化率 (年率) (％)
1951年	3,211	—	17,348	—
54	3,309	1.0	18,788	2.7
57	3,561	2.5	22,016	5.4
1969	3,669	1.0	25,731	5.3
63	4,013	3.0	30,040	5.3
66	4,352	2.7	34,128	4.3
69	4,780	3.2	38,177	3.8
1972	5,243	2.8	42,114	3.1
75	5,524	1.8	43,158	0.8
78	5,990	2.7	45,934	2.1
1981	6,416	2.3	49,502	2.5
86	6,642	0.7	52,343	1.1
1991	6,687	0.1	57,983	2.1
96	6,650	−0.1	60,671	0.9
2001	6,283	−1.1	58,033	−0.9

資料出所：総務省統計局経済統計課事業所・企業統計室『事業所・企業統計調査報告』

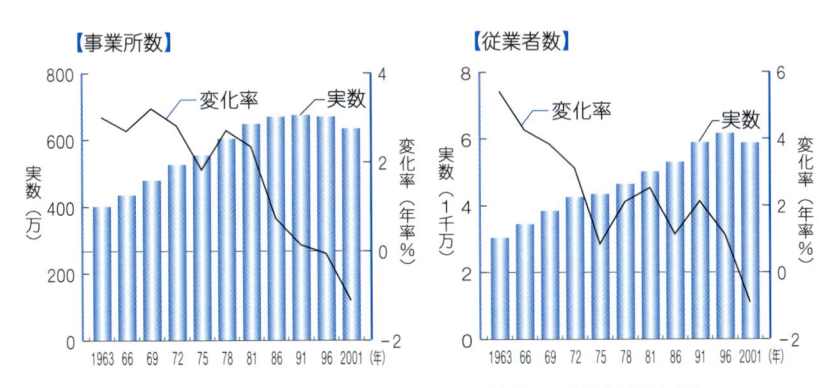

資料出所：総務省統計局経済統計課事業所・企業統計室『事業所・企業統計調査報告』

図6.1 事業所数及び従業者数の推移：非農林漁業（公務を除く）

る第一次オイルショックの直後に実施されたため，1.8％増と低い伸びにとどまっている．78年，81年は景気の回復もあって2％台と着実に伸びているものの，その後伸びは低下し，1996年に0.1％減と初めて減少に転じた．2001年では1.1％減と減少幅が拡大している．

一方，2001年現在の従業者数は5,803万人で，1951年の1,735万人から50年間に約3倍以上の増加となっている．この間の従業者数の変化率（年率）を見ると，1950年代後半から60年代はじめにかけて5％を上回る高い伸びである．60年代後半には3〜4％と伸びに鈍化が見られるものの，引き続き高い伸びを維持していた．しかし，75年は第一次オイルショックの影響を受けて0.8％増と51年以来最も低い伸びとなった．この結果，はじめて従業者数の伸びが事業所数の伸びを下回り，企業の減量経営の実態が反映される結果となった．78年，81年はそれぞれ2.1％増，2.5％増と2％台で推移し，86年が1.1％増と1975年に次ぐ低い伸びとなった．91年は2.1％増と再び2％台の伸びとなったものの，96年は0.9％増と低い伸びとなり，2001年では0.9％減とはじめての減少となっている．

6.1.2 事業所の地域分布

都道府県別に，2001年の公務を除く非農林水産業の事業所数の分布を見ると，東京都が72万で最も多く，全国事業所数の11.5％を占めている．次いで大阪府が48万（全国の7.7％），愛知県が36万（5.7％）となっており，この3都府県で全国の約1/4を占める．この他では，神奈川県，埼玉県，北海道，兵庫県，福岡県，静岡県，千葉県の順に多く，これらの10都道府県で330万事業所と，全国の半分以上（52.6％）を占めている（図6.2）．

1996年からの変化率を見ると，事業所数はすべての都道府県で減少しており，大阪府（−9.3％），京都府（−8.7％），石川県と岡山県（−7.2％）の減少幅が大きく，この4府県のほか18都道県が全国平均（−5.5％）の減少幅を上回っている．また従業者数については，大阪府，兵庫県，石川県，岡山県，広島県などで減少幅が大きい（図6.2）．

6.1 産業に関する統計

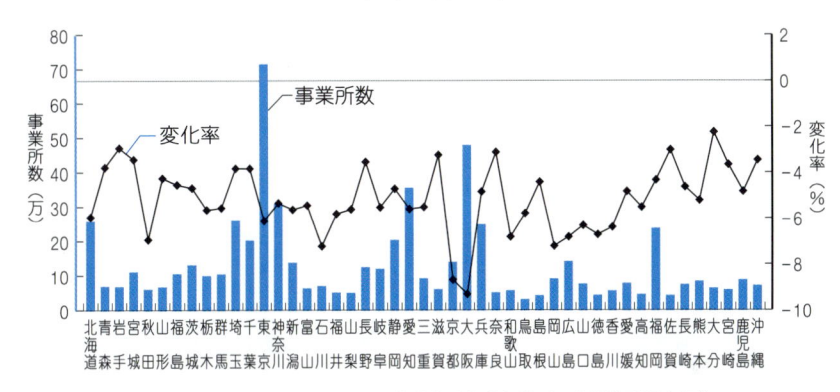

図6.2 都道府県別の事業所数及び対前回調査（1996年）変化率：
非農林業（公務を除く）

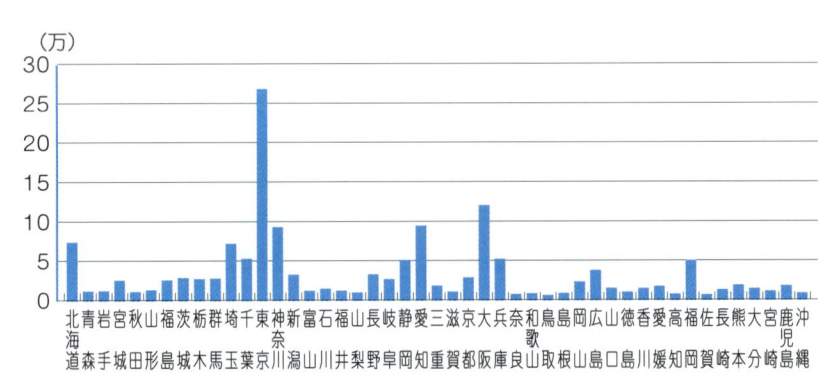

資料出所：総務省統計局経済統計課事業所・企業統計室『事業所・企業統計調査報告』

図6.3 都道府県別会社企業数

資料出所：総務省統計局経済統計課事業所・企業統計室『事業所・企業統計調査報告』

次に全国の会社企業数，すなわち本所・本社・本店及び単独事業所の事業所数を見ると，全国161万8千のうち，東京都が27万1千で最も多く，全国の16.7%を占め，他の道府県に比べ際立って高い割合になっている。次いで大阪府が12万2千（7.5%），愛知県が9万6千（5.9%），神奈川県が9万5千（5.9%），北海道が7万6千（4.7%）の順になっており，この5都道府県で全国の40.7%を占めている（図6.3）。

表6.2 産業大分類別従業者数の構成比の推移：非農林漁業（公務を除く）

（単位：％）

年	1963	1966	1969	1972	1975	1978	1981	1986	1991	1996	2001	2001年と1963年の差
非農林漁業（公務を除く）	100.0	100.0	100.0	100.0	100.0	100.0	100.0	100.0	100.0	100.0	100.0	0.0
鉱　　　　　　　業	1.2	0.9	0.7	0.4	0.3	0.3	0.3	0.2	0.1	0.1	0.1	−1.1
建　　設　　業	8.1	9.0	8.8	9.6	9.8	10.1	10.0	9.2	9.1	9.5	8.5	0.4
製　　造　　業	34.8	33.2	33.1	31.7	29.4	27.3	26.1	25.5	24.3	21.3	19.2	−15.6
電気・ガス・熱供給・水道業	0.8	0.7	0.7	0.7	0.7	0.7	0.7	0.6	0.5	0.6	0.6	−0.2
運　輸　・　通　信　業	8.3	8.2	7.8	7.4	7.3	7.1	6.9	6.5	6.3	6.4	6.5	−1.8
卸売・小売業，飲食店	26.6	26.7	27.2	27.4	28.7	29.6	30.1	30.0	29.2	30.1	30.3	3.7
金　融　・　保　険　業	3.2	3.4	3.3	3.4	3.5	3.6	3.5	3.5	3.6	3.3	2.9	−0.3
不　動　産　業	0.6	0.7	0.8	1.0	1.1	1.2	1.3	1.4	1.5	1.5	1.6	1.0
サ　ー　ビ　ス　業	16.3	17.0	17.6	18.0	19.2	20.2	21.3	23.2	25.2	27.2	30.4	14.1

資料出所：総務省統計局経済統計課事業所・企業統計室『事業所・企業統計調査報告』

6.1.3 産業構造の変化

　事業所・企業統計調査の目的の一つは，産業構造の変化を事業所ベースで明らかにすることである。そこで，非農林漁業（公務を除く）における産業大分類別従業者数の構成比の推移を1963年から2001年までの38年間について見ると，サービス業が16.3％から30.4％，卸売・小売業，飲食店が26.6％から30.3％に増大している一方で，製造業は34.8％から19.2％に激減しているなど，全体として第三次産業に属する業種が増加する傾向にあり，特に大分類「サービス業」の増大が著しい（表6.2）。

　そこで，「サービス業」の内部の変化がどうなっているかを見てみよう。表6.3は，サービス業の中分類の中から1996〜2001年の増加率（年率）の高い業種を選び出し，増加率の高い順に並べ，その増加数，増加数の構成比，増加率を示したものである。これによると，増加率の高い業種は，「情報サービス・調査業」（5.8％），「社会保険，社会福祉」（5.7％），労働者派遣業などの「その他の事業サービス業」（4.2％）となっている。また，増加数の構成比（寄与率[1]）が高い業種は，「その他の事業サービス業」（34.2％），

1）　寄与率に関しては，10章10.2.2参照。

表6.3 サービス業の業種別増加の状況

産業中分類	従業者数			1996～2001年の変化			増加率の大きい業種 (小分類)
	1996年 (千人)	2001年 (千人)	2001年 (構成比) (%)	増加数 (千人)	増加数 構成比 (%)	増加率 年率 (%)	
サービス業	16,508	17,640	100.0	1,132	100.0	1.3	
情報サービス・調査業	657	869	4.9	212	18.7	5.8	ソフトウェア業(8.0)
社会保険,社会福祉	930	1,227	7.0	298	26.3	5.7	老人福祉事業(11.5)
その他の事業サービス業	1,681	2,068	11.7	387	34.2	4.2	労働者派遣業(11.8)
その他の生活関連サービス業	352	415	2.4	63	5.6	3.3	
医療業	2,771	3,138	17.8	367	32.4	2.5	療術業(4.0)
保健衛生	90	100	0.6	10	0.9	2.2	健康相談施設(8.5)
映画・ビデオ製作業	54	60	0.3	6	0.5	2.1	映画・ビデオサービス業(3.1)
廃棄物処理業	256	276	1.6	20	1.7	1.5	産業廃棄物処理業(5.2)
学術研究機関	265	284	1.6	19	1.7	1.4	自然科学研究所(1.6)
広告業	150	154	0.9	4	0.3	0.6	

＊ この表では従業者数の増えた業種のみをあげているので，縦の合計はサービス業全体の値と一致しない．具体的には娯楽業（映画・ビデオ制作業を除く）の従業者数は減っている．
資料出所：総務省統計局経済統計課事業所・企業統計室『事業所・企業統計調査報告』

「医療業」（32.4％），「社会保険，社会福祉」（26.3％）「情報サービス・調査業」（18.7％）であり，これらの業種がサービス化の進展に寄与していることがわかる（**表6.3**）．

このような日本の産業構造の変化を国民経済計算のデータから，産業別の名目GDPシェア[2]を見ると，この場合も農林水産業，製造業のシェア低下と卸・小売業やサービス業等の第三次産業のシェア拡大が顕著である（**図6.4-①**）．

そこで製造業が産出する付加価値額を名目GDPシェアで見ると，全産業（公的部門・非営利部門を除く）に占める製造業のシェアは1980年の29.8％から2002年の22.1％へ7.7ポイント低下している．製造業のシェア低下は，円高が急速に進んだ1985年以降の10年間で5.5ポイント低下していることが大きく影響しており，外生的ショックによる構造変化が進んだことがわかる．一方，実質GDPで見ると，製造業は80年の70.5兆円から2002年の120.0兆

---
2) GDP等については12章で説明する．

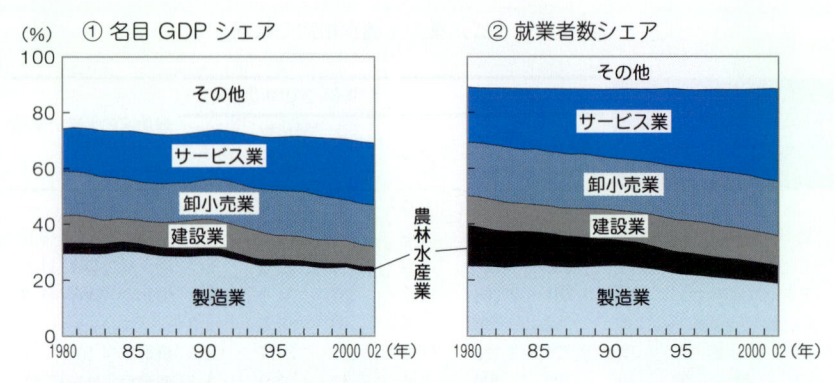

6 産業と企業に関する統計

① 名目 GDP シェア

② 就業者数シェア

資料出所:内閣府経済社会総合研究所『国民経済計算年報』

図6.4　産業別名目 GDP シェア，就業者数シェアの推移

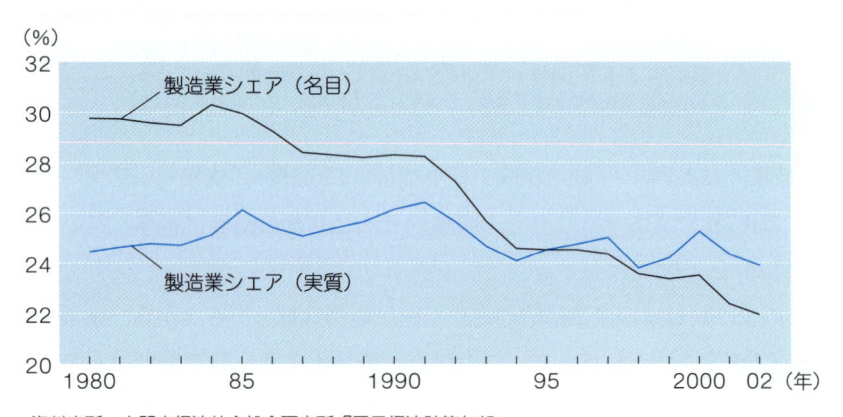

資料出所:内閣府経済社会総合研究所『国民経済計算年報』

図6.5　製造業の名目及び実質 GDP シェアの推移

円へ1.70倍に増加し，全産業とほぼ同じ増加幅（1.74倍）となっている（図6.5）。

就業者数シェアで見ると，農林水産業のシェア低下と第三次産業の上昇は一貫した傾向である。それに対して，製造業に関しては1990年代前半までは，全産業に占める割合は約24％とほぼ一定割合を保って増加していた

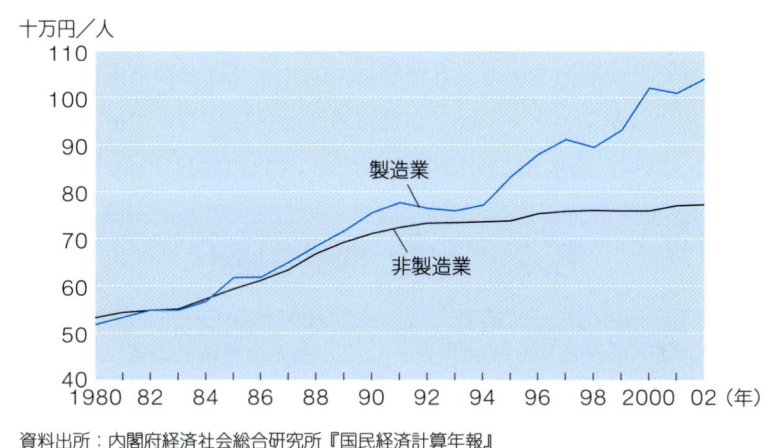

図6.6　製造業の労働生産性の推移（就業者1人当たり実質GDP）

（図6.4-②及び4章図4.3参照）。しかし，1993年からは就業者数が減少に転じ，1980年の1,356万人から，2002年では1,158万人となり全産業に占める割合も19％にまで低下している（図6.4-②）。

6.1.4　産業別の労働生産性

労働生産性は，産業の活動を見るうえで，極めて重要な指標である。図6.6には製造業，非製造業の労働生産性の推移を示した。労働生産性とは労働の生産力ともいい，単位投下労働量当たりの生産物量で測られる。労働生産性は，労働の熟練度が高まれば上昇する。また利用する生産手段の質によっても左右される。労働生産性の向上は，われわれが消費しうる生産物を豊かにし，労働時間以外の余暇時間を大きくする。同時に，それは資本にとっては，生産物単価を引き下げることにより他資本との競争に勝ち，利潤をうるための手段であり，また結果として失業者を増大させる原因ともなりうる。

そこで，製造業と非製造業の労働生産性を就業者1人当たりの実質GDPで比べてみると，製造業では就業者数が減少する一方で，実質的付加価値額が増加したことから，労働生産性も全産業の伸びを上回って推移している。

製造業の労働生産性は景気に大きく影響を受ける。しかし，回復期の伸び率が高いことがその特徴である。具体的に，94年までは非製造業と大きな差はなかったにもかかわらず，95年以降は景気回復期において極めて大きな伸びを示している（図6.6）。労働生産性については11章11.1も参照。

6.2 企業に関する統計

現在，企業を単位とした統計調査として，法人企業統計調査（指定統計。財務省），個人企業経済調査（指定統計。総務省），法人企業景気予測調査（内閣府・財務省）などがある。これらはいずれも標本調査である。経済産業省企業活動基本調査（指定統計。経済産業省）は経済産業省が所管する産業に属する企業に関する調査である。また東京・大阪・名古屋の証券取引所に上場されている企業に報告が義務付けられている有価証券報告書をもとに作成される，わが国企業の経営分析（経済産業省）も日本企業の経営の実態を把握できる貴重な統計である。

6.2.1 企業に関する主な統計

〈事業所・企業統計調査（総務省統計局）〉

事業所・企業関係の各種統計調査の基礎となるのが，総務省統計局の行っている『事務所・企業統計調査』である。企業は1つまたはそれ以上の事業所の集団である。資本効率や利潤率など企業ベースのデータを見ようとする場合は企業統計が必要である。そこで事業所統計調査では1960年から事業所ベースで調査した結果を企業単位に集計し直している（会社企業に関する集計）。また，近年の企業活動の多角化，企業再編の活発化などを踏まえて，2001年調査では，企業に関する項目の充実が図られている。

〈法人企業統計調査（財務省財務総合政策研究所）〉

財政金融政策の基礎資料として重視されているのが財務省財務総合政策研究所で行われている『法人企業統計調査』である。ここでは企業が新たに生

産した価値，付加価値額を集計している。また，企業の設備投資の動向をつかむことができる。

法人企業統計調査は，企業経営の実態をつかむため，金融及び保険業を除く全国の営利法人を対象に実施している調査である。業種別・規模別法人分布状況や資産・負債構成，損益状況など企業経営の動向等，国全体の生産活動の傾向を読み取ることができ，財政金融政策の基礎資料となっている。

発表周期は，毎年1～3月，4～6月，7～9月，10～12月の四半期別（季報）と年次別（年報）がある。四半期別は次の四半期の最終月に，年次別は次年度の9月にそれぞれ発表されている。年次別については財務省が編集，発行する「財政金融統計月報」の8月号で特集し，紹介している。

調査する法人（標本法人）は，金融・保険業を除く営利法人（合名・合資・有限及び株式会社）を資本金によって9階層に分け，一定の抽出率（ただし，10億円以上は全社）で無作為に選定されている。年次別は標本法人全社の確定決算に基づき，財務関係の計数を集計している。また，四半期別は資本金1,000万円以上の標本法人の仮決算に基づき，財務関係の計数を集計している。資本金各階層の標本法人は原則として1年間固定している。

法人企業統計には，以下のような特徴がある。

　① 景気動向は，全産業の経常利益で確認できる。各決算期中に企業が事業活動によって上げたもうけを示すのが経常利益である。営業利益だと，売上高から売上原価や一般管理費，販売費用を差し引いたもうけなので，ヒト，モノの動きが反映されてはいるが，カネの動きが含まれていない。最近は財務の時代ともいわれ，受取利息・配当金から支払利息・手形割引料を差し引いた金融収益も企業の事業活動の善し悪しを計るモノサシの一つになっている。こうした理由から，金融収益を含めた経常利益が注目されている。一般に，全産業の経常利益合計が前年度あるいは前年同期に比べ増加していれば，景気が上昇に向かったことを，逆に減少していれば，景気が下降したことをそれぞれ確認できる。この際前年同期に比べての企業物価指数の上昇率を上

回っていれば，企業収益の向上が本物といえるし，企業物価指数の上昇率の範囲であれば，インフレ分だけ企業収益が水膨れしたものといえなくもない。

② 設備投資の動向から景気の牽引車をさぐる。経常利益が企業の事業活動による成果を示すのに対して，設備投資や在庫投資は主に，企業がそれぞれ需要の先行きを見込んで実施している。景気が後退している場面で需要の増加が見込めないときは，設備投資や在庫投資は手控える。逆に，景気の上昇が期待され，需要の増加が見込めるなら，設備投資や在庫投資も活発化すると見てよい。法人企業統計では，設備投資を調査対象期間中（年次別ならその年度1年間）の土地を除く有形固定資産の増加額，ソフトウェア増加額及び減価償却費の合計として調査集計している。在庫投資は調査対象期間中の棚卸資産（製品・商品，仕掛品，原材料・貯蔵品の合計）増加額として調査集計している。しかも，いずれも業種別，資本金規模別に調査集計している。このため，どの業種が需要の先行きについて強気の見方をしているか判断できる。たとえば，景気が停滞しているといわれている中で，前年度あるいは前年同期と比べ設備投資が急増している業種があれば，その業種が景気回復の牽引車になると見てよい。

③ 資金関連項目から資金需要が把握できる。国が財政金融政策を運営するうえで参考になるものの一つとして資金需要の状況がある。これは調査対象期間中の固定資産，卸売資産，企業間信用の増加額を集計したものである。企業間信用は，受取手形，売掛金，受取手形割引高を合計したものから支払手形と買掛金を差し引いて算出している。たとえば，資金需要が旺盛であると判断できれば，公定歩合引き下げをはじめとする財政金融政策も効果が大きいと見ることができる。

〈法人企業景気予測調査（内閣府経済社会総合研究所，財務省財務総合政策研究所）〉

『法人企業景気予測調査』は，内閣府が資本金1億円以上の企業約4,500社に対して実施していた法人企業動向調査と，財務省が資本金1,000万円以上

1億円未満の企業約12,000社に対して実施していた景気予測調査を統合したものであり，2004年4〜6月期調査から資本金1,000万円以上の営利法人を対象範囲として，約15,000法人について調査を行っている。

　この調査は法人企業の設備投資（工事ベース）の計画，実績を調査して投資の動きをきめ細かくとらえるとともに，経営者の景気，経営に対する判断と見通しをさぐり，景気動向の重要な予測指標の一つとなっている。発表周期は四半期（5，8，10，翌年2月に調査）であり，翌月に「法人企業景気予測調査報告」（内閣府・財務省）として発表される。また，調査方法は調査法人の自己申告が原則となっている。

　法人企業景気予測調査には，以下のような特徴がある。

　① 正確にいち早く投資動向がつかめる。他の調査機関よりも対象社数が多く，しかも，資本金50億円以上の企業は全数調査なので大企業の設備投資の実態をほぼ正確に把握できる。また，四半期ごとの調査であり，かつ3四半期（実績見込み，計画の修正，計画）の予測が発表されるので，先行きの動きを比較的早く知ることができる。

　② 設備投資の動きを立体的につかめる。生産設備と在庫水準の判断調査も行っている。その方法は生産設備，在庫水準の過不足感を3段階に分けた選択肢から選んでもらい，たとえば過大と判断した社数，不足と判断した社数を全調査対象企業数で割り構成比にして示している。このため，この構成比を分析することで，企業が設備投資や在庫投資をどう考えているかを知ることができる。

　③ 回答の"クセ"に注意を要する。回答には，それぞれの企業の景気判断が色濃く表れている。このため，好況期にはおおむね実績値が計画値を上回り，不況期には逆に下回る傾向がある。この調査にも，こうした"クセ"がある。たとえば，計画値は先のものほど曖昧な情報に基づいて判断するわけであるから，"少なめ"に計画されており，実績見込みは豊富な情報で判断するため，やや高めとなっている。また，実績はデータの整理上の都合もあって実績見込みより低めに出る。

④ 経営者の見通しを判断指標で表示している。調査は設備投資の動向のほか，企業経営者の景気，需給，自分の企業の経営の行方に対する見通しを判断指数（Business Survey Index：BSI，6.2.4参照）で示す。BSI はそれぞれの項目について「上昇（増加）の割合」から「下降（減少）の割合」を引いたものである。BSI がプラスのときは，経営者は景気については上昇感，需給見通しについては需要拡大感をもっていることを表している。

⑤ この調査のほか，設備投資については経済産業省，日本銀行なども定期的に調査，分析している。それぞれ，対象企業や重点の置き方が異なるとともに，特色もあるので比較吟味することが大切である。

〈企業倒産統計（東京商工リサーチ，帝国データバンク）〉

企業倒産件数は景気動向を見るうえで重要な指標の一つであるが，政府統計には企業倒産件数を集計したものはなく，民間の信用調査機関2社（東京商工リサーチ，帝国データバンク）が集計する統計が広く使われている。

景気が後退したり金融情勢が悪化したりすると，企業倒産は一般に増加する傾向にある。政府の経済運営でも，新しい景気浮揚策を発動するかどうかといった判断の場面で，倒産件数の推移が勘案されることが多い。この統計を見ると，景気全般の流れをつかむことができる。

発表周期は月次であり，翌月の中旬に新聞発表される。東京商工リサーチ「TSR 情報」，帝国データバンク「帝国ニュース」にも掲載されている。

調査方法は，全国の法人企業，個人企業で負債総額が1,000万円を超えた倒産企業を対象に，月別の倒産件数，負債総額，業種別倒産の状況などを集計している。各調査機関とも，銀行や手形交換所，裁判所の情報を中心に調査している。

倒産の定義は，① 銀行取引停止処分（次項参照）となったもの，② ①の内整理（代表が倒産を認めた場合）に入ったもの，③ 会社更生法の適用を申請したもの，④ 商法による会社整理の適用を申請したもの，⑤ 民事再生法の適用を申請したもの，⑥ 破産法に基づいて自己破産の申請をしたり，

商法上の特別精算に直接入ったもの——などであり，統計に含まれるのはこの条件に該当する企業である。

　企業倒産統計を見る際には以下の点に留意する必要がある。

　　① 倒産件数の推移は，物価上昇と比較する必要がある。倒産件数は負債総額が一定水準を超えたものを対象に集計している。物価上昇によって，この基準の実質的なハードルは年々低くなるので，長い目で見ると集計対象に入る倒産の数も増えてくる勘定になる。このため，たとえば10年前と比べて倒産件数が増えたからといって，いちがいに景気が悪いとはいえない。

　　② 倒産率にも注目を要する。企業は倒産する一方で，新規設立もある。企業数そのものは年を追って増加する傾向にあるので，倒産の動向を知るうえでは全法人企業に対する倒産企業の比率，つまり倒産率を見ることも重要である。

　　③ 倒産には季節変動がある。3，4，10，11，12月は倒産が増え，負債総額も大口になる傾向がある。これは3，4月が年度末決算期，10，11，12月が手形決済やボーナスなどで企業の資金需要が集中するためである。

　　④ 倒産原因の分析は慎重に行う必要がある。倒産の原因は，放漫経営や連鎖倒産，過小資本など多岐にわたる。民間信用調査機関の発表には，倒産原因について調査員の主観が入ることも少なくない。企業の倒産原因を判定する場合は，こうした"クセ"を知っておく必要がある。

〈取引停止処分統計（全国銀行協会金融調査部）〉

　全国各地の手形交換所で取引停止処分を受けた法人についての統計情報（「全国法人取引停止処分者の負債状況」）が，全国銀行協会によって公表されている。これは倒産についての部分的な統計であるが，倒産の大半は銀行取引処分によるため，企業倒産のすう勢がわかり，景気動向や金融情勢がどんな傾向にあるのかをつかむうえで便利である。

企業などが振り出した手形が半年以内に2回不渡りになると，銀行取引停止処分を受ける。この数字を集計することで，景気と金融の状態についてのデータが得られる。

取引停止処分とは事業会社や個人が不渡り手形を出した場合，処罰として手形交換所加盟銀行が一定期間，取引を停止することをいう。銀行取引が停止されると企業は解散する例が多くあるものの，再建をねらう際には第二会社を設立して経営者を替え，銀行取引ができるようにするケースもかなりある。

取引停止処分統計は月次，翌月の中旬に「全国法人取引停止処分者の負債状況」として発表される。調査方法は，当該法人の資本金別構成比（300万円未満と，300万円以上（4段階）），取引停止処分の件数や負債金額などを集計。原因別件数，業種別件数も網羅している。

取引停止処分統計を見る際には以下の点に留意する必要がある。

① 原因別構成比を見る。この統計には，取引停止処分の原因別件数が載っており，これを見ると景気の状態を知るうえで参考になる。原因は在庫投資過大，設備投資過大，売上不振，コスト高・人手不足・採算悪化，売上金回収困難，関連企業倒産の波及，融手操作，高利金融，その他に分類されていて，かなり客観的に取引停止処分の主因を知ることができる。たとえば，売上不振や採算悪化による取引停止の件数が増えていれば，不況型倒産が目立ってきたことを示し，経済が減速ぎみに推移していることがわかる。

② 企業数の増加にも注意を要する。資本金300万円以上の法人企業数は増加傾向にある。これは取引停止処分の対象になりうる企業数が多くなっていることを意味し，単純に取引停止件数を比較しても倒産の実勢の反映にならないことは，企業倒産統計を見る場合と同じである。

図6.7 法人企業数の推移

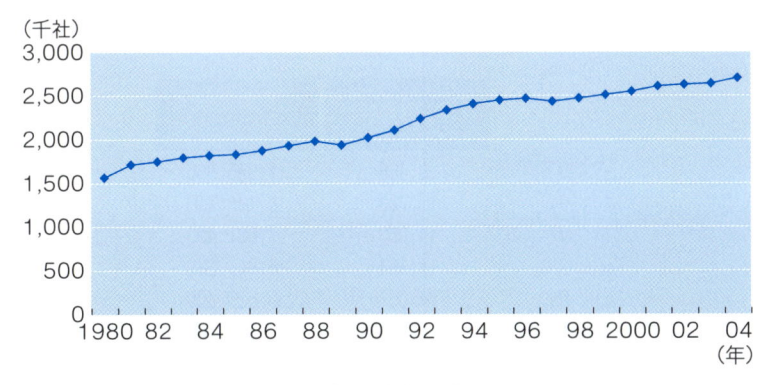

資料出所:財務省財務総合政策研究所『法人企業統計年報』

6.2.2 企業数と倒産件数

法人企業統計の結果から,1980年以降における法人企業の総数を見ると,89年と97年にわずかな減少が見られるものの,この25年間大体増加傾向にある(図6.7)。

次に,企業の倒産について見ると,企業の倒産件数は,1998年に大幅に増加した後1999年には減少したものの,2000年,2001年も大幅な増加となった。2002年からは減少に転じ,2004年では1万3679件となっている(表6.4)。これを倒産原因別に見ると,「販売不振」,「売掛金回収難」などを原因とするいわゆる不況型倒産の割合は年々上昇しており,2004年には76.6%となっている。

6.2.3 企業収益の状況

企業収益の状況を『法人企業統計調査』によって見ると,売上高は,製造業,非製造業ともに1991年度までは前年度を上回る伸びとなっていたのに対して,92～94年度には全産業でそれぞれ0.7%減,1.8%減,0.0%減と調査開始以来初の3期連続減収となった。その後,95年度は増加に転じたが,98年度に金融システム不安,2001年度にはITバブルの崩壊などがあって売

表6.4 企業の倒産件数

	倒産件数	負債総額（百万円）
1990年	6,468	1,995,855
91	10,723	8,148,750
92	14,069	7,601,499
93	14,564	6,847,689
94	14,061	5,629,409
1995	15,108	9,241,100
96	14,834	8,122,881
97	16,464	14,044,704
98	18,988	13,748,377
99	15,352	13,621,436
2000	18,769	23,885,035
01	19,164	16,519,636
02	19,087	13,782,431
03	16,255	11,581,841
04	13,679	7,817,675

資料出所：東京商工リサーチ『全国企業倒産状況』

上高が大きく減少するなど，総じて低迷した状態が続いている。業種別に見ると，2003年度の製造業の売上高は2.0％増と3年ぶりに増収となったものの，非製造業は横ばいとなっている。

経常利益は1990年度に入り製造業，非製造業ともに減益となったのをはじめ，91～93年度も大幅な減益となり，法人企業統計調査開始以来初の4期連続減益となった。しかし，94年度に入り，5年ぶりの増益となった。その後も98年度，2001年度を除いては増益となっている（表6.5）。

また，収益率を示す指標である売上高経常利益率を見ると，製造業では1989年度をピークに低下傾向に入り，93年度は1.9％と急速に低下し，第一次オイルショック時の水準に次ぐ低い水準になった。その後は水準としては高くなったり低くなったりしているものの，全体としては回復基調にあり，2003年度では3.9％となっている（図6.8）。

6.2 企業に関する統計

表6.5 企業の売上高・経常利益の増減率の推移

	売上高			経常利益		
	全産業	製造業	非製造業	実数	製造業	非製造業
1990年度	9.2	5.1	10.9	−2.0	−3.8	−0.5
91	3.3	3.9	3.0	−11.7	−16.4	−7.8
92	−0.7	−3.9	0.7	−22.6	−27.9	−18.5
93	−1.8	−3.3	−1.2	−21.2	−27.9	−16.6
94	0.0	1.8	−0.7	6.4	24.4	−4.2
1995	3.2	1.5	3.8	20.2	26.4	15.4
96	−2.4	0.2	−3.4	5.8	15.4	−2.3
97	1.3	2.6	0.8	0.1	−0.4	0.6
98	−5.9	−7.8	−5.1	−23.9	−34.2	−13.8
99	0.2	2.3	−0.7	27.2	24.9	28.9
2000	3.7	6.5	2.6	33.2	45.4	24.4
01	−6.7	−9.1	−5.8	−21.2	−35.4	−9.3
02	−0.9	−1.4	−0.6	9.8	14.3	7.0
03	0.6	2.0	0.0	16.8	24.3	11.9

資料出所：財務省財政金融研究所『法人企業統計年報』

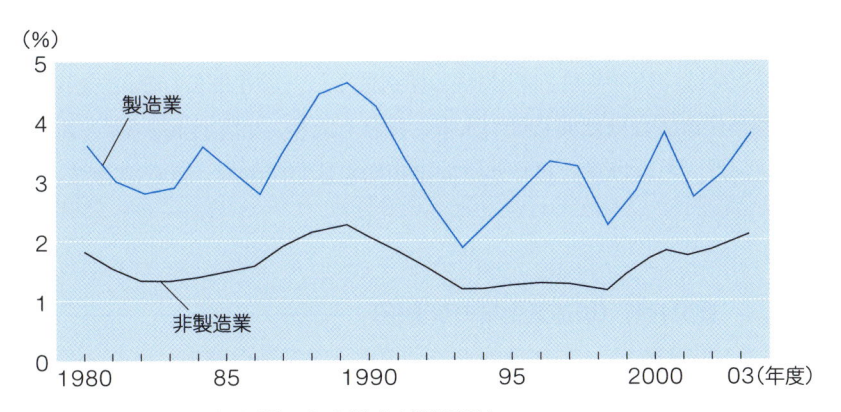

資料出所：財務省財務総合政策研究所『法人企業統計調査』

図6.8 企業の売上高経常利益率の推移

表6.6 法人企業動向調査による製造業の国内需要見直し

	今期の判断 構成比（％）				来期の見通し 構成比（％）				再来期の見通し 構成比（％）			
	強くなる	不変	弱くなる	BSI	強くなる	不変	弱くなる	BSI	強くなる	不変	弱くなる	BSI
2000年 1－3月	12	78	10	2	11	76	13	－2	19	70	11	8
4－6月	16	77	7	9	15	77	8	7	23	69	8	15
7－9月	19	76	5	14	18	78	4	14	22	74	4	18
10－12月	12	79	9	3	20	74	6	14	24	72	4	20
2001年 1－3月	3	62	35	－32	8	76	16	－8	18	74	8	10
4－6月	2	56	42	－40	4	70	26	－22	13	74	13	0
7－9月	2	43	55	－53	4	69	27	－23	10	76	14	－4
10－12月	3	42	55	－52	3	52	45	－42	10	74	16	－6
2002年 1－3月	3	59	38	－35	3	56	41	－38	5	65	30	－25
4－6月	11	70	19	－8	6	69	25	－19	6	71	23	－17
7－9月	5	75	20	－15	10	78	12	－2	13	72	15	－2
10－12月	5	73	22	－17	5	76	19	－14	18	72	10	8
2003年 1－3月	4	71	25	－21	5	72	23	－18	8	75	17	－9
4－6月	6	78	16	－10	5	74	21	－16	8	76	16	－8
7－9月	13	78	9	4	7	81	12	－5	8	80	12	－4
10－12月	18	75	7	11	16	77	7	9	12	77	11	1
2004年 1－3月	23	70	7	16	13	77	10	3	13	79	8	5
4－6月					21	71	8	13	17	77	6	11
7－9月									18	77	5	13

資料出所：内閣府経済社会総合研究所『法人企業動向調査』

　非製造業は，1989年度の2.3％から順次低下し，93年度に1.2％となってから1998年度まではほぼ同じ低い水準で推移した後，99年度に1.6％と前年度を上回った。それ以降は緩やかな回復傾向を示しており，2003年度では2.2％となっている。

6.2.4　業況判断（製造業企業の景況感）

　表6.6は2004年1～3月期調査までの『法人企業動向調査』における製造業の国内需要見通しの推移を見たものである。

　表を見ると景気が悪化した2001年では，今期の判断・見通しとも「強くなる」と答える企業の割合が大きく減少している。ところが2002年に入ると，今期の判断で「弱くなる」と答える企業の割合は早くも減少し始め，

6.2 企業に関する統計

表6.7 産業・企業規模別の「貴社の景況判断」(BSI)

	大企業			中堅企業			中小企業		
	2004年7～9月現状判断	10～12月見通し	1～3月見通し	2004年7～9月現状判断	10～12月見通し	1～3月見通し	2004年7～9月現状判断	10～12月見通し	1～3月見通し
■全産業	9.6	9.5	8.5	2.8	9.9	3.7	−17.8	−4.7	−9.7
製造業	12.8	9.6	7.0	10.0	10.4	4.3	−10.0	−1.3	−7.6
食料品製造業	11.3	10.8	−4.3	−0.7	13.8	−10.2	−19.6	−1.3	−8.7
繊維，衣服製造業	1.4	2.9	8.5	−13.4	−16.8	−8.8	−28.8	−8.8	−15.9
木材・木製品製造業	36.4	27.3	−36.4	2.0	18.0	−19.4	−13.9	−0.9	−22.6
パルプ・紙・紙加工品製造業	−5.1	8.5	0.0	−52.6	44.0	−17.7	−10.0	−0.9	−1.8
化学工業	6.7	12.1	10.1	9.4	3.9	−6.0	−11.0	6.5	−11.0
石油製品・石炭製品製造業	−8.6	−5.7	−5.7	39.4	60.6	−21.2	−40.5	−18.8	−13.6
窯業・土石製品製造業	10.3	27.1	15.5	−3.4	13.6	−2.5	−13.2	−14.4	−17.2
鉄鋼業	25.8	10.3	1.0	49.6	5.6	6.4	−1.2	4.4	2.3
非鉄金属品製造業	19.8	5.9	−2.4	3.0	7.5	−10.4	8.4	13.1	−0.5
金属製品製造業	21.0	17.8	13.1	21.0	18.7	14.4	5.4	1.9	−5.4
一般機械器具製造業	23.2	10.3	14.0	33.2	7.7	22.8	2.2	13.0	−2.0
電気機械器具製造業	16.4	3.3	1.7	27.3	1.9	15.8	18.2	−9.6	−10.5
情報通信機械器具製造業	14.2	7.3	2.4	19.0	−2.8	8.5	−12.9	−16.8	−10.9
自動車・同附属品製造業	9.5	7.1	14.9	27.0	7.8	3.8	19.5	−16.1	−2.8
その他の輸送用機械器具製造業	7.9	2.6	5.4	−14.0	18.0	18.0	11.0	13.3	−2.9
精密機械器具製造業	23.3	3.5	25.3	23.4	37.7	32.4	−7.0	14.6	5.3
その他の製造業	7.2	10.2	6.4	−4.4	14.2	6.1	−20.8	−2.1	−4.9
■非製造業	7.6	9.4	9.4	0.6	9.7	3.6	−19.4	−5.5	−10.1

* 第2回法人企業景気予測調査（2004年7-9月調査）
資料出所：内閣府経済社会総合研究所・財務省財務総合政策研究所『法人企業景気予測調査』

2004年1-3月期にはBSIも16まで回復している。2003年7-9月期以降のBSIを見ると，今期の判断が見通しより良い値となっており，景気が着実に回復していることを示している。

また表6.7は第2回法人企業景気予測調査（2004年7-9月調査）における産業ごと，及び企業規模別の会社の景況判断（「貴社の景況判断」の項目）

を見たものである。この表で「大企業」とは資本金10億円以上の企業を，「中堅企業」とは資本金1億円以上，10億円未満の企業，「中小企業」とは資本金1000万円以上，1億円未満の企業をいう。

　表を見ると，「現状判断」では大企業・中堅企業で上向きとの見方が多くなっているが，BSI の水準は業界によってかなり差がある。具体的に，「現状判断」を見ると鉄鋼業や精密機械器具などの景況観が良く，石油製品が悪くなっているのに対して来期，再来期の「見通し」を見ると，鉄鋼業と精密機械器具でも異なるなど，業界ごとの違いが際立っている。また企業規模では，製造業全体の2003年7-9月期のBSIを見ると，大企業ではBSIは12.8と高くなっているのに対して，中小企業では −10.0 と低く，依然として厳しい状況にあることをうかがわせる。

7

個別産業に関する統計

この章では，各種の統計から個別の産業の状況を見ていこう。

7.1　農業生産・食料自給

　農林水産省が，農林業を営むすべての世帯・法人を対象に5年ごとに実施している調査が農林業センサス（指定統計）である。これをもとに標本調査として毎年『農業構造動態調査』が行われている。ここではこの二つの統計と『食料需給表』から農業生産や食糧自給の状況について解説する。

　日本の農家数[1]は，1960年に606万戸あったのに対して，以後年々急速に減少し，90年には384万戸となり，30年間に30％以上も減少した。さらにその後も減少を続け，2003年には298万戸となっている。そのうち，経営耕地面積が30a未満で，年間の農産物販売金額が50万円未満の農家（「自給的農家」）が約78万戸と農家全体の約4分の1を占めており，その割合は年々増加する傾向にある（図7.1）。

　農家数の減少は農業就業者の減少を伴い，1980年には697万人いた農業就業人口（15歳以上の世帯員[2]で年間1日以上農業に従事した者）が，2002年

　1）　農家とは1989年までは経営農地面積が東日本10a以上，西日本5a以上，あるいは1年間一定額以上の農産物販売額のあるもののことをいう。

　2）　1990年以前は16歳以上の世帯員が対象。

図7.1 総農家数の推移

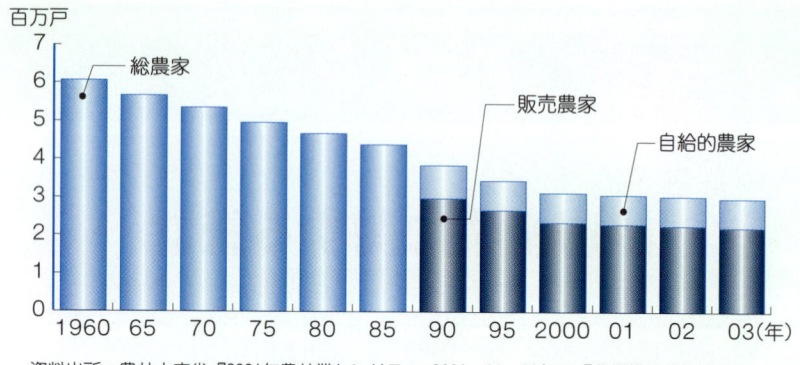

資料出所：農林水産省『2001年農林業センサス』，2001, 02, 03年は『農業構造動態調査』

の販売農家のみの農業就業人口では375万人と22年間に50％近くも減少した。

基幹的農業従事者（農業就業人口のうち，ふだんの主な状態が「主に仕事（農業）」である者）について年齢分布を見ると，1965年には16〜29歳までが7％，30〜59歳までが66％，60歳以上が28％と，いわゆる働き盛りの人口が7割を占めていたのに対して，2002年には15〜29歳がさらに減少して2％程度，30〜59歳も大きく減少して31％，そして60歳以上が68％とその割合が逆転し，60歳以上が農業の主な担い手となっている（図7.2）。日本の農業は，減少する農家・農業就業人口と農業就業者の高齢化のもとで，近年は農産物の輸入の増加という新たな波にも直面している。

日本の食糧自給については，品目によって① ほぼ国内で自給するもの（米，野菜など），② 輸入に多く依存するもの（麦，大豆など），③ 国内生産が主であるが原材料を輸入に依存するもの（畜産物）の3種類に分けられる。それぞれの動向を見ると，①の米は不作となった93年（75％）以外は高い自給率を保っているのに比して，野菜は近年自給率が低下傾向にあり2003年で82％となっている。②については，70年代以降，小麦が約10％，大豆が約5％程度で推移しておりあまり大きな変化はない。③に関連して，肉類と魚介類はかつては高い自給率を保っていたが，90年代から大きく自

7.1 農業生産・食料自給

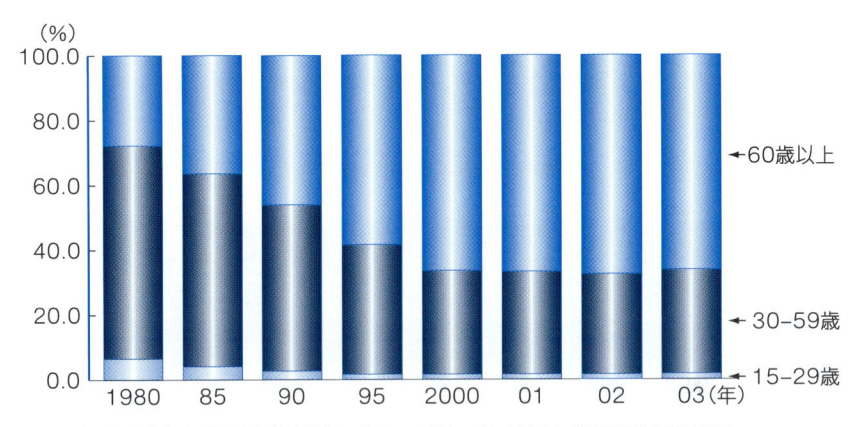

資料出所：農林水産省『2001年農林業センサス』, 2001, 02, 03年は『農業構造動態調査』

図7.2 基幹的農業従事者の年齢階級別人口割合

表7.1 食糧自給率の推移

主要品目別自給率 (%)	1960 年度	1965	1970	1975	1980	1985	1990	1995	2000	2001	2002	2003 (概算)
米	102	95	106	110	100	107	100	104	95	95	96	95
小麦	39	28	9	4	10	14	15	7	11	11	13	14
大豆	28	11	4	4	4	5	5	2	5	5	5	4
野菜	100	100	99	99	97	95	91	85	82	82	83	82
果実	100	90	84	84	81	77	63	49	44	45	44	44
肉類*1	91	90	89	77	81	81	70	57	52	53	53	54
牛肉	96	95	90	81	72	72	51	39	34	36	39	39
豚肉	96	100	98	86	87	86	74	62	57	55	53	53
鶏肉	100	97	98	97	94	92	82	69	64	64	65	67
牛乳乳製品	89	86	89	81	82	85	78	72	68	68	69	69
魚介類	108	100	102	99	97	93	79	57	53	48	47	50
穀物自給率*2	82	62	46	40	33	31	30	30	28	28	28	27
供給熱量自給率	79	73	60	54	53	53	48	43	40	40	40	40

*1 鯨肉を除く。
*2 (国内生産 ÷ 国内消費仕向量) × 100 (重量ベース)
資料出所：農林水産省『食料需給表』

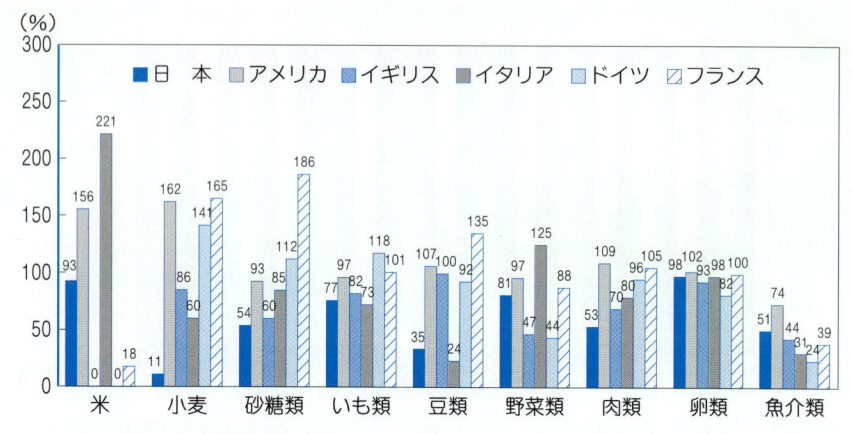

図7.3 農産物の自給率：国際比較（2001年）

資料出所：国際連合食料農業機関（FAO）『食料需給表』

給率が低下し，2003年では肉類が54％，魚介類が50％とほぼ半分を輸入に頼っている。すべての食料を熱量に換算して合計した供給熱量自給率で見ると，75年度時点ですでに54％と低く，2003年度は40％と，先進諸国に類を見ない低い水準になっている（表7.1）。

2001年における自給率を先進諸国と比べると，アメリカは米，小麦，肉類などで100％を超えるほか，他の食料も100％近い。フランスは砂糖類，小麦，豆類などが高い自給率をもち，米と魚介類が低くなっている。イタリアは豆類や魚介類などが低いほかは，米が200％を超えるなどそこそこの自給率となっている。ドイツは米，野菜類，魚介類など自給率の低いものが他の国に比べて多くなっている（図7.3）。

7.2　資源・エネルギー

日本の主要な鉱物資源の消費量は，2000年に銀が4,300トンで，これは世界の全消費量の約15.0％である（データは経済産業調査会編『鉱業便覧』に基づく。以下，カッコ内は世界の全消費量に対する日本の消費量割合を示

7.2 資源・エネルギー

図7.4 主要鉱石の自給率（2000年度）

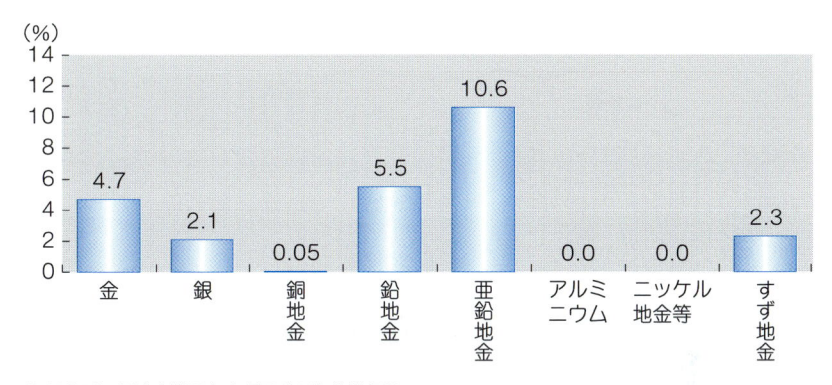

鉱種	自給率(%)
金	4.7
銀	2.1
銅地金	0.05
鉛地金	5.5
亜鉛地金	10.6
アルミニウム	0.0
ニッケル地金等	0.0
すず地金	2.3

資料出所：経済産業調査会『平成14年鉱業便覧』

す）。次いで銅地金が135万トン（9.0％），鉛地金が30万トン（5.0％），亜鉛地金が68万トン（8.0％），アルミニウム地金が210万トン（9.1％），ニッケル地金等が20万トン（17.8％-Ni純分の割合），すずが3万トン（10.0％）となっている。世界の全消費量に対する割合は，ニッケル地金等はアメリカを抜いて第1位の消費国であり，銅，アルミニウムはアメリカ，中国に次ぐ消費国となっている。金はイタリア，インドが上位で日本は4番目の消費国となっている。このように日本の鉱物資源の消費量は，経済活動の大きさを反映して世界のトップレベルにある。

しかし，天然資源の少ない日本は，鉱物資源の多くを海外から輸入している。日本の地金供給量に対する国内鉱石から生産された地金の割合（自給率，すなわち国内鉱出÷（国内鉱出＋輸入＋海外産出）の値）を2000年度について見ると，これらの主な鉱物のうち，最も自給率の高い亜鉛でも自給率は10.6％で，鉛が5.5％，金が4.7％，銀が2.1％，すずが2.3％と低く，銅地金ではわずかに0.05％で，鉄鉱石類やニッケル地金等は0.0％となっている（図7.4）。

次に資源エネルギー庁編集の『総合エネルギー統計』からエネルギー需給について見ると，一次エネルギーの国内供給量（カロリー換算）は，1975

152   7　個別産業に関する統計

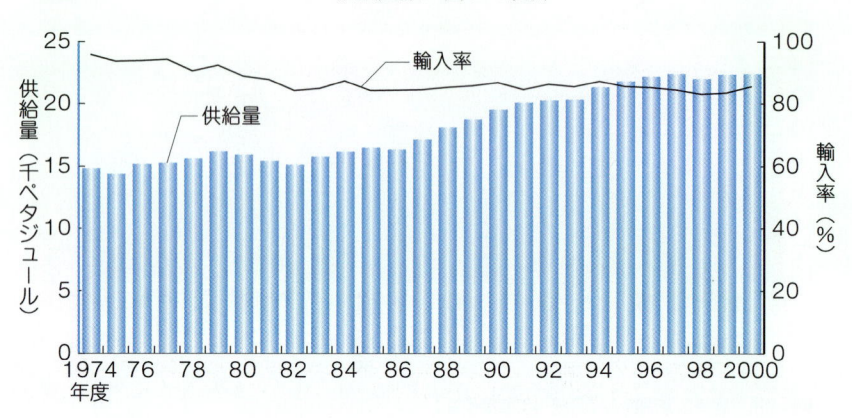

```
図7.5  一次エネルギー供給量と輸入率
```

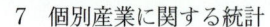

縦軸左：供給量（千ペタジュール）0〜25
縦軸右：輸入率（％）0〜100
横軸：1974年度〜2000年度

＊　1ペタジュールは1ジュールの1000兆倍（ペタ＝10^{15}）であり（1ジュールは約0.2389カロリー），1ペタジュールは原油約2.58万klに相当する。
資料出所：資源エネルギー庁『総合エネルギー統計』

年度（14,378 PJ：ペタジュール）以降，景気後退期には若干の減少はしたものの，ほぼ増加傾向にある。2000年度では約22,396 PJであり，このうち86％を輸入に依存している。種類別構成を見ると，2000年度では，原油・石油製品が50％，石炭が18％，天然ガスが14％で，いわゆる化石資源が80％強を占め，残りが原子力13％，水力発電4％などとなっている。これを過去の推移で見ると，かつて1950年代の後半では，石炭が50％，水力発電が20％台と大きな割合を占めていたのに対して，62年には原油・石油製品が主となり，水力発電も67年に10％を切っている。原油・石油製品は，トップの座を得た後第一次オイルショックまでの間に急速に割合を増加させたものの，その後は天然ガスや原子力といった新しいエネルギーの割合が増加している（図7.5及び図7.6）。

　国際連合『Energy Statistics Year book』によると，1999年における石油換算した世界全体のエネルギー消費量は83億8300万トンで，前年より3700万トン増加した。最も多く消費している国はアメリカ（21億7400万トン）で，次いで中国（7億2500万トン），ロシア（5億8900万トン）となってお

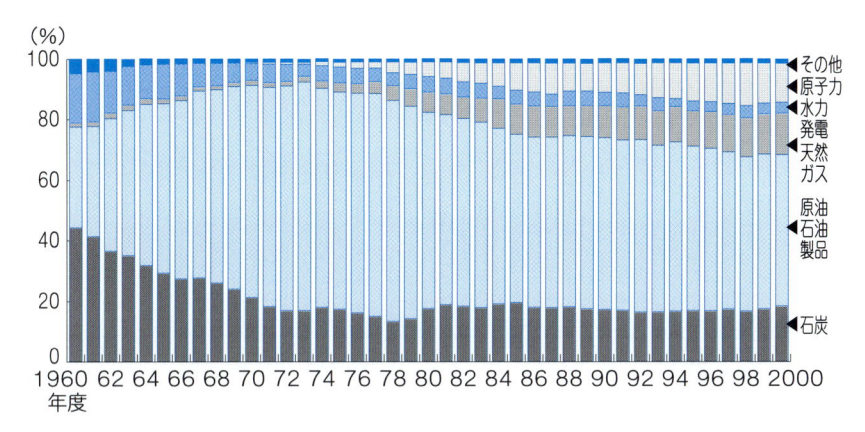

7.2 資源・エネルギー

図7.6 一次エネルギー種類別割合

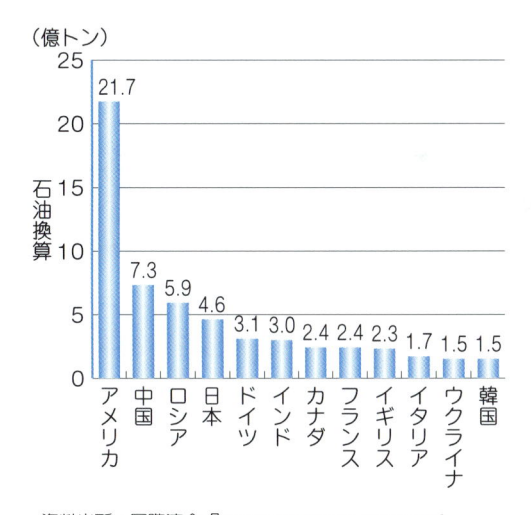

資料出所：資源エネルギー庁『総合エネルギー統計』

図7.7 世界のエネルギー消費量（1999年）

資料出所：国際連合『Energy Statistics Yearbook』

り，日本は4億6400万トンで世界第4位のエネルギー消費国である（図7.7）。

また，1人当たりエネルギー消費量では，1億トン以上を消費している国の中で日本は8番目である。年間1人当たりエネルギー消費量を見ると，

7 個別産業に関する統計

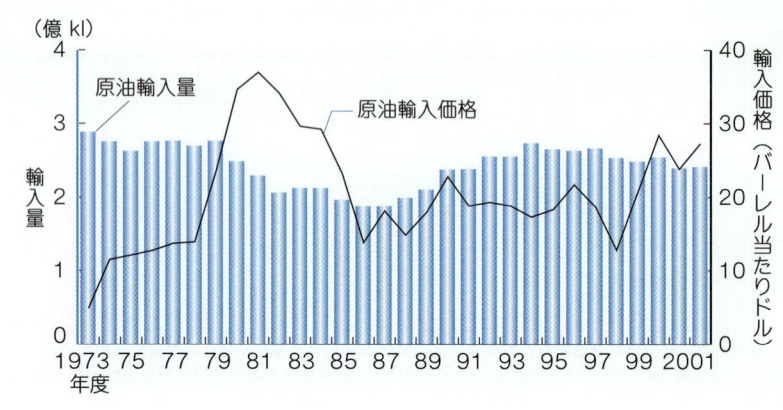

資料出所：経済産業省経済産業政策局調査統計部『資源・エネルギー統計年報　平成14年』及び財務省『貿易統計』

図7.8　原油輸入量と原油輸入価格（CIF価格）

世界全体では約1,360 kgで，最も多く消費している国は，カナダが約8,030 kg，次いでアメリカが7,970 kg，オーストラリアが5,720 kg，ロシアが4,030 kgなどとなっており，日本は3,670 kgと8番目になっている。なお，中国はカナダの10分の1以下である。

　原油は，エネルギー源であるとともにプラスチック製品や石油蛋白などモノの生産の原料でもある。こうした重要な資源である原油を，日本はほとんど100％海外からの輸入に頼っている。経済産業省の『資源・エネルギー統計年報』によると，2002年度の原油輸入量は2億4200万klで，およそ東京ドームの200杯の量となっている。過去の推移を見ると，第一次オイルショックの1974年度では2億7590 kl，また第二次オイルショックが始まる前年の79年度では2億7710 klと，現在より経済規模が小さかった頃でも多くの石油を輸入していた。しかし，その後は石油危機による原油価格の高騰に対応して，省エネルギー投資や代替エネルギーの開発などが行われ，加えて景気後退によって80年度以降の原油輸入は減少に転じた。バブル景気以降再び増加傾向にあったが，近年は景気後退などもあってやや減少気味に推移している（図7.8）。

図7.9 原油輸入中東地域割合

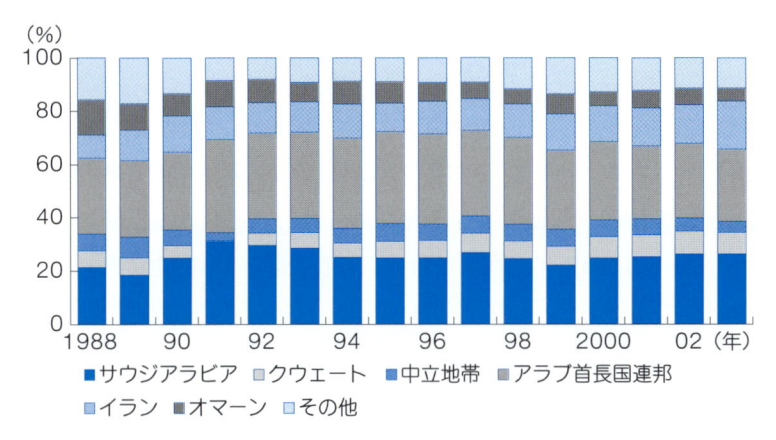

資料出所:経済産業省経済産業政策局調査統計部『資源・エネルギー統計年報 平成14年』

　原油の輸入先を見ると,2002年度では中東地域が85％,南方地域(インドネシアなど)が6％でこの2地域で約90％となっており,このほか,中国が1.6％などとなっている。

　中東地域の内訳を2002年度について見ると,アラブ首長国連邦からが27％(中東地域を100とした割合。以下同じ),サウジアラビアが26％でこの2カ国で約半分を占める。このほかイランが16％,オマーンが8％などとなっている。過去の推移を見ると,90年代はじめはアラブ首長国連邦とサウジアラビアの2カ国で60％以上を占めていたのに対して,近年イランやクウェートの割合が徐々に高くなっている。このように日本の重要なエネルギー源の輸入は,中東地域という限られた地域の比重が高いものとなっている(図7.9)。

　なお,石油等消費の動向を業種別,燃料種別にとらえた『経済産業省特定業種石油等消費統計調査』が毎月公表されている。

7.3　製　造　業

　日本においては，製造業（工業）のみを対象とした近代的な統計調査は工場調査として1909（明治42）年から始められた。それ以前には「府県物産表」が1870（明治3）年に作成されている。なお，「府県物産表」は鉱工業生産物だけではなくて，農林水産物も取扱った統計であった。

　わが国の製造業に関する統計は，主として経済産業省でつくられている。工業統計の種類は，大別して製造業の構造を示す静態統計と，一定期間の生産・出荷などの動態量を示す動態統計，及びこれらを加工した各種の指数がある。

　静態統計の代表は，1909（明治42）年からの歴史をもつ固有名詞としての工業統計（指定統計）である。これは，すべての民間製造業事業所を対象に毎年（ただし，従業員3人以下はほぼ2年おき）実施されるいわゆる工業センサス（工業統計調査）からつくられるものであって，製造業をとらえた統計の中心的存在というべきものである。もう一つの静態統計は，商工業実態基本調査（指定統計）からつくられる統計である。この調査は，当初わが国産業の二重構造（大企業と中小零細企業）の特性を明らかにする目的で，企業を単位として実施されている調査であり，1957（昭和32）年に始まり62，66年は「中小企業総合基本調査」として，また，71，76，81，87年は「工業実態基本調査」の名称で実施されており，98年に第8回目の調査が実施された。その後1998（平成10）年3月にこの「工業実態基本調査」と「商業実態基本調査」が整理・統合されて，現在の「商工業実態基本調査」となった。これらの統計のほかに，全産業に分布する事業所と従業員数を把握する統計として，6章でふれた総務省統計局の事業所・企業統計調査（指定統計）がある。これは国勢調査に次ぐ大規模センサスであり，事業所を単位とする各種の標本調査の抽出母体の資料として，製造業だけでなく全産業の統計調査にとって重要な意義をもっている。

7.3 製造業

　製造業の範囲外ではあるものの，鉱業についての静態統計としては経済産業省の『本邦鉱業のすう勢調査』がある。これは全国の鉱業について，企業及び事業所を単位に，毎年全数調査として行われている。電気については，資源エネルギー庁が毎年作成している『電気事業便覧』がある。

　動態統計の代表は，経済産業省生産動態統計調査（指定統計）であろう。これはわが国の主要な鉱工業製品について，毎月の生産・出荷・在庫数量等を把握するものであって，翌月には速報されるので，日本経済の景気動向を分析・予測するうえで欠くことのできない統計調査である。この統計調査は，経済産業省管轄の品目についてのみ行われているので，これからもれている品目については，それぞれの管轄官庁ごとに実施される動態調査に基づいて作成されている。それらは，農林水産省（製材及びその他農林水産物，加工食品），厚生労働省（薬事工業），国土交通省（造船造機，鉄道車両等），資源エネルギー庁（ガス事業，発受電，電燈電力）などである。

　以上の主な静態統計と動態統計のほかに，これらを補足する統計がいくつかある。経済産業省の特定機械設備等統計調査（指定統計）は，戦後の工業統計調査では除外された機械設備などの労働手段について，その種類別数量（一部は価格）を調査しているものである。これまでに，1952（昭和27），57，63，67，73，81，87年の7回実施され，その後，「特定機械設備統計調査」と改称され94年に実施されている。

　このほかに，景気指標としての目的から，前章でふれた内閣府と財務省共管の法人企業景気予測調査や，内閣府の機械受注統計調査などがある。

　以上の結果は，すべて独自の統計調査に基づいて作成される一次統計である。二次統計として，生産動態統計からつくられる生産指数をはじめとする各種指数[3]がある。

　経済成長に果たす製造業の役割は大きい。日本産業の2002年1年間の活動の成果である国内総生産（国民経済計算の付加価値ベース・全産業計，GDP）とそのうちの製造業分を見ると，GDPは実質（1995年基準）で約

---

　3)　指数については10章参照。

7 個別産業に関する統計

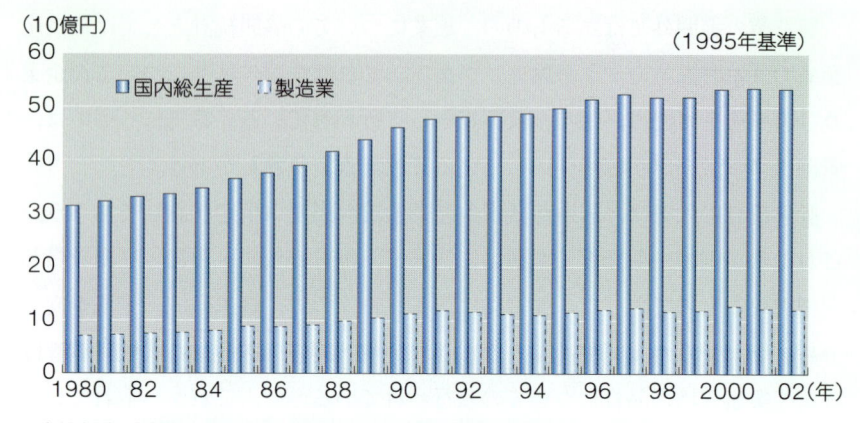

図7.10 国内総生産（実質）

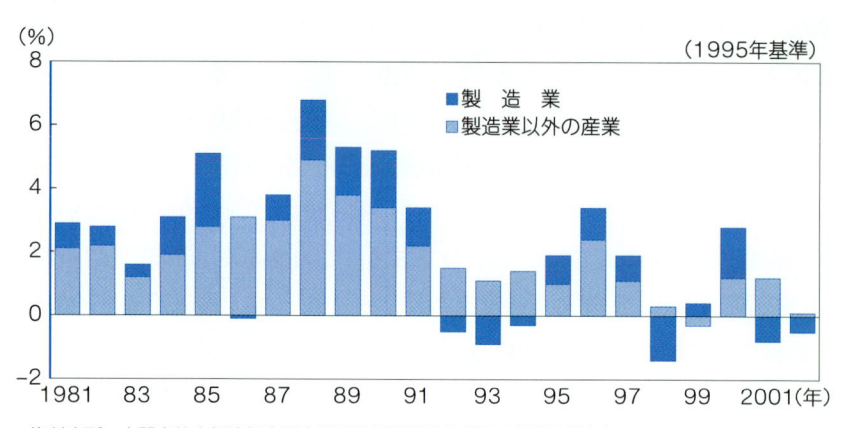

資料出所：内閣府社会経済総合研究所国民経済計算部『国民経済計算年報』

図7.11 国内総生産（実質）増加率の製造業寄与度

資料出所：内閣府社会経済総合研究所国民経済計算部『国民経済計算年報』

533兆円と高い水準にあるものの，前年比では0.4％減少している。そのうち，製造業は約120兆円で前年比2.0％減と2年連続して減少している。

製造業は，景気の拡大期には産業合計よりは相対的に大きく伸び，景気後退期には逆に産業合計の伸び率より大きく下回るといった景気動向に敏感な動きをしている。それを，産業合計の国内総生産の対前年増加率に対する製

造業の寄与率[4]で見ると，景気後退期にはマイナスになる年があるものの，その他の年には30～50％の寄与をしており，それだけ日本の経済成長に果たす製造業の役割が大きいことを示している（図7.10及び図7.11）。

製造業は産業全体の生産に与える影響も大きい。製造業の生産はさまざまな部品やエネルギー等を投入して行われ，その部品やエネルギー等の生産のために，また別の部品やエネルギー等の生産は必要となる。こうして，一つの生産物のために，次々と新たな産業の生産活動が誘発され，最終的には日本全体の産業にその波及効果が及ぶ。こうした産業波及効果に着目して，製造業の生産が日本全体の産業にどの程度の影響力があるかを産業連関表（12章参照）の影響力係数[5]で見ると，2000年では製造業に対する1単位の最終需要の増加によって，産業全体では約1.24単位の生産が誘発される。これは日本産業の中で相対的に最も大きな影響力係数となっており，それだけ製造業の活動が日本経済にとって重要な活動であることを物語っている。ちなみにこのほかの産業の影響力係数は，建設が1.12単位，運輸が1.10単位，農林水産業が1.02単位などとなっている。

製造業がどのような製品を製造しているのか，産業連関表によって製造業を14の部門に分け，その国内生産額（名目）を2000年について見ると，製造業全体で約308兆円の生産額のうち，最も多いのは電気機械で全体の17.3％（約53兆円），次いで輸送機械が13.8％（約43兆円），食料品が12.6％（約39兆円），一般機械が9.3％（約29兆円），化学製品が8.5％（約26兆円）などとなっており，いわゆる加工組立産業製品が4割以上を占めている。20年前では，製造業全体で約232兆円の生産額のうち，鉄鋼等の基礎素材的製品の製造が多く，加工組立産業製品は3割弱であった。

こうした製造業の構造変化を見るために，製造業を大きく3つの産業型[6](次頁)に分けて，それぞれの出荷額の相対的な割合を示したのが図7.12で

---

4) 寄与率については，10章10.2.2参照。
5) 影響力係数とは，各産業に同量の最終需要が発生したときに，どの産業がどれだけ産業全体に生産波及効果を及ぼすか，その相対的な影響力を示したものである。

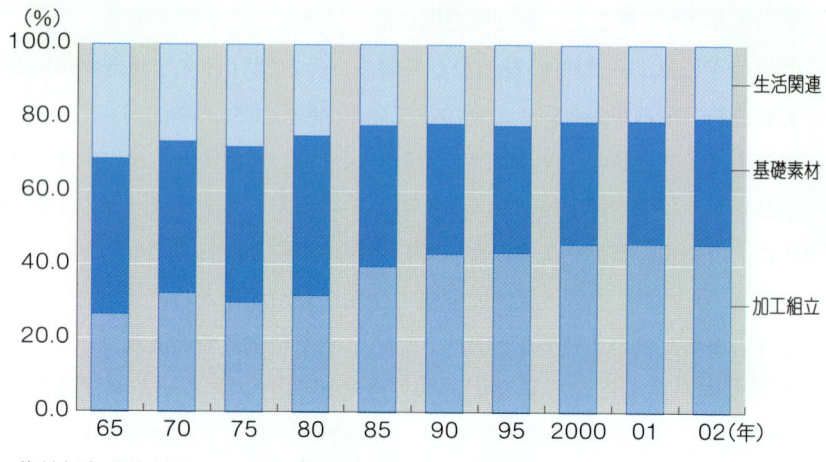

図7.12　産業類型別出荷額等構成比の推移

資料出所：経済産業省経済産業政策局調査統計部『工業統計表』

ある。この図を見ると，最近時の2002年では，生活関連型産業が19.9%，基礎素材型産業が34.4%，加工組立型産業が45.7%となっている。1965年では，生活関連型産業が31.2%，基礎素材型産業が42.2%を占めており，加工組立型産業は26.6%と最も割合が小さかったのに対して，この37年間で，生活関連型産業の割合は一貫して縮小し，基礎素材型産業も80年から90年の間に大きく縮小したことから，加工組立型産業の比重が増大し5割弱を占めるまでになってきている。

---

6) 産業3類型別区分
① 生活関連型産業：食料品製造業，飲料・飼料・たばこ製造業，繊維工業，衣服・その他の繊維製品製造業，家具・装備品製造業，出版・印刷・同関連産業，なめし革・同製品・毛皮製造業，その他の製造業
② 基礎素材型産業：木材・木製品製造業，パルプ・紙・紙加工品製造業，化学工業，石油製品・石炭製品製造業，プラスチック製品製造業，ゴム製品製造業，窯業・土石製品製造業，鉄工業，非金属製品製造業，金属製品製造業
③ 加工組立型産業：一般機械器具製造業（武器製造業を含む），電気機械器具製造業，輸送用機械器具製造業，精密機械器具製造業

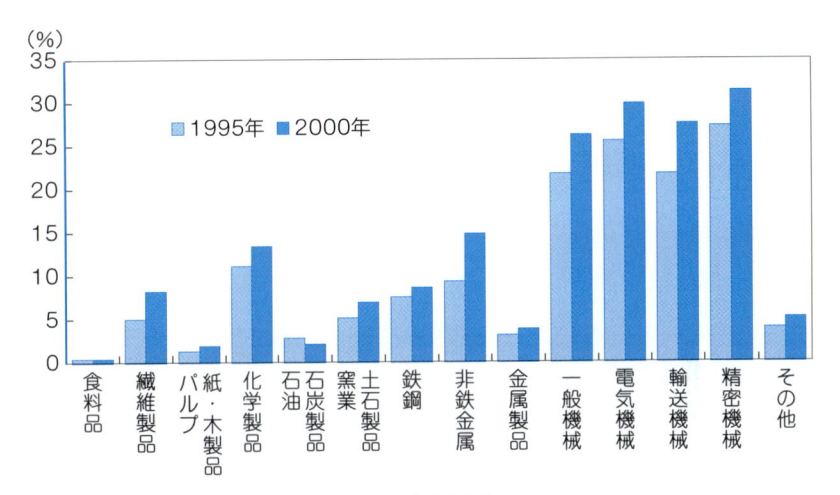

図7.13 製造業の国内生産額に占める輸出割合

資料出所：総務省統計局統計基準部『平成12年産業連関表』

　このことは日本の経済の大きな特徴は，海外から原材料を輸入し，それを加工して製品にしたものを輸出するということを示している。それでは製造品の輸出がどの程度であるのか，産業連関表によって2000年の国内生産額に占める輸出の割合（輸出率）を見ると，製造品全体では，国内生産額の315兆円に対して輸出は38兆円，輸出率は15.1％で，輸出率の大きなものを見ると，精密機械が31.4％，電気機械が29.9％，輸送機械が27.6％，一般機械が26.3％となっている。輸出率を5年前と比べると，各製品とも5ポイント程度上昇しており，この5年間でより輸出依存度が高まっていることがわかる（図7.13）。

　具体的にどのような製品が輸出されているのかについて，日本の2003年の輸出額の上位の品目を挙げると，日本全体の輸出額約54兆円のうち，圧倒的に大きいのは乗用車で全体の16.3％（8兆9000億円）を占め，次いでICが5.0％（2兆7000億円），事務用機器が4.8％（2兆6000億円），自動車部品が4.2％（2兆3000億円），鉄鋼が3.8％（2兆1000億円）などとなっている（財務省『貿易統計』による）。このことから，最近のハイテク製品や資本財製

（千億円）

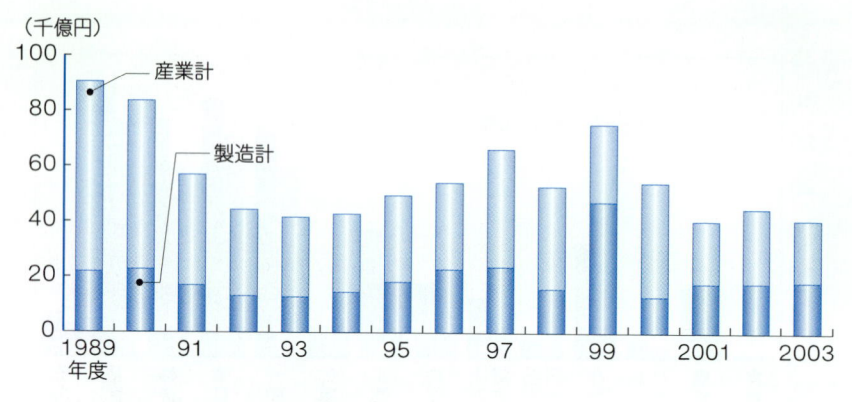

図7.14　製造業の対外直接投資額（許可・届出ベース）

資料出所：財務省『対外及び対内直接投資状況』

品の増加がうかがえる。

　対外通貨に対する円の上昇は，より安くなる資源を輸入することが可能となり，それを加工する製品コストは安くなる一方で，製品価格を下げない限りは輸出価格の上昇となって輸出競争力が低下する。特に，円高は，輸出産業などに深刻な事態を招く。それに対して，日本の製造業は国内の生産性の向上や生産拠点の海外移転などによって対応を図っている。海外進出の一つの指標として，製造業の対外直接投資額（許可・届出ベース）の推移を見ると，1990年代にはほぼ毎年2兆円規模の投資が行われてきたが，99年度に4兆8000億円とピークとなり，2003年度には1兆8000億円となっている。ちなみに全産業の2003年度の投資額は4兆1000億円であり，製造業の割合は45％である（図7.14）。

　2003年度の投資額4兆1000億円の内訳を地域別に見ると，ヨーロッパが35％，北アメリカが30％，アジアが18％などとなっており，ヨーロッパへの投資が多くなっている。これを過去の推移で見ると，90年代前半では北アメリカが約50％の割合を占め，ヨーロッパへの投資は90年代は低迷していたが，97年頃から急速に拡大した。アジアへの投資は94～97年にかけて回復したものの，近年は減少している。そのほかには，中南米への投資が

90年代後半から拡大しており，アジアと並ぶようになってきている。

7.4　交通・運輸

『鉄道輸送統計調査』，『自動車輸送統計調査』などの国土交通省の統計によると，2002年度の旅客輸送量は約872億人で，10年前（92年度）に比べると約53億人，6.6％の増加となっている。人口1人当たりに換算すれば，2002年度は1年間に国民1人が約680回乗降したことになる。

次に，この輸送量に輸送距離を乗じた人キロ単位の延べの輸送量で見ると，2002年度は，旅客は1兆3110億人キロ（自家用貨物車を除く）で，10年前に比べ約720億人キロ，5.3％の増加となっている。なお，単純に1人当たりの平均距離を見ると，2002年度は16.4 km で，10年前の16.4 km と同じである。

こうした輸送がどのような交通手段によって行われているのかを，交通手段別の延べ輸送量の構成比で見ると，乗用車が53％，バスが6％，鉄道（JR）が17％，JR 以外の鉄道が10％，国内航空が6％，内航海運が0.3％となっている。内航海運はわずかであり，乗用車と鉄道で80％を占めている。過去の推移を見ると，航空が全体に占める割合は小さいながらも，延べ輸送量は増加し続けているのに対して，バス，鉄道（JR，民鉄）及び旅客船は，近年いずれも減少傾向にある（図7.15）。

一方，2002年度の貨物輸送量は59億トンで，10年前と比べると約8億トン，12.4％減少している。過去の推移を見ると，旅客が一貫して増加傾向をたどっているのに対して，貨物は80年代の前半すぎまでと最近の景気後退期に減少している。

トンキロ単位の延べの輸送量で見ると，5,707億トンキロで同じく10年前に比べ約137億トンキロ増とわずかな増加となっており，輸送の平均距離が伸びていることがわかる。1トン当たりの平均距離で見ると，2002年度は97 km となっており，10年前の83 km に比べ14 km 距離が長くなっている。

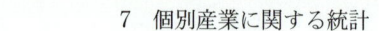

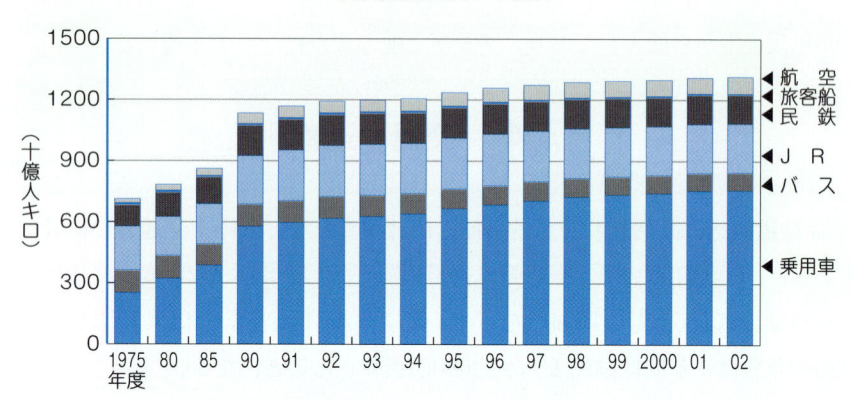

図7.15　国内旅客の延べ輸送量

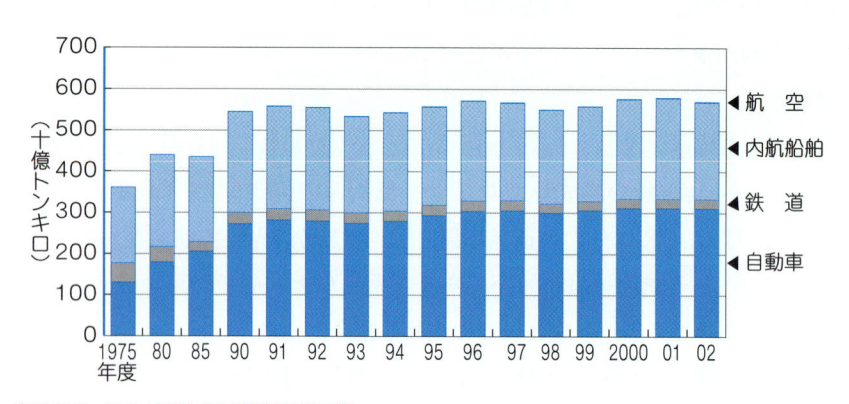

図7.16　国内貨物の延べ輸送量

　貨物の交通手段別延べ輸送量の構成では，55％が自動車によって輸送され，内航船舶が41％，鉄道が4％，国内航空が0.2％となっている。過去の推移を見ると，1975年度では内航船舶が51％と半分以上を占めていたが，徐々に自動車の占める割合が上昇して1990年度には50％に達し，その後の貨物輸送の中心となっている。また，1975年度に13％を占めていた鉄道の割合は大きく低下している（図7.16）。

7.5 情報通信

2002年3月に改正された日本標準産業分類では，大分類として情報通信業が新設され，中分類としては通信業，放送業，情報サービス業及び映像・音声・文字情報制作業が含まれている。しかし，総務省の『平成16年版情報通信白書』では，より広義な情報通信産業という範囲を定義しており，その中には日本標準産業分類の情報通信業に加えて，電子計算機，通信機器，半導体など情報・通信機器の本体や部品を製造する「情報通信関連製造業」，情報通信機器の賃貸業，広告業，印刷・製本などを含む「情報通信関連サービス業」，電気通信施設の建設が含まれる「情報通信関連建設業」及び情報通信に関連する「研究」が含まれている。

近年，情報通信機器やサービスは，技術進歩とコストダウンに伴い，急速に普及が進んだため，情報通信産業は急速な伸びを示している。特に最近では，情報通信産業は経済成長の牽引車の役割を果たしている。このようすを

表7.2 情報通信産業の実質 GDP の推移

(単位：十億円)

	1995年	1996年	1997年	1998年	1999年	2000年	2001年	2002年
国内総生産	496,912	513,893	523,421	517,515	517,811	532,542	534,852	533,042
情報通信産業	37,812	43,491	48,547	53,191	55,085	59,862	62,359	61,107
通信業	8,642	10,258	12,351	14,081	14,915	15,913	16,377	15,922
放送業	1,184	1,063	1,043	1,119	1,113	1,011	934	1,034
情報サービス業	4,479	4,947	5,216	6,661	6,876	7,311	8,732	8,703
映像・音声・文字情報制作業	2,687	2,689	2,707	2,762	2,730	2,737	2,687	2,578
情報通信関連製造業	4,755	6,449	8,081	8,182	9,312	11,375	11,553	10,392
情報通信関連サービス業	8,764	10,412	11,026	11,730	11,089	11,904	12,624	12,994
情報通信関連建設業	371	331	394	495	657	753	678	600
研究	6,930	7,342	7,757	8,160	8,392	8,859	8,774	8,884

資料出所：総務省『平成16年度版情報通信白書』

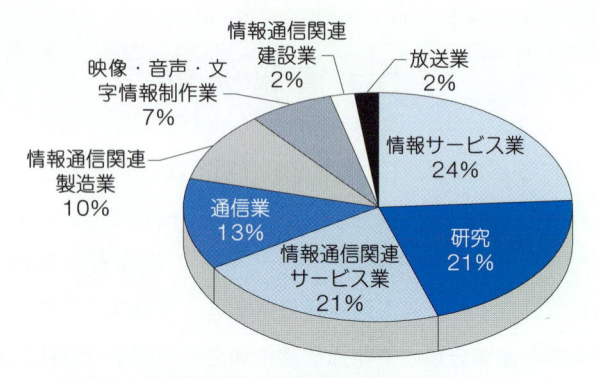

資料出所：総務省『平成16年版情報通信白書』

図7.17 情報通信産業の雇用者の構成（2003年）

国内生産額で見ると，1995年から2002年の間に日本経済全体の国内総生産は実質で497兆円から533兆円へと7.3％増であったのに対して，情報通信産業の国内総生産は38兆円から61兆円へ61.6％増と大幅に増えている。中でも通信業や情報通信関連製造業の伸びが特に大きくなっている（表7.2）。

情報通信産業の雇用者数は364万人（2002年）であり，その内訳を見ると，情報通信産業の中核ともいえる通信業，放送業，情報サービス業及び映像・音声・文字情報制作業の合計は46％と，情報通信産業全体のほぼ半分を占めている。これに対して，情報通信関連サービス業が21％，研究も21％を占めており，情報通信産業は，周辺に多くの関連産業を抱えたすそ野の広い産業といえる（図7.17）。

7.6 金融・保険

日本の金融機関には，銀行，証券会社，信用金庫，農協，郵便局などさまざまなものがある。これらの根拠となる法律はおおむね1950年頃に作られ，その制度化によって業種ごとの業務範囲が明確に区分されてきた（表7.3）。

しかし，最近の日本の金融をめぐる環境は大きく変化した。1980年代中頃から，経済の国際化に対応して金融自由化が進められ，金利の自由化や新しい金融商品の開発などが行われた。これに伴い，金融機関の間で預金獲得や貸出などの競争が激化した。このような中で，86年頃からの金利低下に伴って，不動産向け融資が増加し，地価が高騰した。これが，いわゆるバブル景気である。これに対して90年には公定歩合が6.0％に引き上げられるな

表7.3 主な金融機関の根拠法

種　類	根拠となる法律	制定時期	備　考
日本銀行	日本銀行法	1942年	1997年に全面改正。
普通銀行	銀行法	1927年	1981年に全面改正。
長期信用銀行	長期信用銀行法	1952年	
信託銀行	金融機関の信託業務の兼営等に関する法律	1943年	法の運営上，信託業務は特定の銀行に限定。
外国為替専門銀行	外国為替銀行法	1954年	
信用金庫	信用金庫法	1951年	
信用組合	中小企業等協同組合法	1949年	従来の市街地信用組合，産業組合，商工協同組合に関する法律を再編。
農業協同組合	農業協同組合法	1947年	
証券会社	証券取引法	1948年	2000年に改正法成立。
保険会社	保険業法	1939年	1996年に改正法施行。2000年に改正法成立。
郵便局	郵便貯金法	1947年	

資料出所：日本銀行調査統計局『経済統計年報』及び日本銀行情報サービス局『日本銀行調査月報』

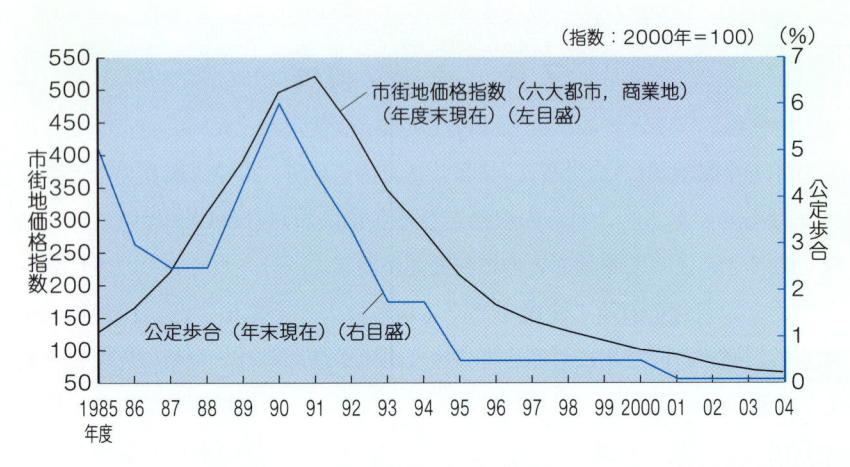

資料出所：日本銀行調査統計局『金融経済統計月報』及び財団法人日本不動産研究所「市街地価格指数」http://www.reint.or.jp/jreidata/a-shi/

図7.18 公定歩合と市街地価格指数の推移

ど厳しい引き締め策が講じられた。その結果，地価は下落に転じ，放漫経営を行ってきた一部の金融機関は経営破綻に陥った。その後，日本銀行は公定歩合を段階的に引き下げ2001年には史上最低の0.1％としたが，デフレ（ーション）から脱却することができず，低金利政策が継続されている（図7.18）。さらに，97年から98年の金融不況では，いくつかの巨大金融機関が破綻した。金融システムの安定を図るため，98年には金融機能再生法及び金融機能早期健全化法が成立し，一次国有化を含む破綻金融機関の処理方法が整備された。

このような環境変化の下で，金融機関の統合，再編が進んでいる。1996年の東京銀行と三菱銀行の合併を皮切りに，大手銀行では4大金融グループ（みずほ，三井住友，UFJ，東京三菱）へ再編され，現在，さらに三菱東京とUFJの合併が進行中である。第二地方銀行，信用金庫，信用組合も基盤強化のため合併を進めているほか，経営危機救済のための吸収合併も行われ，金融機関の数は減少している。また，92年には金融・証券改革法が成立し，銀行，信託銀行，証券会社が子会社を通じて相互参入することが認め

表7.4 主要金融機関店舗数の推移

	1985年度末	1990年度末	1995年度末	1999年度末	2000年度末	2001年度末
都市銀行	3,227	3,737	3,732	3,042	2,928	2,853
地方銀行	6,918	7,598	8,042	7,824	7,904	7,788
第二地方銀行	—	4,732	4,632	3,946	4,000	3,873
信託銀行	389	430	432	446	443	399
長期信用銀行	80	99	116	44	40	39
郵便局	23,629	24,103	24,583	24,764	24,774	24,773

資料出所：総務省『郵政行政統計データ（総合編）』

られるなど，業種間の垣根が低くされたことにより，金融機関の子会社が設立され，信託銀行と証券会社の数は若干増加した。

2001年末現在の金融機関の店舗数（局数）を見ると，最も多いのは郵便局の2万5000局であり，これに対して銀行は，都市銀行，地方銀行などすべての銀行を合わせて1万5000店舗となっている（表7.4）。

7.7 商業

商業は，2002年3月に改訂された日本標準産業分類では卸売・小売業として1つの大分類にまとめられている。改訂前の大分類では，「卸売・小売業，飲食店」と飲食店を含んでいたが，飲食店はサービス的な要素のウェイトが高まったとして分離され，新設の大分類「飲食店，宿泊業」に移行した。労働力調査によると2004年では商業の就業者数は全産業の18％を占めており，製造業に続いて2番目に雇用規模の大きい産業である。中でも，小売業の就業者数は商業全体の雇用の約7割を占めている。

商業に関する最も包括的な調査は，商業統計調査である。この調査は，経済産業省が実施する全数を調査する指定統計である。1952年（昭和27年）から76年までは2年ごと，以後は3年ごとに実施されており，94年調査は卸

表7.5　卸売・小売業の年間販売額，商店数及び従業者数の推移

	1982年	1985年	1988年	1991年	1994年	1997年	1999年	2002年
卸売業								
年間販売額（10億円）	398,536	427,751	446,484	573,165	514,317	479,813	495,453	413,355
商店数（千店）	429	413	436	476	429	392	426	380
従業者数（千人）	4,091	3,998	4,332	4,773	4,581	4,165	4,496	4,002
小売業								
年間販売額（10億円）	93,971	101,719	114,840	140,638	143,325	147,743	143,833	135,109
商店数（千店）	1,721	1,629	1,620	1,591	1,500	1,420	1,407	1,300
従業者数（千人）	6,369	6,329	6,851	6,937	7,384	7,351	8,029	7,973

＊　1994年調査では商店数の捕捉を行っているので，97年との比較をするときには注意が必要である。
資料出所：経済産業省経済産業政策局調査統計部『商業統計表』

売・小売業のみを対象として実施された。飲食店について最後に実施されたのは1992年である。99年調査は簡易調査として，事業所・企業統計調査と同時実施された。その後，2002年調査は大規模調査として実施され，2004年調査は簡易調査として事業所・企業統計調査及びサービス業基本調査と同時実施された。大規模調査では，商業に関するデータとして，年間販売額，商店数，従業員数，商品手持額，店舗の形態など多くの事項を調査している。

　小売業について見ると，低成長下での賃金の低迷や消費者の低価格志向などを反映して，2002年の年間販売額は135兆円と前回の調査（1999年）に比べて6.1％減少した（表7.5）。商店数は，零細な小売店の廃業により，長期的な減少の傾向にあり，99年に比べて7.6％減少し，130万店となっている。また，従業者も0.7％の減少で，797万人となっている。

　卸売業については，年間販売額，商店数，従業者数とも大きく減少しており，2002年にはそれぞれ413兆円（16.6％減），38万店（10.9％減），400万人（11.0％減）となっている。このように大きな減少となったのは，景気後退の影響があったほか，流通経路の合理化により問屋など中間段階を介した取引が減少したためと見られる（表7.5）。

表7.6 経営組織別商店数

		商店数		従業者数		年間販売額	
		実数(店)	構成比(%)	実数(千人)	構成比(%)	実数(10億円)	構成比(%)
卸売業	計	379,549	100.0	4,002	100.0	413,354	100.0
	法人	307,259	81.0	3,796	94.9	410,203	99.2
	個人	72,290	19.0	206	5.1	3,151	0.8
小売業	計	1,300,057	100.0	7,972,805	100.0	135,109	100.0
	法人	583,899	44.9	5,916,333	74.2	119,579	88.5
	個人	716,158	55.1	2,056,742	25.8	15,531	11.5

資料出所：経済産業省経済産業政策局調査統計部『商業統計表』

　2001年事業所・企業統計調査により，1事業所当たりの従業者数を産業間で比較してみると，商業では他産業よりも従業者規模が小さく，卸売業で10.7人，小売業では6.4人となっている。これに対して，電気・ガス・熱供給・水道業，情報通信業，運輸業では経営規模が大きい事業所が多く，1事業所当たり従業者数は20人以上となっている。小売業の事業所の従業者規模は，96年に比べると，わずかながら増加している。

　事業所の経営組織を商業統計調査（2002年）により見てみると，卸売業では，38万店のうち31万店（81.0％）が法人経営のものである。法人経営の店は従業者規模も大きいため，その従業者数は380万人と，卸売業従業者全体の9割以上を占めている。卸売業の商店数は，法人経営，個人経営ともに減少しているが，個人経営の方が大幅な減少となっている。一方，小売業では，逆に個人経営の商店の割合の方が高く，小売業では130万店のうち72万店（55.1％）が個人経営となっている。しかし，小売店についても法人経営の商店の方が従業者規模が大きいため，法人経営の商店の従業者が全体の約4分の3を占めている。また，最近は個人経営の商店は減少し，法人経営の商店が増加する傾向にある（表7.6）。

　このように，小売業では伝統的に個人企業が多かったものの，最近では法

人化も進み、さらに法人自体も大規模化している。事業所・企業統計調査により商業の会社企業数を資本金別に見ると、卸売業、小売業とも、資本金の小さな会社の数が大きく減少しているのに対して、資本金の大きい会社の数は増加する傾向にある。2001年には、資本金50億円以上の企業は卸売業で212社、小売業で116社となっている。

また、常用雇用者規模を見ても大企業化が進んでおり、2002年に常用雇用者数が5,000人以上の卸売業、小売業の企業はそれぞれ18社、60社となっている。

7.8　サービス業

サービス業とは、広義には、商品(財)を生産する産業以外の産業とされる。この考え方によれば、第三次産業を指す。具体的には、「電気・ガス・熱供給・水道業」、「情報通信業」、「運輸業」、「卸売・小売業」、「金融・保険業」、「不動産業」、「飲食店，宿泊業」、「医療，福祉」、「教育，学習支援業」、「複合サービス業」、「サービス業（他に分類されないもの）」及び「公務」が含まれる。

これに対して、これまで統計的には、日本標準産業分類の大分類に基づく「狭義のサービス業」という定義が使われてきた。すなわち、日本標準産業分類では1949年の制定以降、電気・ガス，運輸・通信，商業，金融，不動産，公務を除いた、いわば「その他の第三次産業」をサービス業という一つの大分類として定義し、用いてきた。

しかし、近年の経済のサービス化に伴って、サービス業（狭義）の占める割合が著しく増加し、2001年事業所・企業統計調査における事業所数の構成比は28.8％と4分の1を超える水準に達している。また、この産業には、かなり異質なサービス活動が集められており、必ずしも大分類として共通性が見出せないものとなっていた。そうしたことから、2002年3月の日本標準産業分類の改訂においては、サービス業の大幅な分割・再編が行われ、新

7.8 サービス業

たな産業分類では,「情報通信業」,「医療,福祉」,「教育,学習支援業」,「飲食店,宿泊業」,「複合サービス業」の5つの大分類が新設された。いずれの新設大分類も旧サービス業に配置されていた産業を再編したものであり,その結果,「サービス業（他に分類されないもの）」は,事業所数で全産業の16.8%に低下した。

　サービス業基本調査（指定統計。総務省が実施）は,改訂前の日本標準産業分類のサービス業を調査対象範囲とする最も包括的なサービス業の調査である。1999年調査によると,営利的なサービス業の事業所[7]は122万あり,5年前に比べて2.1%の増加となっている。また,従業者数は943万人で19.9%の増加,事業収入額（年間）は155兆円で30.3%の増加となっている。

　産業中分類別に事業所数が最も多いのは「洗濯・理容・浴場業」の40万8000であり,これに法律事務所などの「専門サービス業」の31万5000,「旅館,その他の宿泊所」の7万9000,「娯楽業」の7万1000などが続いている。従業者数の最も多いのは「専門サービス業」が178万人で,これに建物サービス業などの「その他の事業サービス業」の172万人,「洗濯・理容・浴場業」の131万人などが続いている。1994年からの5年間で事業所数が大きく伸びているのは「廃棄物処理業」の29.9%,「その他の事業サービス業」の27.1%などである。また,従業者数が大きく伸びているのは「その他の事業サービス業」の40.1%,「廃棄物処理業」の37.4%などである。なお,サービス業の中で事業収入額の増加率が最も高かった産業は「情報サービス・調査業」で,5年間で93.8%増加した。

　事業所数の減った業種を見ると,「旅館,その他の宿泊所」が10.5%減（ただし,従業者数は10.6%増,事業収入額は19.8%増）となっている。また「広告業」も4.0%減（ただし,従業者数は7.3%増,事業収入額は33.9%増）となっている。

　ペティ=クラークの法則によると,経済の発展に伴い,産業の比重はモノ

---

7) 1994年サービス業基本調査では,協同組合,事業者団体,政党,学校,神社,寺院,宗教団体,福祉施設,各種の非営利団体などは調査対象から除外されている。

図7.19 産業別就業者数

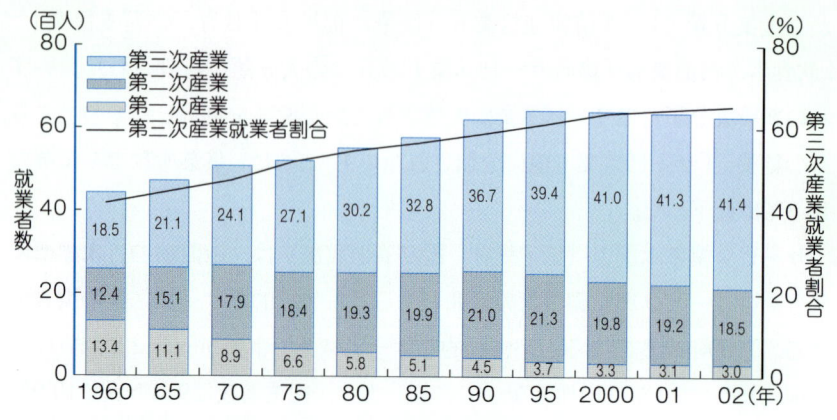

年	第一次産業	第二次産業	第三次産業	第三次産業就業者割合(%)
1960	13.4	12.4	18.5	
65	11.1	15.1	21.1	
70	8.9	17.9	24.1	
75	6.6	18.4	27.1	
80	5.8	19.3	30.2	
85	5.1	19.9	32.8	
90	4.5	21.0	36.7	
95	3.7	21.3	39.4	
2000	3.3	19.8	41.0	
01	3.1	19.2	41.3	
02	3.0	18.5	41.4	

資料出所：総務省統計局統計調査部『平成15年労働力調査年報』

の採取や製造をする部門からサービスを提供する部門に中心が移るといわれる。日本の産業も，この法則に従って，伝統的な第一次産業（農林水産業）から第二次産業（鉱業，建設業，製造業）へ，さらに第三次産業（商業，金融業，サービス業等）へとウェイトが移っているといえよう。

　就業者の産業別構造を見ると，1960年には第一次産業が30％，第二次産業が28％，第三次産業が42％であったが，2002年には第三次産業は65％（実数で4,135万人）に上昇している。その間，1960年代の高度成長期には製造業が急速に伸びたが，1973年のオイルショック以降，石油化学，鉄鋼などを中心に製造業が不況に見舞われ，これに代わって商業やサービス業が成長している（図7.19）。

　また，国内総生産に占める第三次産業の比重も高まっている。1970年には国内総生産のうち第三次産業の占める割合は51％だったが，2001年には72％となっている（図7.20）。

　サービス化を加速した重要な要因として，「ソフト化」を挙げることができる。1970年代から電子技術やロボット技術の進歩により，製造業では省

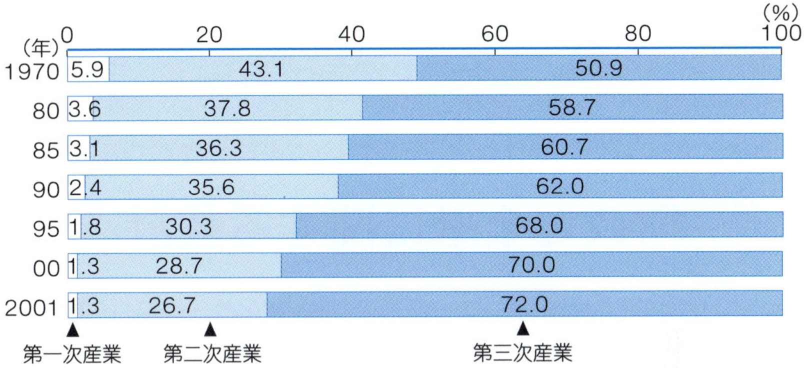

7.8 サービス業

(年)	第一次産業	第二次産業	第三次産業
1970	5.9	43.1	50.9
80	3.6	37.8	58.7
85	3.1	36.3	60.7
90	2.4	35.6	62.0
95	1.8	30.3	68.0
00	1.3	28.7	70.0
2001	1.3	26.7	72.0

資料出所：内閣府社会経済総合研究所『国民経済計算年報』

図7.20 経済活動別国内総生産の推移

力化と高付加価値化が進み，製品を直接製造する産業以上に，ソフトウェアや情報を提供する産業が伸びた。サービス化を加速したもう一つの要因は，消費者側の需要の変化である。特に1970年代の後半以降，所得水準の向上，余暇時間の増大，共働き夫婦の増加などに伴い，消費者のライフスタイルは大きく変化し，その結果，サービスに対する需要は高まった。家計調査によると，1970年には家計消費のうち，サービスへの支出の割合は27％だったが，2003年には42％となっている。

今後もレジャー関連サービス，高齢者向けの家事・介護サービスなどを中心に，家計のサービス需要は引き続き増大すると見込まれている。

8

財政と金融に関する統計

　この章では，日本の財政と金融の制度と統計の説明，及び統計データを用いた現状の簡単な紹介を行う。

　一般に，政府（中央政府や地方公共団体など）が行う経済活動のことを財政と呼ぶ。資本主義国では，国民の生活にとって必要な財やサービスの提供は，民間企業の自由な活動を原則として，市場を通じて行われる。しかし，民間企業の活動によってすべての需要が満たされているわけではない。たとえば，国防，外交，警察などのサービス，また道路・公園・上下水道などの公共施設などは，その性格上，民間企業の活動だけでは国民の需要を満たすことはできない。

　このような，民間の経済活動だけでは満たすことのできない財・サービスの需要を充足させるのが政府の役割である。実際，政府は租税や公債などで収入を得て，国民生活の基盤となる諸条件を整えると同時に，市場メカニズムが円滑に働くようにするために，さまざまな活動を行っている。このような政府の活動を経済的な側面からとらえたものが財政である。

　また，経済全体を見ると，生産→分配→支出→生産という循環をしている。この循環の過程において貨幣，すなわち金融が重要な役割を果たしている。金融とはカネの流れであって，モノの流れと表裏一体をなしている。

　以下では，まず財政の説明を行う。続いて，一国全体のカネの流れを表す金融について説明を行う。ただし，1980年代後半から1990年代初頭におけ

る「バブル期」のように,カネの流れの中には一部モノの流れと独立したものもある。この点についても,以下で簡単に説明を加える。

8.1 財政の仕組みと現状

財政の機能としては,通常,① 資源配分の効率化,② 所得の再配分,③ 経済の安定化の三つが挙げられる。これらの機能の理論的な説明と評価に関しては標準的な経済学の教科書に譲ることにして[1],ここでは,財政の仕組みと統計データから見た現状を見ることにしよう。

現在の日本において,財政は憲法,財政法,税法などの法律に基づいて行われており,その仕組みを財政制度と呼んでいる。この仕組みを図示したのが図8.1である。

現在の財政制度のもとでは,政府は毎年予算を編成して議会に提出し,その議決を受け,その議決を受けた予算に従って収入と支出を実行する(単年度主義)。このとき収入・支出を区分してその対応関係を明らかにするための期間のことを会計年度といい,日本では4月1日から翌年の3月31日までの1年間である(ドイツ,フランスは1月から,イギリス,カナダは日本と同じ4月から,アメリカは10月から始まる1年間を会計年度としている。ただし,アメリカは会計年度が終了する年をその会計年度名としている)。

8.1.1 財政に関する統計

財政に関する統計の作成は,国の財政については財務省,地方の財政については総務省によって行われている。

国の財政に関する会計のうち,一般会計,特別会計及び政府関係機関会計の予算・決算については,財務省や会計検査院が毎年資料を公表している。

---

[1] たとえば,廣松毅他著『マクロ経済学』CAP社,1998年参照。

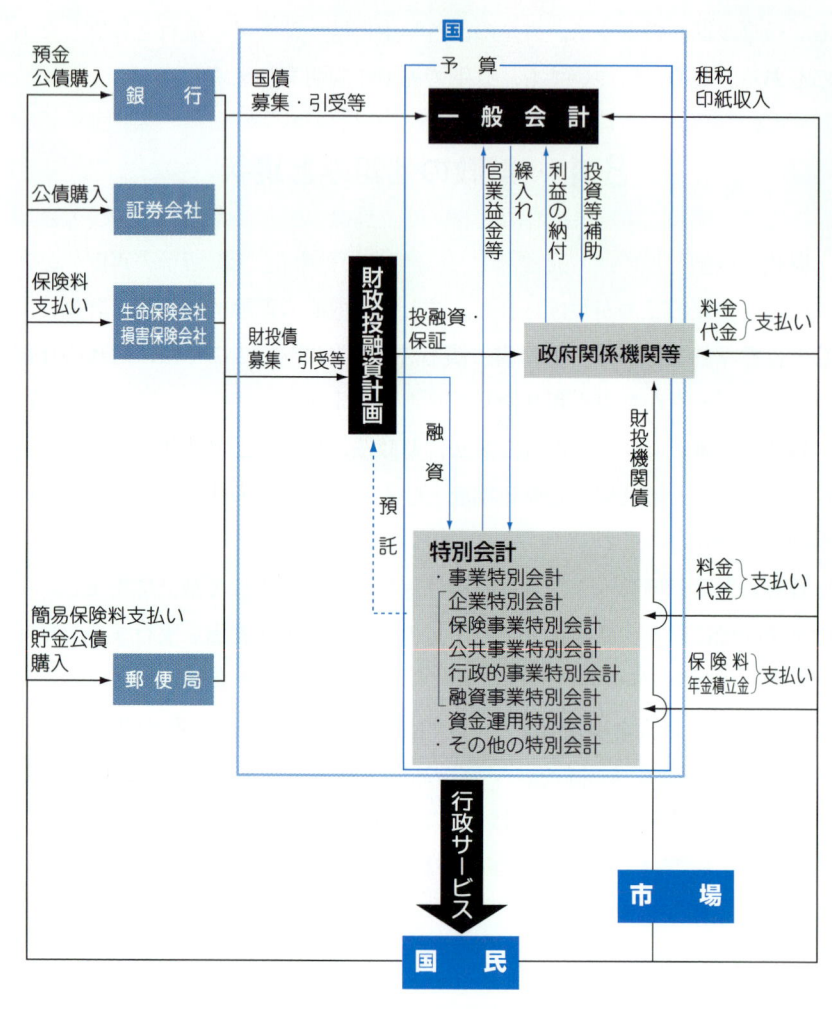

178   8　財政と金融に関する統計

出典：木下康司編『図説・日本の財政（平成17年版）』東洋経済新報社，2005年　p.61

図8.1　財政の仕組み

　また，財務省発行財政金融統計月報は，財政と金融及び重要な経済事象について統計を基礎に解説したもので，毎月特集を組んでさまざまな題材を取り上げている．最近の特集には，租税，予算，国有財産，国内経済，国際経

済，財政投融資，国際収支，法人企業統計年報，関税，国庫収支，政府関係金融機関，対内外民間投資などがある。

国の債務（国債，政府短期証券，借入金及び一時借入金）については国債統計年報，租税については国税庁国税庁統計年報書がある。

8.1.2 平成16年度の国の予算

わが国の財政状況は主要先進諸国の中でも最悪の水準にあるといわれている。それでは，どのような状況なのか，平成16（2004）年度予算の内容を通じて，その状況を見ていくことにしよう。

平成16年度の一般会計予算の規模（歳入 ＝ 歳出）は，82兆1109億円（15年度の当初予算に対して0.4％増）となっている。歳出面から見ると，国債費（償還にかかる費用や利払いの費用），地方交付税交付金などを除いた一般歳出は47兆6320億円（同0.1％増）である。

なお，一般歳出予算の内訳に関しては図8.2を参照せよ。

この歳出予算の特徴は，真に必要な施策への絞り込みを行うとともに，科学技術や治安対策等活力ある社会・経済の実現や国民の安心の確保に資する分野に，財源を重点的・効率的に配分していることである。具体的に，科学技術振興費については4.4％，社会保障関係費については4.2％の増額が行われている一方，防衛関係費は1.0％，公共関係事業費は3.5％，ODAは4.8％の削減が行われている。

一方，歳入面から見ると，平成16年度におけるGDPの名目成長率を0.5％（実質で1.8％）程度と見込んだうえで，表8.1に示すように見積もられている。

平成16年度予算は，財務省のホームページによると，「歳出改革へ向けた努力を通じ，国債発行額を極力抑制したところであり，…」と記述されているが[2]，それでも公債発行予定額は36兆5900億円であり，結果として公債依

---
2) 財務省「日本の財政を考える」平成16年9月。http://www.mof.go.jp/jouhou/syukei/sy014/sy014b.htm

8 財政と金融に関する統計

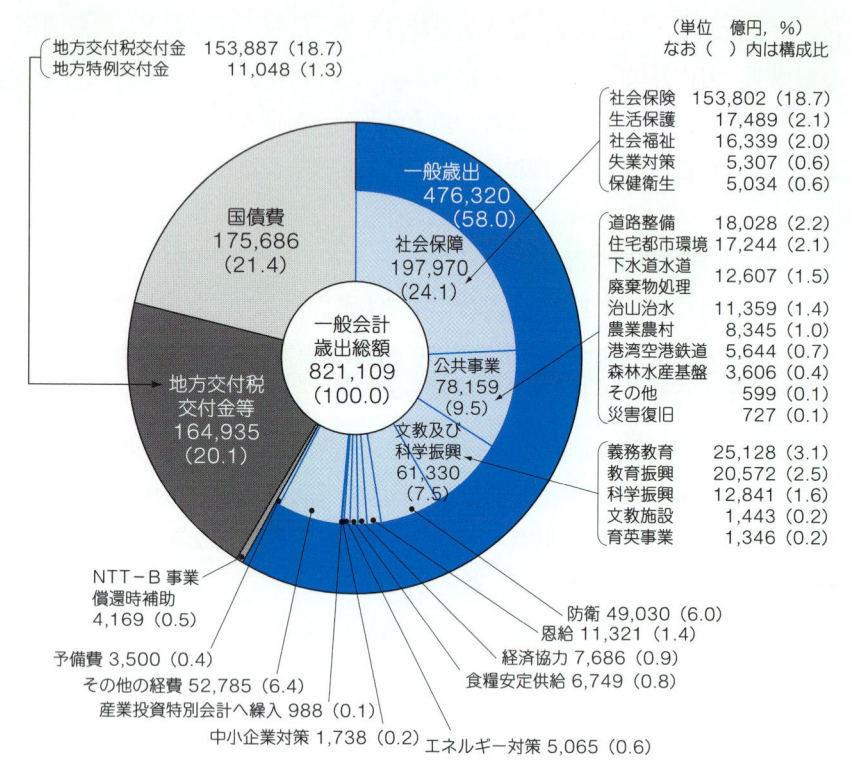

(単位 億円,%)
なお( )内は構成比

一般会計歳出総額 821,109 (100.0)

- 地方交付税交付金 153,887 (18.7)
- 地方特例交付金 11,048 (1.3)
- 国債費 175,686 (21.4)
- 地方交付税交付金等 164,935 (20.1)
- NTT-B事業償還時補助 4,169 (0.5)
- 予備費 3,500 (0.4)
- その他の経費 52,785 (6.4)
- 産業投資特別会計へ繰入 988 (0.1)
- 中小企業対策 1,738 (0.2)
- エネルギー対策 5,065 (0.6)
- 食糧安定供給 6,749 (0.8)
- 経済協力 7,686 (0.9)
- 恩給 11,321 (1.4)
- 防衛 49,030 (6.0)

一般歳出 476,320 (58.0)

社会保障 197,970 (24.1)
- 社会保険 153,802 (18.7)
- 生活保護 17,489 (2.1)
- 社会福祉 16,339 (2.0)
- 失業対策 5,307 (0.6)
- 保健衛生 5,034 (0.6)

公共事業 78,159 (9.5)
- 道路整備 18,028 (2.2)
- 住宅都市環境 17,244 (2.1)
- 下水道水道廃棄物処理 12,607 (1.5)
- 治山治水 11,359 (1.4)
- 農業農村 8,345 (1.0)
- 港湾空港鉄道 5,644 (0.7)
- 森林水産基盤 3,606 (0.4)
- その他 599 (0.1)
- 災害復旧 727 (0.1)

文教及び科学振興 61,330 (7.5)
- 義務教育 25,128 (3.1)
- 教育振興 20,572 (2.5)
- 科学振興 12,841 (1.6)
- 文教施設 1,443 (0.2)
- 育英事業 1,346 (0.2)

資料出所:財務省『財政金融統計月報(第625号)』(2004年5月)

図8.2 一般会計歳出予算の内訳(2004年度)

表8.1 一般会計歳入の概要

歳　入	平成16年度予算額	対前年度増▲減額	伸び率
租税及び印紙収入	417,470	▲390	▲0.1
その他収入	37,739	2,158	6.1
公債金	365,900	1,450	0.4
建設公債	65,000	800	1.2
特例公債	300,900	650	0.2
計	821,109	3,218	0.4

＊ 単位は,億円(予算額),%(伸び率)。計数は四捨五入。
財務省『財政金融統計月報(第625号)』「平成16年度予算と財政の現状」(2004年5月)

表8.2 主要国の公債依存度

	年度	公債依存度
日本　　　（億円）	2003	44.5
	2004	44.6
アメリカ　（百万ドル）	2004	22.5
	2005	15.1
イギリス（百万ポンド）	2001	3.5
	2002	8.1
ドイツ（百万ユーロ）	2003	16.8
	2004	11.5
フランス（百万ユーロ）	2003	16.7
	2004	19.5

*1 諸外国については以下の資料をもとにした。
　　アメリカ：大統領予算教書，OMB年央レビュー，財務省「Treasury Bulletin」
　　イギリス：英国統計庁「Financial Statistics」，「Annual Abstract of Statistics」等
　　ドイツ：ドイツ連邦財務省「Finanzbericht」，ドイツ連邦銀行「Monthly Report」
　　フランス：Loi de Finances, Les Notes Blues 等
*2 各国の会計年度は，日本及びイギリス（4月～翌年3月），アメリカ（前年10月～9月），ドイツ及びフランス（1月～12月）である。
*3 各国の公債依存度は，収支尻/歳出として算出した数値
*4 欧州通貨統合に参加しているドイツ，フランスは1999年1月1日からユーロを導入（ユーロ貨幣は2002年1月1日から流通）
資料出所：財務省HP『財政関係諸資料（平成17年9月）』
　　　　　（http://www.mof.go.jp/jouhou/syukei/siryou/sy1608m.pdf）

存度（一般会計歳入総額に占める公債金収入の割合）は44.6％と，他の国と比較して極めて高い水準にある。主要国における**公債依存度**をまとめたのが**表8.2**である。家計にたとえると，住宅ローンやその他の借金を含めた家計費を支払うために，その4割以上を新たな借金で賄っていることになる。また，これまでの公債発行によりわが国の公債残高は年々増加しており，平

成17年度末には538兆円にまで達すると見込まれている。

　歳出予算の内訳のうち，最近，注目されている文教及び科学技術関係の予算について，その概要を見てみよう。

　平成16年度予算の一般会計歳出のうち文教及び科学振興費は総額6兆1330億円と前年度に比べて3382億円減（5.2％減），一般歳出に占める割合は12.9％となっている。さらに文教及び科学振興費の内訳を主要経費別に構成比で見ると，① 義務教育費国庫負担金が41.0％，② 科学技術振興費が20.9％，③ 文教施設費が2.4％，④ 教育振興助成費が33.5％，⑤ 育英事業費が2.2％となっている。

　この中で予算が重点配分され，伸び率が大きい科学技術振興費についてさらに見てみよう。科学技術は経済社会の発展基盤となるものであり，その振興は新しい産業の創出を可能にすることによって経済をより豊かにするとともに，国民生活の質を向上させることから，厳しい財政状況のもとでも，科学技術振興費の予算は前年と比較して4.4％も伸びている。

　主要先進国について各国の政府が負担している研究費総額（国防研究費は除く）を見ると，日本はアメリカに次いで大きく，対GDP比で見てもドイツやフランスに次いで高い水準となっている（表8.3）。

　しかし，国全体の科学技術の振興という観点から見た場合には，政府の役割は創造的・基礎的研究のように，民間では行うことが必ずしも容易ではない分野に力点を置くべきである。このような基本的考え方から，特に21世紀に重要となるライフサイエンス，情報通信（IT），環境，ナノテクノロジー・材料の四つの分野について，研究開発の推進を図るため，重点的な予算配分がなされている。また，創造的な研究開発活動を展開していくため，個人の能力が最大限に発揮されるよう，競争的資金の充実を図っている。さらに，科学技術予算は，優先順位の厳しい選択，研究評価の徹底，大型プロジェクトの見直し，国の研究機関や研究制度の重複の排除なども考慮して，立てられている。

表8.3 主要国の政府負担研究費の状況（科学技術水準の国際比較）

(単位 兆円, （ ）内は%)

		日　本 2003年度	アメリカ 2003年	ドイツ 2002年度	フランス 2003年度	イギリス 2003年度
国民総生産（GDP）		502	1,262	249	204	208
研究活動	研究費総額	16.8	32.9	6.29	4.46	3.94
	（対GDP比）	(3.35)	(2.61)	(2.53)	(2.19)	(1.89)
	政府負担研究費	3.4	10.2	1.98	1.88	1.23
	（対GDP比）	(0.68)	(0.81)	(0.80)	(0.92)	(0.59)
	（政府負担割合）	(20.2)	(31.0)	(31.5)	(42.1)	(31.3)
	国防研究費を除く政府負担研究費	3.2	3.55	1.87	1.37	0.73
	（対GDP比）	(0.64)	(0.28)	(0.75)	(0.67)	(0.35)
	（政府負担割合）	(19.4)	(13.5)	(30.3)	(34.6)	(21.2)

*1　各国とも人文・社会科学を含む。
*2　邦貨への換算は国際通貨基金（IMF）為替レート（年平均）による。
*3　アメリカ，フランスの研究費は暫定値である。なお，アメリカの研究費は暦年の値を使用している。
資料出所：文部科学省『平成17年度科学技術の振興に関する年次報告』

8.1.3　地方財政

　地方公共団体の財政規模，すなわち都道府県及び市町村の予算総額は，国の財政規模を上回っている。地方公共団体の財政制度は地方自治法で定められており，基本的に国の制度と同じである。ただし，地方公共団体が提供しているサービスは，学校教育や福祉・衛生，警察・消防，下水道などさまざまな分野にわたっており，われわれの日常生活と切り離すことができないものが多い。また，交通施設や農林漁業施設の整備，都市計画，宅地造成など地域社会を建設・維持管理するための事業も数多くあり，地方財政は日本経済において極めて重要である。

　このような地方公共団体の行政に必要な財源は，一般にそれぞれの地域社会が負担することが望ましいと考えられる。しかし，地方公共団体が自ら調達できる財源は，必ずしも十分ではないうえに，その地域格差も大きいため，

8 財政と金融に関する統計

一般会計

歳入 82.1兆円
- 交付税対象税目 35.2兆円
  - 所得税 32%
  - 酒税
  - 法人税 35.8%
  - 消費税 29.5%
  - たばこ税 25%
- 国税 41.7兆円
- その他の税収 6.5兆円
- 公債金 36.6兆円
- その他 3.8兆円

歳出 82.1兆円
- 地方特例交付金 1.1兆円
- 地方交付税交付金 16.3兆円
- 地方団体への補助金
- その他の歳出
- 一般歳出 47.6兆円
- 国債費 17.6兆円

国税収納金整理資金

交付税及び譲与税配付金特別会計

歳入
- 地方道路税など 1.1兆円
- 一般会計より受入 16.5兆円
- 特別会計借入金 恒久的減税分 1.5 先行減税分 0.3

歳出
- 地方譲与税 1.1兆円
- 地方特例交付金 1.1兆円
- 地方交付税交付金 16.9兆円
- 利払い等

地方財政計画

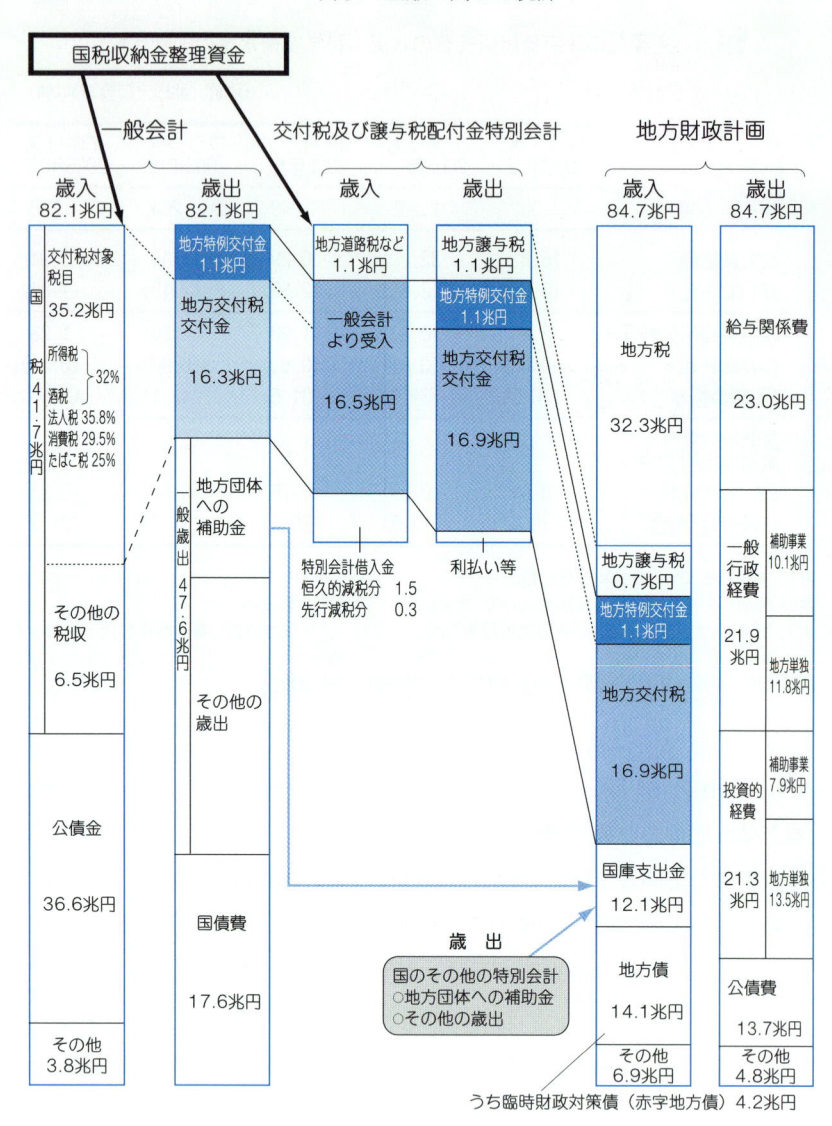

歳入 84.7兆円
- 地方税 32.3兆円
- 地方譲与税 0.7兆円
- 地方特例交付金 1.1兆円
- 地方交付税 16.9兆円
- 国庫支出金 12.1兆円
- 地方債 14.1兆円
- その他 6.9兆円
  - うち臨時財政対策債（赤字地方債）4.2兆円

歳出 84.7兆円
- 給与関係費 23.0兆円
- 一般行政経費 21.9兆円
  - 補助事業 10.1兆円
  - 地方単独 11.8兆円
- 投資的経費 21.3兆円
  - 補助事業 7.9兆円
  - 地方単独 13.5兆円
- 公債費 13.7兆円
- その他 4.8兆円

歳出
国のその他の特別会計
○地方団体への補助金
○その他の歳出

出典：総務省広報誌，平成16年3月号，p.6

図8.3 国の予算と地方財政計画との関係（平成15年度当初）

現在では租税負担の公平化や一定の行政水準の確保などの観点から，国が財政力の格差の調整を行っている。具体的には，地方交付税や地方譲与税の交付・譲与，及び地方公共団体が発行する地方債の財政投融資計画による引き受けである。国の予算と地方財政計画との関係を図示したものが，図8.3である。

地方財政も国と同様に極めて厳しい状況にあり，地方公共団体の借入である地方債現在高は，2004年度末で約142兆円となっている。近年，地方債現在高は景気低迷に伴う地方税収等の落ち込みや減税に伴う税収の補てん，景気対策に伴う公共投資の追加などにより増加しており，歳入総額の1.7倍，地方税，地方交付税などの一般財源総額（51兆4592億円）の2.8倍に達している。このため地方公共団体は，財政の健全化に向けて，職員数の削減や給与水準の引下げにより人件費を抑制するほか，さまざまな行政改革に取り組んでいる。

地方財政に関する統計調査は地方財政統計状況調査として，地方自治法に基づいて毎年定期的に行われ，地方財政の状況（いわゆる地方財政白書）として毎年度国会に報告されるとともに，普通会計については都道府県決算状況調，市町村別決算状況調，地方財政統計年報として，公営企業会計については地方公営企業決算の概況，地方公営企業年鑑として公表されている。

8.2　金融の仕組みと現状

日本の金融システムは，バブル経済崩壊以降，金融機関がもつ膨大な不良債権，不安定な為替相場や株価の低迷によって，かつてないほど深刻な試練にさらされ，現在に至っている。そのため金融政策に対する関心が非常に高まっている。

日本銀行が金融政策を展開する主な目的は二つある。一つは経済成長に必要な通貨を供給することであり，もう一つはインフレーションを防止するなど，通貨価値を安定させることである。この目的を達成するために日本銀行

が使う政策手段の代表的なものは，① 公定歩合操作，② 公開市場操作，③ 預金準備率操作，④ 貸出増加額指導の四つである。

　これらの政策手段は金融の質的調整手段と量的調整手段に大別できる。質的調整は金利を操作することで資金を借りやすくしたり，借りにくくしたりして，金融の流れを調整するもので，公定歩合の操作がこれに当たる。量的調整は市中に出回る資金の総量を増やしたり，減らしたりするもので，公開市場操作などがそれに当たる。日本では公定歩合操作が最も伝統的な政策手段である。ただし，現在の金融政策においては公開市場操作が主流である。具体的に2004年度においては，日銀当座預金残高の目標水準を「30～35兆円程度」と定め，公開市場操作の一つである資金供給オペレーションを中心に金融調節が行われている。

　金融の統計に関しては，財務省，金融庁，日本銀行によってかなり詳細な統計がとられている。それらの統計を見ながら，日本の金融の現状を概観してみることにしよう。

8.2.1　金融市場：金融機関に関する統計

　金融市場とは，資金の借り手（需要者）と貸し手（供給者）とを結び付け，その需給を調整し，その価格である金利を形成する市場である。この金融市場を構成する主体は，企業，家計，公共部門，金融機関などであり，すべての経済主体が含まれる。これら主体間のかかわり方を概念的に表したのが，図8.4である。

　日本では，家計部門が主たる資金の供給者であり，企業，公共部門が資金の需要者であって，金融機関はこの両者の間にあって，資金の需給を調節し，金融市場の運営に大きな役割を果たしている。

　この金融市場に関する主要な統計は，中央銀行である日本銀行が金融統計を中心に主要経済統計を取りまとめている金融経済統計月報によることが多い。この『金融経済統計月報』は，日本銀行が日本の金融経済動向を把握するために作成する最も基本的な統計書である。具体的に，通貨，金融機関勘

8.2 金融の仕組みと現状

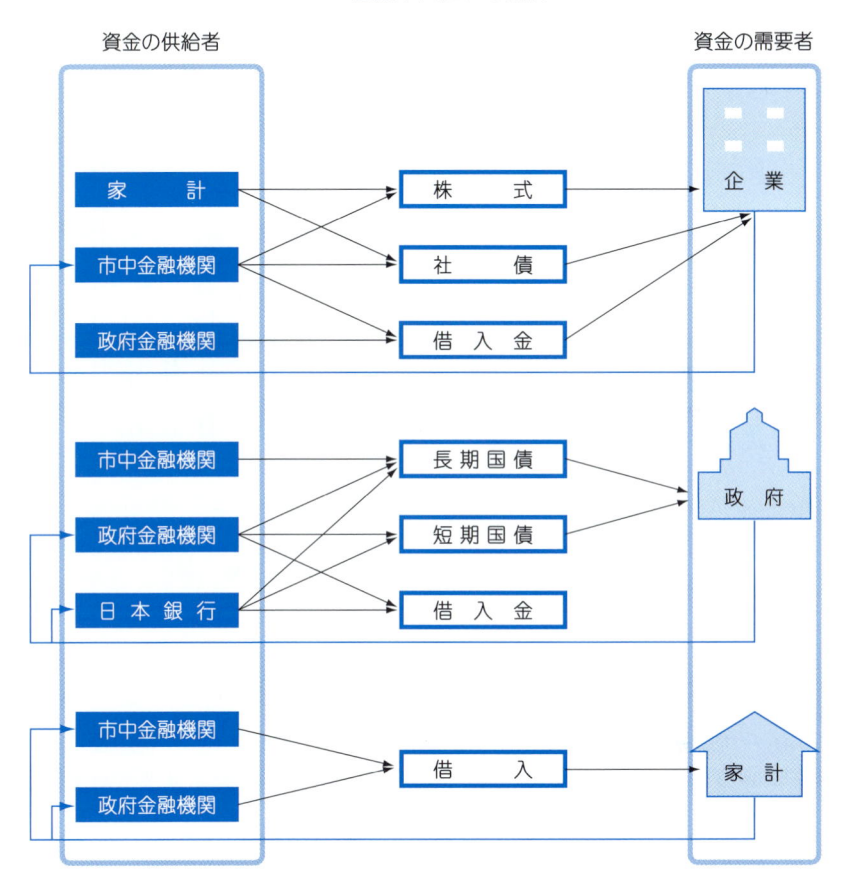

出典：阿達哲雄『新版・金融経済読本（三訂版）』経済法令研究会，2000，p.265

図8.4　金融市場の概念図

定，預金・貸出市場，債券・株式・外為市場，資金循環などの金融関係の諸統計のほか，財政，金融市況，企業，物価，国際収支・貿易，主要国の統計などが掲載されており，金融のみならず，実物経済も含めて日本及び主な諸外国の動向を把握することができるようになっている。

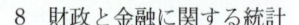

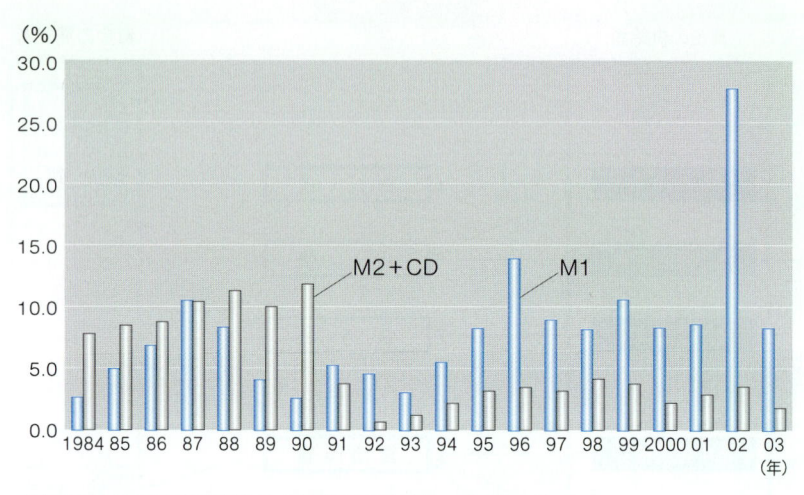

資料出所：日本銀行調査統計局『金融経済統計月報』2004年9月

図8.5　M1，M2 + CD の対前年比の推移

8.2.2　通貨に関する統計

金融の統計で金利と並んで最もよく注目されるのがマネーサプライである。マネーサプライには，その範囲によっていくつかの定義がある。日本では以下のような定義が行われている（日本銀行調査局発行『金融経済統計月報』より）。

M1：現金通貨 + 預金通貨（当座・普通預金等の要求払預金）
M2 + CD：M1 + 準通貨（要求払預金を除く一般・公金預金）+ 譲渡性預金
M3 + CD：M2 + CD + 郵貯 + 農協 + 信用組合 + 金銭・貸付信託等
広義流動性：M2 + CD + 郵貯 + 農協 + 信用組合 + 金銭・貸付信託
　　　　+ 金融債 + 国債 + 投資信託等

マネーサプライの変動は景気動向とも密接に関係しているほか，M3や広義流動性は，郵貯などへの資金シフトのようすを把握するのによく使われる。図8.5は年次別の M1，M2 + CD の動きを示したものである。

ここで CD（譲渡性預金：negotiable certificate of deposit）とは，第三者

8.2 金融の仕組みと現状

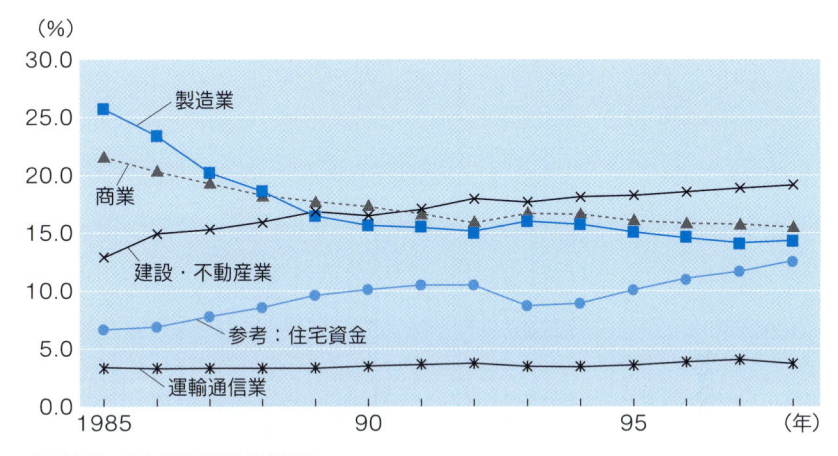

図8.6 銀行の業種別貸出残高の構成比の推移

資料出所：日本銀行『国際比較統計』
出典：財務省『財政金融統計月報：金融特集』2003年3月

に譲渡可能な銀行の預金証書であって，金融市場で自由に売買できる．以前は，期間については2週間から2年，1口当たりの金額については1979年5月のスタート当初は最低5億円，1984年1月から3億円になり，1985年4月からは1億円，1988年4月からは5,000万円と，期間や最低発行単位に関する規制があったが，現在では撤廃され，自由になっている．発行金利は現先，手形レートなどを参考に発行者（銀行）と購入者（流通業者，企業，地方自治体など）の交渉で決まる．

図8.5を見ると，特に1980年代後半以降金融緩和と金融商品の多様化を反映して，M1に比べてM2＋CDの伸び率が顕著に大きくなっている．しかし，株式市場が急落した1990年を境にして，伸び率は大きく鈍化している．

なお，マネーサプライには明確な季節変動がある．中でも現金通貨の大半を占める日本銀行券は，年末年始や5月の連休のときなどに，発行量が顕著に増える．したがって，月次，四半期統計を見る場合には注意が必要である．『金融経済統計月報』には季節変動調整済み系列も掲載されている．

次に，金融機関からの資金の貸出状況と預金の状況について見てみよう．

(千億円)

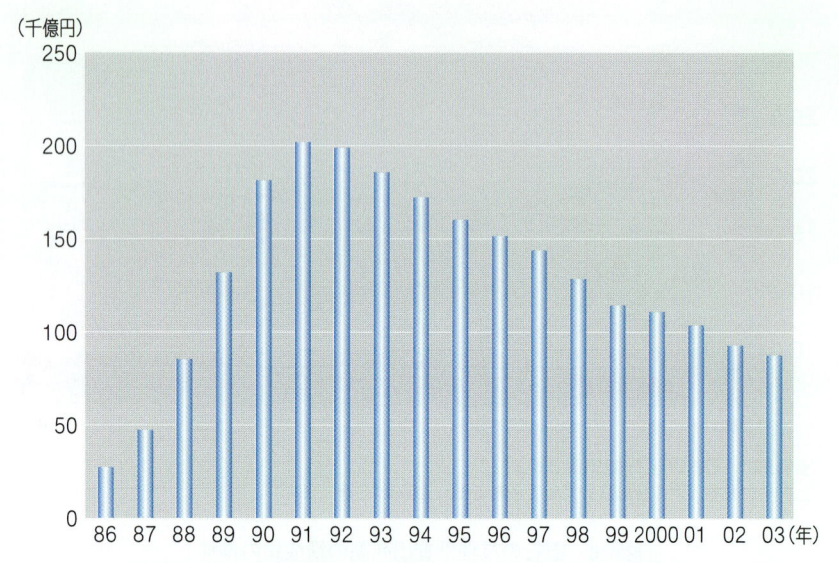

図8.7　消費財・サービス購入資金貸出残高の推移（銀行貸出分）

資料出所：日本銀行HP，「量的金融指標（市場規模・残高等）/資金・貸出残高」
(http://www2.boj.or.jp/dlong/stat/stat33.htm)

銀行の貸出先は1985年からの約10年間で大きく変化した。図8.6に示すように，1985年時点における製造業への貸出が全体の26％と大きなウェイトを占めていた。その後，資金の豊富な企業や市場から直接資金を調達する企業が増え，1995年には15％に低下した。一方，建設・不動産業への貸出は，13％から19％に上昇している。この図から，1980年代後半のいわゆるバブル期に銀行の貸出先がかなり変化したことがわかる。すなわち，これまで日本経済を牽引する最も大きな産業であった製造業の比率が大きく低下する一方で，建設・不動産業の比率が高まっている。また，住宅資金への貸付の割合も大きく上昇している。

図8.7は銀行による消費財・サービス購入資金の貸出残高の推移を示したものである。これを見ると，1986年から1991年までの間に残高が7倍以上

8.2 金融の仕組みと現状

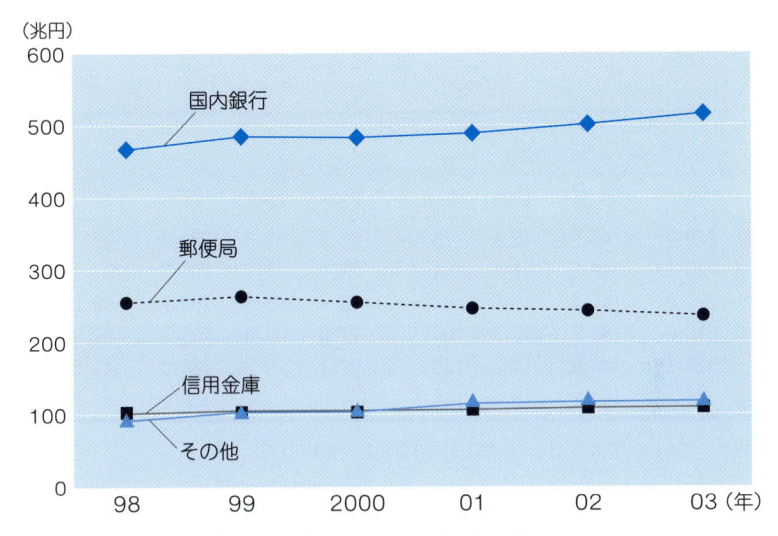

(兆円)

グラフ：国内銀行、郵便局、信用金庫、その他の預金残高の推移（1998年～2003年）

資料出所：日本銀行調査統計局『金融経済統計月報』2004年9月

図8.8 国内銀行，信用金庫，その他の金融機関及び郵便局の預金残高の推移

に増加しており，1991年には20兆円に達している。これを当時の日本の人口1億2400万人で割ると，国民1人当たり約16万円になる。実際には銀行による直接の貸出以外に，ノンバンクを通じた貸出もあるので，それらを含めると金額はさらに膨らむことになる。いずれにしろバブル期には，日本人は，1人16万円も借金して消費していたことになる。なお，バブル経済の崩壊以後，同貸出残高は減少を続け，2003年には9兆円弱となっている。

次に，預金について見てみよう。図8.8は金融機関の預金残高の推移を業態別に見たものである。

国内銀行の預金残高は1998年から2003年までの5年間に9.3％の増加となっている。また，信用金庫も4.4％の増加となっているのに対して，郵便局は10.0％の減少となっており，金融機関の業態ごとに違いが見られる。

表8.4は，国内銀行における預金者別預金残高の推移である。2003年の残高を5年前（1998年）と比較してみると，普通預金などの要求払預金と定

表8.4 国内銀行における預金者別預金残高の推移

(単位 兆円)

年	合計(要求払預金＋定期性預金)			要求払預金			定期性預金		
	個人	一般法人	公金	個人	一般法人	公金	個人	一般法人	公金
1998	278.3	145.9	18.4	78.1	62.2	2.8	200.2	83.7	15.6
99	286.1	149.5	17.9	84.8	72.3	3.1	201.2	77.2	14.8
2000	295.6	141.4	18.6	93.5	68.6	3.3	202.2	72.8	15.3
01	310.0	137.7	13.7	109.7	77.8	3.8	200.3	59.9	9.9
02	322.5	140.8	14.6	136.5	99.2	8.7	186.0	41.6	5.9
03	326.8	144.2	13.1	144.7	104.2	7.7	182.0	40.1	5.4

資料出所：日本銀行調査統計局『金融経済統計月報』 2004年9月

期性預金の合計残高は，一般法人及び公金は減少しているが，個人は増加している。また，要求払預金と定期性預金を分けて見ると，ペイオフ制度の影響から要求払預金は増加しているが，定期性預金は減少している。

8.2.3 金利に関する統計

公定歩合を中心として，長期プライムレート，コールレート，手形レート，預貯金金利，貸出金利，債券流通利回りなどの各種金利は相互に有機的な関連をもち，一つの体系を形成しているため金利体系とも呼ばれている。

以下，代表的な金利について説明しよう。

第一に，公定歩合（日本銀行）は一国の金利水準を示す代表的な指標である。公定歩合とは，日本銀行法に基づいて日本銀行が取引先の金融機関に対して手形を割り引いたり，貸付を行ったりする場合に適用する金利であって，その上げ下げを通じ，金融政策や景気政策の方向を示す。したがって，公定歩合によって，日本銀行の景気判断を知ることもできる。というのは，一般に，金融引き締め期は公定歩合は引き上げられ，緩和期は引き下げられるからである。

公定歩合は日本銀行の政策決定機関である政策委員会の金融政策決定会合

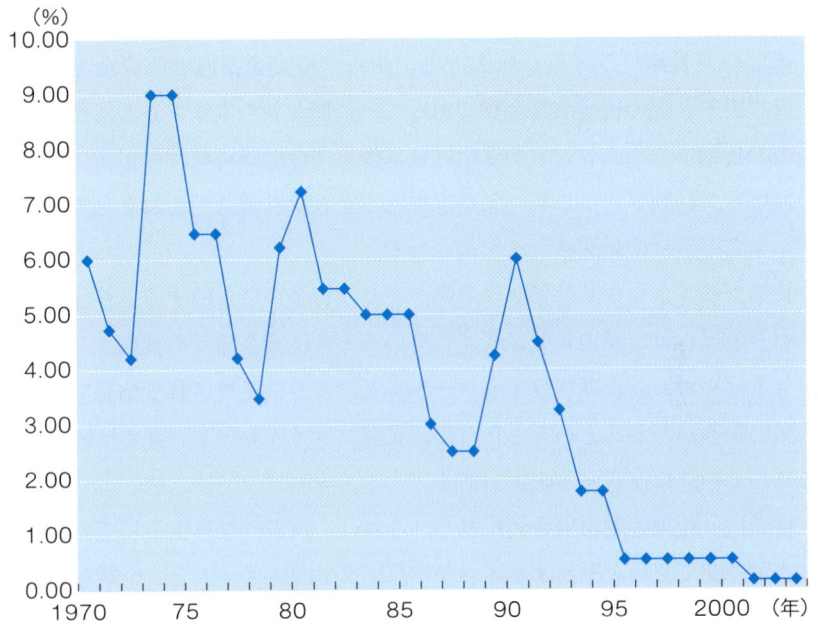

資料出所：日本銀行調査統計局『金融経済統計月報』2004年9月

図8.9 公定歩合（年末）の推移

（議長は日本銀行総裁）により景気動向，為替動向などを総合的に判断して上げたり下げたりされており，過去の公定歩合の推移は日本銀行『金融経済統計月報』に掲載されている。この金利が，公定歩合と呼ばれる理由は，日本銀行法によって日本銀行がその貸出の基準となる金利を公告しなければならないことになっていることのほか，1969年8月までは日歩（100円当たり1日何銭）で表示されていたためである（1969年9月以降は年利表示）。

公定歩合が引き上げられれば，他の金利も上がるし，引き下げられれば，他の金利も下がるのが普通である。ただし，預貯金金利は郵便貯金金利と銀行預金金利に分かれているので，両方の金利をいっしょに下げたり，上げたりする必要があり，財務省，日本郵政公社，日本銀行が調整して決めるのが普通である。このように，公定歩合はその国の金利体系の中核となっている

ため，その国の金利水準を示す指標と見られているのである。

　第二に，**長期プライムレート**とは，銀行が優良企業向けに資金を1年以上貸し出すときの代表的な金利であって，長期金利の水準を見る指標である。過去の長期プライムレートの変化は日本銀行『金融経済統計月報』に掲載されている。長期プライムレートを変更するときは各銀行がそれを発表するので，発表の翌日の新聞紙上に掲載される。

　長期プライムレートは景気が過熱，または資金がひっ迫するようなときには引き上げられ，逆に景気が低迷しているときは資金需要も減退するので，引き下げられる。長期プライムレートがどのように変更されるか見ていれば，景気の状態がわかるといえる。ただ，長期プライムレートの変更は硬直的であり，その点に注意する必要がある。

　第三に，**短期金融市場金利**がある。これは，代表的な自由金利であり，金融機関の間で資金を融通するインターバンク・マーケットと，企業なども加わるオープン・マーケットに二分される。日本銀行はインターバンク金利を直接，間接に操作することによって，金融を調節している。短期金融市場金利はその日その日の資金需給，季節的要因で小きざみに動くこと，経済情勢の変化は資金需給にはね返り，それが金利の上下動という形で現れることから，その動きを見ることによって，資金需給の実態，その背景となる経済の動き全体を把握することができる。ただし，短期市場金利が景気変動を表す指標であるとはいえ，季節的に変動することに注意しておく必要がある。一般的にいって，企業の決算期に当たる3月には資金需給が旺盛で短期レートは高くなる。また，法人税の納入期である6月も同じ傾向がある。日本銀行はこうした季節性をなくすような金融調節に努めている。

　短期金融市場金利の代表的なものが**コールレート**である。コールとは，主として銀行の手形交換尻の決済など，短期資金のやりくりに利用される。このコールは「呼べば答える」というようにごく短期で回収できるので，このような名前がついたといわれている。コールは短資業者が，出し手，取り手の金融機関と情報を交換，資金需給の実勢に沿って金利が決まり，日本銀行

が短資業者からの報告をまとめている。ただし実際には，日本銀行がしばしばその日の金利水準を「誘導」している。供給者（出し手）から見るとコール・ローン，需要者（取り手）から見るとコール・マネーである。コールレートとは，通常，無担保コール翌日物の出し手のレートをいう。コールレートが高くなると，通常コール市場から資金を取り入れて企業などに融資する都市銀行などの貸出態度も厳しくなるので，コールレートの動きは，公定歩合に次いで金利面での日本銀行の判断を表すといえる。

　手形市場，正式には**手形割引市場**は，コールと同様に金融機関同士が短期資金を融通し合う場である（1971年5月に発足）。各金融機関が優良手形とそれを見返りに振り出した手形を割り引いて資金を調達する。有担保コールが最長6日物であるのに対して，手形は1週間物から1年物と比較的長いのが特徴である。**手形（売買）レート**とは手形の割引レートのことである。対象になる手形は日本銀行も売買し，重要な金融調達手段になっている。

　第四の代表的な金利は，銀行等の**貸出約定平均金利**である。これは，**金利自由化**が進む中で，公定歩合や長期金利の変動が実際の金融市場でどの程度浸透したかを判断するモノサシとして，また貸出金利の実勢を判断する指標として重視されている。この貸出約定平均金利には「短期」（期間1年未満）と「長期」（期間1年以上），そして短期，長期を合わせた「総合」の三種類がある。これらのうち，全体の動きを把握するのは「総合」である。ただし，統計の対象になっているのは国内銀行の貸出だけであり，在外支店の貸出は入っていないことに注意を要する。

8.2.4　その他の金融に関する統計

　その他の金融に関する統計として，第一に**郵政公社**が作成している**郵便貯金統計**がある。この統計は，全国の郵便局の郵便貯金の残高や増加額を月ごとに，集計したものである。これは個人貯蓄の動きを見る際の重要な指標の一つであり，この統計と銀行預金との比較も重要である。

　郵便貯金は通常貯金，定額貯金，積立貯金などからなる。通常貯金は出し

入れ自由で，銀行の普通預金に相当する。また，定額貯金は半年複利で10年まで預けられる。この統計の特徴として，月末の残高は従来預けられた定額貯金などの利子分も加わるため，増え続ける傾向にある。むしろ月中の預け入れ額から払い戻し額を差し引いた純増，純減がトレンドを見るうえで参考になる。その際には，季節変動に注意する必要があるので，個人貯蓄の動向を知るには，やはり前年同月比を見るべきである。

郵便貯金の残高は2005年3月末現在214兆円で，国内銀行における実質預金残高（525兆円）の約4割に相当する。郵便貯金は1990年前後には銀行預金に押されていたが，その後の預金金利の低下や金融への不安感の高まりに伴い，急速にシェアを伸ばした。郵便貯金は財政投融資の原資として重要な役割がある反面，シェアが高まったことに対して民業圧迫との批判も出ているが，2000年以降のシェアは低下傾向にある。

第二に，日本クレジット産業協会が作成している消費者信用統計がある。この統計は，消費者信用に関する代表的な統計である。この統計における信用供与額は契約高であり，回収高や残高ではない。また，消費者信用統計の報告書には，消費者信用実態調査や消費生活に関係のある各種の統計が掲載されている。統計数字は標本調査の結果などに基づく推計であり，消費者信用の実体が必ずしも完全に把握できるわけではない。また，消費者金融の金利が明らかではない。しかしながら，消費者信用の実態を知るために利用できる，ほとんど唯一の統計である。

同統計によると2003年度の消費者信用供与額は72兆8225億円で，内訳を見ると信用販売が36兆3459億円，消費者金融が36兆4766億円となっている。なお，消費者金融の信用供与額は，銀行の定期預金の担保貸付や郵便局預金者貸付などを含んでおり，これらを除いた消費者ローンの信用供与額は24兆4656億円となっている。また，消費者信用の代表ともいえるクレジットカードの発行枚数は，2003年3月末には2億5400万枚となっている。これを系列別に見ると，発行枚数が最も多いのは銀行系の9,668万枚であり，これに百貨店・量販店等流通系の7,096万枚，信販系の6,377万枚が続いている。

また，2003年度のクレジットカード信用供与額（ショッピング＋キャッシング）を見ると，最も多いのは銀行系の14兆5380億円で，これに百貨店・量販店等流通系の 8 兆2182億円，信販系の 6 兆2450億円などが続いている。

第三に，**住宅ローン**について見てみよう。2000年の住宅資金の新規貸出高は，24兆2800億円で，その52％は銀行から，また36％は住宅金融公庫からの貸出であった。現在，銀行の住宅ローン金利が自由化され，さまざまなローンが工夫されており，これら銀行の貸出の中には過去の高金利のローンの借換えも多いものと見られる。

以上，財政と金融に関していくつかの統計を紹介すると同時に，それらに基づいて現在の状況を説明した。一口に財政・金融といってもその範囲は広く，ここですべてを紹介することは不可能である。財政及び金融に関しては，財務省，日本銀行，その他民間の団体などによって詳細で正確な統計がとられている。現在のように，いろいろな意味で財政及び金融が注目されているときには，それらをよく見て冷静に現状を把握することが大切である。

9

貿易と経済協力に関する統計

　この章では，日本の貿易と経済協力に関する統計の説明とそれらを用いた日本の現状の簡単な説明を行う。

　世界経済全体の相互依存が強まり，グローバル化が進むに伴い，**貿易**及び開発援助などの経済協力に関する統計の需要がますます高まっている。

　貿易に関する統計は過去の経緯から業務統計に属するものが多い。その代表的なものが**通関統計**（財務省）である。これは日本が輸出入する貨物について，わずかな除外例を除いて税関を通過するときに提出される輸出申告書，輸入申告書を基礎資料として作成される統計である。通常，この統計は普通貿易統計と特殊貿易統計（通過貿易，金貨及び貨幣用の金(きん)，船舶・航空機用品など）とに分けられる。一般に「**貿易統計**」と呼ばれるのは普通貿易統計のことである。この統計をもとに貿易価格指数及び貿易数量指数が作成されている。この貿易統計が貨物に注目した統計であるのに対して，海外との取引によって生ずる貨幣の受払いをとらえるのが**国際収支統計**（日本銀行）である。これは日本国内の居住者と非居住者との間の財・サービスなどの移転，日本の対外資産・負債の増減に伴う貨幣の流れを体系的，網羅的にとらえた統計であって，貿易統計よりもその取引範囲は広い。またこの統計では，有償か無償か，円決済か外貨決済かを問わない。

　これらの統計を利用するときには，換算レート（通常，為替レート）の変動の問題，運賃・保険料の取扱い，2国間の分類の相違の問題などに気を付

ける必要がある。

また，日本の経済協力の中心をなす政府開発援助の現状を知る資料としては，『政府開発援助（ODA）白書』が最も重要である。

さて，1980年代の後半以降，日本は膨大な貿易黒字を上げ続けてきた。その結果として，85年のプラザ合意以降の急激な円高と，90年代前半の円高を経て，95年には一時1ドル79円という大幅な円高になった。その後は円安となり最近では1ドル110円前後で推移しているが，全体として円高傾向にあるといえる。当然のことながら，日本が現在のような経済大国になりえたのは貿易に拠るところが多い。この意味で日本にとって貿易は決定的に重要である。グローバル化が進展する世界経済の中で，急激な為替変動にいかに対処していくかは，個々の企業のみならず，日本経済の今後の発展にとって重要なカギである。

そこでまず，日本の貿易の構造について，基本的な事実を整理しておくことにしよう。

9.1　日本の貿易構造：商品別・国別の輸出入

貿易構造を見る際に最も重要な統計報告は『日本貿易月表』と『国際収支統計月報』である。『日本貿易月表』は，いわゆる貿易統計（通関統計）を示すものであって，日本からの輸出および日本への輸入貨物に関して，その数量と価格が商品ごとに相手国別に表されている。これに対して『国際収支統計月報』は，一定期間における日本のあらゆる対外経済取引によって生ずる一切の貨幣の流れを体系的に表示したものである。

ここで『国際収支統計月報』から，日本の輸出と輸入に関して見てみよう。表9.1は，2003年度の日本の輸出入に関して品目別の比率を示したものである。

まず輸出に関しては，その72％が機械機器であり，工業製品を輸出して外貨を稼いでいる日本の姿を如実に表している。さらに機械機器の中でも自動車は部品と合わせて日本全体の輸出の20％を示しており，自動車および

表9.1 日本の輸出入品目の比率（2003年度）

輸出			輸入		
商品	金額(億円)	比率(%)	商品	金額(億円)	比率(%)
■食料品	2,703	0.48	■食料品	51,392	11.46
■繊維及び同製品	9,001	1.61	肉類	9,823	2.19
■化学製品	46,450	8.29	魚介類	14,903	3.32
■非金属鉱物製品	6,154	1.10	果実	3,572	0.80
■金属及び同製品	35,019	6.25	野菜	3,652	0.81
鉄鋼	21,432	3.82	■原料品	26,865	5.99
■一般機械	113,319	20.21	鉄鋼石	3,873	0.86
原動機	17,548	3.13	木材	5,356	1.19
事務用機器	26,105	4.66	■鉱物性燃料	90,752	20.24
■電気機器	133,489	23.81	原油及び粗油	51,320	11.45
映像機器	18,778	3.35	石炭	7,566	1.69
VTR	12,596	2.25	石油製品	9,855	2.20
音響機器	1,724	0.31	■化学製品	35,331	7.88
半導体等電子部品	41,832	7.46	■機械機器	144,265	32.18
■輸送用機器	134,038	23.91	事務用機器	28,110	6.27
自動車	89,224	15.92	自動車	8,896	1.98
自動車の部分品	23,455	4.18	半導体等電子部品	21,069	4.70
船舶	11,490	2.05	音響映像機器	12,077	2.69
■精密機器類	22,679	4.05	■金属及び同製品	20,019	4.47
化学光学機器	21,511	3.84	鉄鋼	4,138	0.92
			■繊維製品	28,384	6.33
総額	560,609	100.00	総額	448,330	100.00

資料出所：日本銀行国際局『国際収支統計月報』

同部品が最も貿易黒字に寄与している品目である。

輸入に関しては，鉱物性燃料が20％であり，それに鉄鉱石や木材などの原料品を加え合わせると26％が資源・原材料である．しかし，日本は1980年代に輸入に関して大きな構造変化を経験している．すなわち，より少ない資源・原材料で工業製品を生産し，また製品の輸入を拡大するという方向に

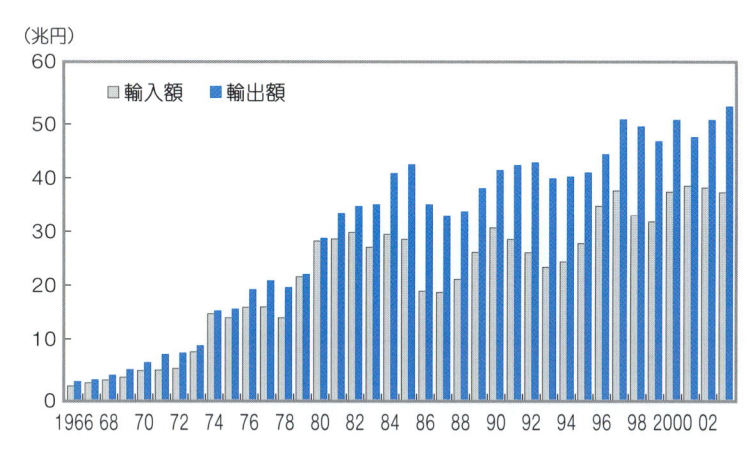

9.1 日本の貿易構造：商品別・国別の輸出入

(兆円)

図9.1 輸出入金額の推移

資料出所：内閣府『平成16年経済財政白書』

転換したことにより，この時期に製品輸入比率が大きく上昇した。90年代においても，生産コスト削減を競う企業が，その生産拠点を東南アジア，さらには経済開放が進む中国に移転したことから，製品輸入比率は上昇を続けた。その結果，食料品，機械機器及び繊維製品の輸入の比率がかなり大きくなりつつある。

このように日本の貿易構造，特に輸入構造は80年代，生産効率の上昇による原油輸入の相対的減少と，製品輸入比率の大幅上昇という二つの大きな構造変化を経験したといえよう。その間，輸出は増加傾向を維持しているので，結果として貿易収支（9.2の図9.5参照）の黒字は大幅に増加することになったと考えられる。

そこで貿易収支を輸出と輸入の金額に分けて考えてみよう。

図9.1を見ると，1980年頃を境にして，輸入が大きく変化していることがわかる。円建てで見て，輸入は82年度をピークとして翌年度から減少し，90年度までそのピークを超えることはなかった。

さらに，日本の輸入に大きな影響を与える原油価格を見てみよう。1955年度以来の原油価格の推移を示したのが図9.2である。

9 貿易と経済協力に関する統計

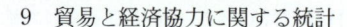

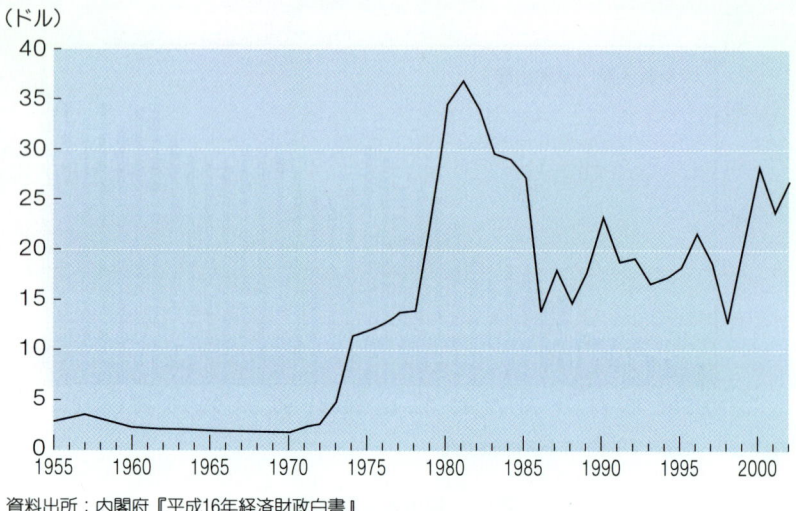

(ドル)

資料出所：内閣府『平成16年経済財政白書』

図9.2 原油価格の推移

　原油価格は73年から大きく上昇している。そして，81年度に1バレル36.9ドルの最高値を付けている。この価格はたとえば70年度の1バレル1.8ドルと比較すれば，実に20倍の水準である。日本の各企業は，このような原油価格の高騰に直面して，エネルギー効率を上げるための設備改善，合理化などを積極的に推進し，短期間に構造改善を成し遂げた。それを受けて，82年頃からの原油価格の低下は実質経済の安定的な成長と輸入の抑制を同時にもたらし，結果として貿易黒字が増加することになった。それまでの日本経済は，実質経済が拡大するとそれに伴って原料輸入が増加し，貿易収支が悪化するという構造であったのが，80年頃を境にして構造が変化したことがわかる。

　次に，製品輸入について見てみよう。図9.3は製品輸入比率の推移である。
　これを見ると製品輸入比率は，特に85年頃から急激に上昇し，89年度には50％を超えている。この比率は80年度には22.8％であったから，10年間で実に2倍以上の拡大である。わが国において，80年代後半はいわゆるバブ

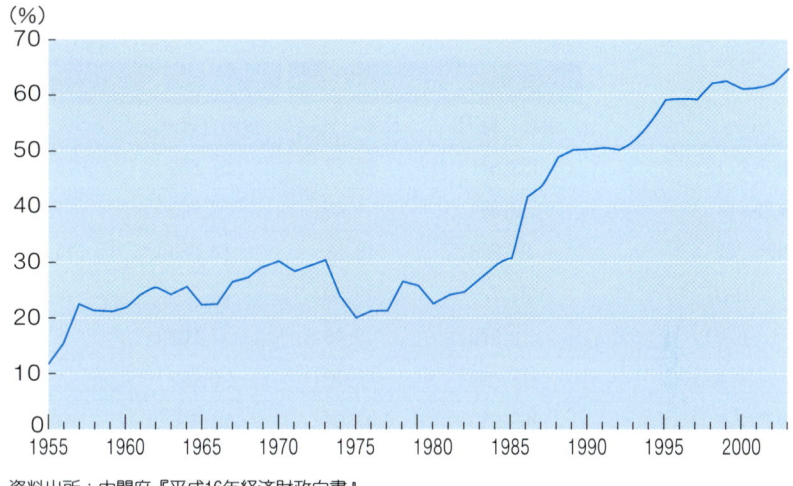

9.1 日本の貿易構造：商品別・国別の輸出入

資料出所：内閣府『平成16年経済財政白書』

図9.3 製品輸入比率の推移

ル経済の時期であり，国内の大変な好景気に伴って，消費目的の輸入品が増加したと考えられる。それまで輸入といえば資源や原材料が主体であったのに対して，この時期以降，自動車や食料品，衣料品などの消費財の本格的な輸入が急速に増え，ビジネスとしても注目されるようになった。また消費財以外でも機械部品，電気製品などに関して，労働集約的な生産に優位性をもつ東南アジア，中国などからの製品輸入が増加している。また，アメリカからはコンピュータ，IC，航空機などの輸入が増加している。

今度は，日本の貿易相手国について見てみよう。

表9.2から，大ざっぱにいって，輸出は先進国（アメリカ，カナダ及び西欧）と発展途上国（その他の国々）の比率がほぼ半分ずつ，輸入は先進国の比率が約3分の1になっていることがわかる。また，相手国としては，輸出については依然としてアメリカの比率が最も高いのに対して，輸入については近年大きく輸入額を伸ばしている中国の比率が最も高くなっている。発展途上国の中では中国のほか，ASEANなどの比率が高く，中東からの輸入は輸入全体の13%程度しかない。

表9.2　日本の貿易相手国（2003年度）

	輸出 金額（億円）	輸出 比率（%）	輸入 金額（億円）	輸入 比率（%）
■アメリカ	133,811	23.87	67,635	15.09
■カナダ	8,381	1.49	8,705	1.94
■西　欧	91,833	16.38	64,885	14.47
（EU）	85,779	15.30	58,371	13.02
ドイツ	19,376	3.46	17,202	3.84
イギリス	15,499	2.76	6,922	1.54
■アジア	263,659	47.03	201,626	44.97
中華人民共和国	69,664	12.43	90,153	20.11
（NIEs）	133,578	23.83	46,390	10.35
（ASEAN）	72,831	12.99	68,144	15.20
大韓民国	42,159	7.52	21,478	4.79
台　湾	38,142	6.80	16,932	3.78
香　港	35,556	6.34	1,556	0.35
タ　イ	19,335	3.45	13,979	3.12
シンガポール	17,721	3.16	6,424	1.43
マレーシア	13,268	2.37	14,611	3.26
フィリピン	10,482	1.87	8,402	1.87
インドネシア	8,605	1.53	18,700	4.17
■中　東	15,113	2.70	58,121	12.96
■中南米	20,031	3.57	12,497	2.79
■アフリカ	6,838	1.22	7,328	1.63
■ロシア	2,362	0.42	4,932	1.10
総　額	560,609	100.00	448,330	100.00

資料出所：日本銀行国際局『国際収支統計月報』

9.1 日本の貿易構造：商品別・国別の輸出入

図9.4からわかるように80年代半ばではアメリカが圧倒的に大きな貿易相手国であり，輸出シェアでは4割近く，輸入シェアでも約2割を占めていた。しかし，90年代に入ると中国，NIEsなどアジアとの貿易が拡大し，2003年では中国，NIEs及びASEANとの貿易が輸出シェアで46％，輸入シェアで44％と，それぞれ全体の半分近くになっている。

この背景には，80年代から90年代にかけて，対外貿易摩擦や円高への対応，国内での低価格競争に勝ち残るための製造コストの削減といった理由による，製造業の海外への進出がある。しかし，同じ製造業の海外進出であってもアメリカなど先進国への進出と，中国など途上国を中心とする東アジアへの進出とでは，後述のように意味が異なる。いずれにしても，日本の貿易取引は対アメリカから対東アジア地域へと大きく重点が移動している。

この貿易相手国の変化をもたらした要因を，それぞれの国・地域との貿易構造から見てみよう。表9.3は2003年における日本の対アメリカ輸出入の上位品目をまとめたものである。

これを見てわかることは，日本からアメリカへの輸出は自動車を中心とする工業製品であり，日本のアメリカからの輸入は農林水産製品と航空機やコンピュータ・ICのようなアメリカが技術的に優位な分野の工業製品とから構成されていることである。輸出と輸入とを比較すると，コンピュータなど重複している項目もあり，アメリカとの間で産業内水平分業が進展している分野もあるものの，依然として，相対的に競争力の強い製品が貿易によって交換されているという姿になっている。この意味で，日米間には貿易を通じた相互の補完関係が成り立っているということができよう。

アメリカへの輸出については，貿易摩擦問題を回避するため，自動車産業を筆頭とする日本の製造業はアメリカに生産拠点を確保し，水平分業化に努めてきた。その結果，近年は自動車の輸出が減少傾向にあるなど，輸出額を抑制する効果を上げている。また，アメリカからの輸入を振興するために，オレンジ，牛肉など農林水産物の輸入自由化を図ってきた。しかし，最近はBSEの発生により牛肉の輸入が停止されるなど，輸入食料の安全性という

9 貿易と経済協力に関する統計

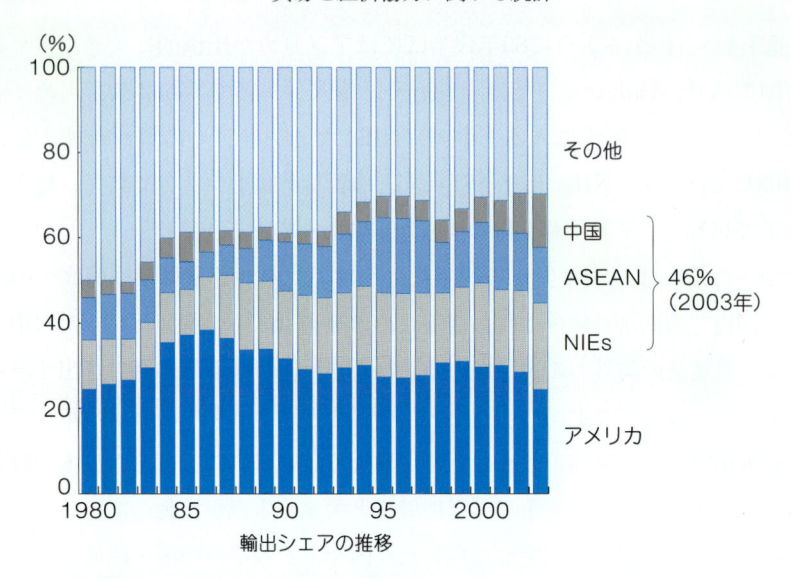

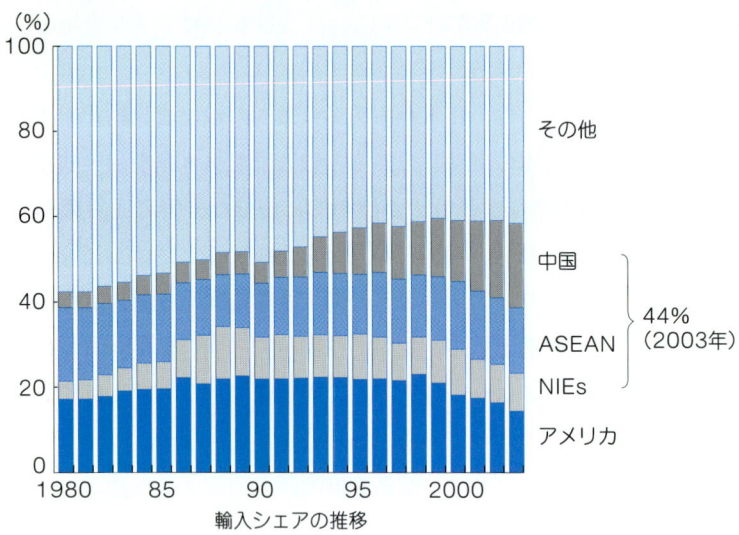

輸出シェアの推移

輸入シェアの推移

その他
中国
ASEAN } 46%（2003年）
NIEs
アメリカ

その他
中国
ASEAN } 44%（2003年）
NIEs
アメリカ

資料出所：財務省『貿易統計』

図9.4 主要国・地域別の輸出入シェアの推移

9.1 日本の貿易構造：商品別・国別の輸出入

表9.3 日本の対米輸出入上位品目（2003年）

(兆円)

輸出		輸入	
商品	金額	商品	金額
乗用車	3.74	航空機類	0.44
自動車の部分品	0.91	IC	0.42
内燃機関	0.61	コンピュータ	0.34
VTR類	0.42	航空機用内燃機関	0.44
コンピュータ	0.39	とうもろこし	0.25
電気計測機器	0.24	紙巻たばこ	0.23
テレビ受信機	0.24	電気計測機器	0.21
二輪自動車・原動機付自転車	0.11	豚肉	0.15
IC	0.18	有機化合物	0.13
通信機	0.16	大豆	0.13

資料出所：財務省『貿易統計』

新たな問題も発生している。さらに国内農業の将来も視野に入れると，アメリカからの農林水産物の輸入拡大を図るという政策にも限界があるであろう。その意味で，現在，アメリカの好景気によって鎮静化している貿易摩擦問題も，再燃した際にはなかなか解決が難しいと考えられる。

次に表9.4で，2003年の日本の対中国輸出入のうちの上位品目を見てみよう。

日本から中国への輸出は，機械類ではIC，個別半導体，自動車の部分品などの半製品と合金鋼板や合成繊維織物など素材となる工業製品が上位にきている。それに対して，中国からの輸入では，コンピュータを除くと上位はほとんど衣料品が占めている。

現在，中国では急速な経済発展により，国内での工業製品の市場が拡大しており，そのために海外の資本を活発に導入して国内の製造業を活性化しようとしている。日本からの半製品，素材の輸入はそうした中国国内の製造業

表9.4 日本の対中国輸出入上位品目（2003年）

(兆円)

輸出		輸入	
商品	金額	商品	金額
IC	0.49	コンピュータ	1.01
自動車の部分品	0.21	女子用及び幼児用衣類	0.50
乗用車	0.17	セーター類	0.36
個別半導体	0.14	男子用衣類	0.35
通信機	0.11	はき物	0.24
内燃機関	0.10	家具	0.20
合金鋼板	0.10	がん具及び遊戯用具	0.20
他の鉄鋼フラットロール製品	0.10	下着類	0.19
電気回路の閉鎖・保護用機器	0.09	旅行用具及びハンドバック類	0.16
合成繊維織物	0.09	プラスチック製品	0.16

資料出所：財務省『貿易統計』

の需要によるものであり，中国が世界経済の一大市場となりつつあることを示している。一方，中国からの輸入はほとんど衣料品が上位を占めており，中国が衣料品の供給基地としての地位を確立したことを示している。これは，日本の企業が低廉な労働コストを求めて中国に生産拠点を移してきた結果といえる。また，NIEsやASEANとの貿易においても，品目の構成は異なるものの，輸出入品における製品，半製品，素材の割合が大きく，産業内垂直分業の進展を反映したものとなっている。

　日本の貿易黒字の約半分が対アメリカ貿易によっていることもあり，これからもアメリカが重要な貿易相手国であることに変わりはない。しかし，今後，日本の貿易に占めるアジアの割合はより一層大きくなると予想される。経済のグローバル化がさらに進展し，国際間での産業内分業がより広範かつ複雑になっていく中で，貿易交渉を進めていくには，かつてのように2国間での交渉だけではなくて，WTOなど国際的な枠組を通じての取り組みも

重視していく必要があるであろう。

9.2　国際収支：貿易収支と経常収支

　日本の国際収支統計は，国際通貨基金（International Monetary Fund; IMF）の「国際収支マニュアル第5版」に基づいており，表9.5のような構成になっている。

　以下では，そのうち日本の貿易収支と世界各国・地域の経常収支を見ていくことにする。

　図9.5は，日本における1966年度以降の貿易収支の推移を円建てで見たグラフである。

　このグラフからわかるように，日本が巨額の貿易黒字を計上するようにな

表9.5　日本の国際収支の構成項目

1　経常収支
貿易・サービス収支
1.A　貿易収支
1.B　サービス収支
1.B.1　輸送
1.B.2　旅行
1.B.3　その他サービス
1.C　所得収支
1.C.1　雇用者報酬
1.C.2　投資収益
1.D　経常移転収支
2　資本収支
2.A　投資収支
2.B　その他資本収支
3　外貨準備増減

資料出所：日本銀行『国際収支統計』の解説」
http://www.boj.or.jp/stat/exp/exbs02.htm

9 貿易と経済協力に関する統計

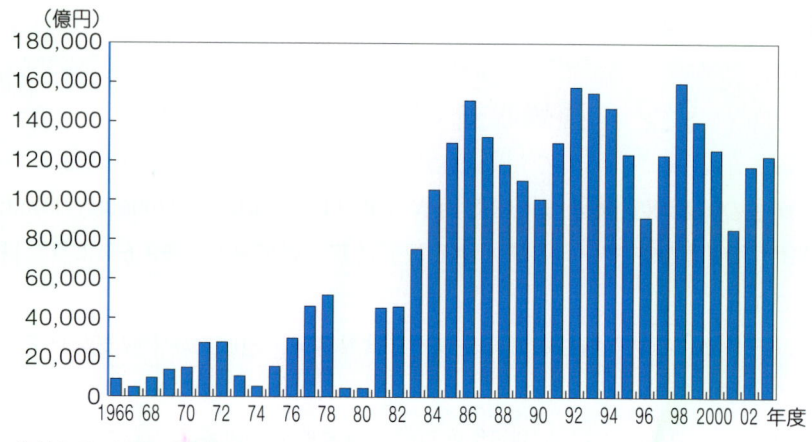

資料出所：内閣府『平成16年経済財政白書』

図9.5　貿易収支の推移

ったのは80年代半ばからのことである。長期的な趨勢として，50年代はおおむね赤字が続いていたが，60年代後半からは黒字の年が続くようになった。しかし，第一次オイルショックの73-74年度，第二次オイルショックの79-80年度には黒字幅は大幅に落ち込んでいる。そして，80年代に入って，日本の貿易収支の黒字は大きく増加して，80年代半ばから現在まで毎年10兆円を超える大きな貿易黒字を計上するようになった。このことからも80年頃，日本の貿易構造に大きな構造変化が起きたといえる。

図9.6は，世界各国・地域の2003年の経常収支である。

このグラフを見ると，現在，アメリカが極めて大きな赤字を背負っており，日本を筆頭にアジアが黒字を稼ぎ出している構図が見てとれる。アジア通貨危機を克服したNIEsや著しい経済開放によって外国資本が急速に流れ込んだ中国が，世界に対する工業製品の新たな供給基地としての地位を確立しつつある。しかし，一カ国としては日本の黒字が他を圧しており，今後もしばらくは円高傾向が続くと考えられる。

1987年の円高不況の経験から，日本の製造業は海外での生産拠点の確立

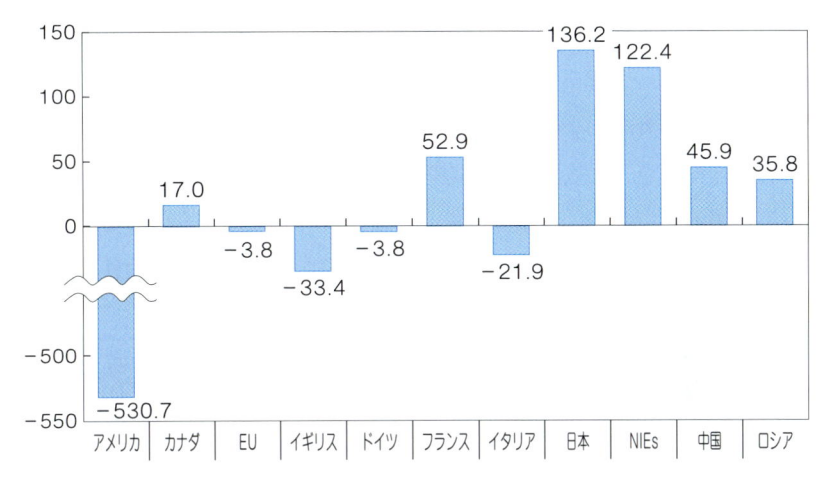

資料出所：IMF World Economic Outlook 2003 September

図9.6 世界各国・地域の2003年の経常収支

を急いだ．特に，貿易摩擦の回避を迫られた自動車産業は，80年代，90年代を通じて世界各国に生産拠点を設けてきた．電気製品や衣料品なども，安価な労働力を求めて東南アジアや中国へ生産拠点をシフトしてきた．しかし，それによる国内産業の空洞化も危惧されている．国内産業の空洞化を克服し，世界の工業製品の供給基地としての地位を維持していくためには，技術革新による製造コストの削減と高付加価値製品の開発・製造による国際的な機能分業の確立が求められている．

9.3 為替レート

円高が日本経済に及ぼす影響については，輸出入を行っている企業はもちろんのこと，国民全体が関心を寄せている．円高になった場合，日本にとって，モノの移動については，輸出に関しては不利，輸入に関しては有利となる．カネの移動に関しては，海外への投資は不利で海外からの調達は有利となる．したがって，この基本的な原則から導かれる，日本にとって有利な円

高対策としては，海外での債券発行やこれまでに行った外国証券投資を引き揚げることによって資金を確保し，それによって内需を拡大して輸入を増やす，あるいは海外への生産移管を進めて輸出を減らすなどが考えられる。

一方，海外の企業や人にとっての円高とは，当然日本にとっての円高のメリットの裏返しである。つまり，モノの移動については日本への輸出は有利になり日本からの輸入は不利，カネの移動については日本への投資は有利になり日本からの調達は不利となる。

円高ドル安は日本に資金を投資する絶好の機会である。実際，現在でも多くの海外の資金がドルではなくて円に流れ込んできている。日本の経済的国力を背景にした円高トレンドを見込んだ海外の投資家が，円高によってメリットを得られる円に投資資金を移しているのである。しかし，結論はそう簡単ではない。たとえばこの例では，海外からの資金調達や外国証券の売却は一層の円高を招くし，輸入代替や海外への生産拠点のシフトは国内産業の空洞化を招く。したがって，柔軟な思考力と機敏な行動力をもつ個別の民間企業が，自分の生き残りのためにとる戦略としては十分に検討の対象となるとしても，日本の民間企業がすべてこのような戦略をとった場合には，一層の円高と日本産業全体の空洞化を招くことになりかねない。

カネの面に関して見るとおそらく今後，アメリカの企業は日本の株式の購入を進めて日本企業の経営権まで手に入れることが増えていくであろう。そうした場合，日本の企業は，アメリカの企業と同様，常に経営のあり方に注意を払う必要性が高まるであろう。

9.3.1 為替レートはどのようにして決まるのか

〈購買力平価〉

1971年にそれまでの1ドル360円の固定相場制が崩れて変動相場制に移行して以来，為替レートはどのようにして決まるのかは，大きな関心の的である。

まずはじめに長期的な為替レート決定要因として挙げられているのが購買

9.3 為替レート

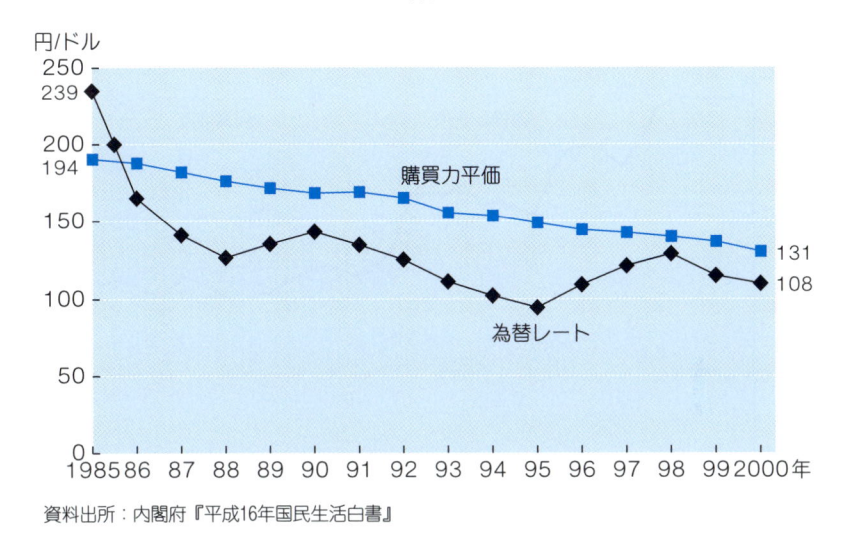

図9.7 購買力平価と円ドル為替レート

資料出所：内閣府『平成16年国民生活白書』

力平価（Purchasing Power Parity; PPP）である。これは，**一物一価**は経済の最も基本的な原則の一つであり，それが国際間にも成り立つと考えて，国際的に取引される財の価格が取引をしている両国で同じになるように為替レートが決まるという理論である。過去30年の円ドル為替レートの推移は，トレンドとしては，日米間の企業物価指数の比の推移にほぼ一致している。ということは長期的には確かに購買力平価仮説が成り立っていて，国際間で一物一価が成り立つように為替レートは決まると考えてよさそうである。しかし図9.7を見ればわかるとおり，購買力平価は10年，20年単位でのトレンドの推移は説明できても，数年単位での変動に関しては，説明力をもっていないようである。

〈累積経常収支と金利差〉

次いで指摘されている要因が，経常収支と金利差である。図9.7の資料である内閣府『平成16年国民生活白書』は，なぜ経常収支が為替レートを動かすか，そのメカニズムはよくわからないと述べているが，図9.8のデータを見る限り，特に20年ほど前までは，経常収支を累積した**累積経常収支**と

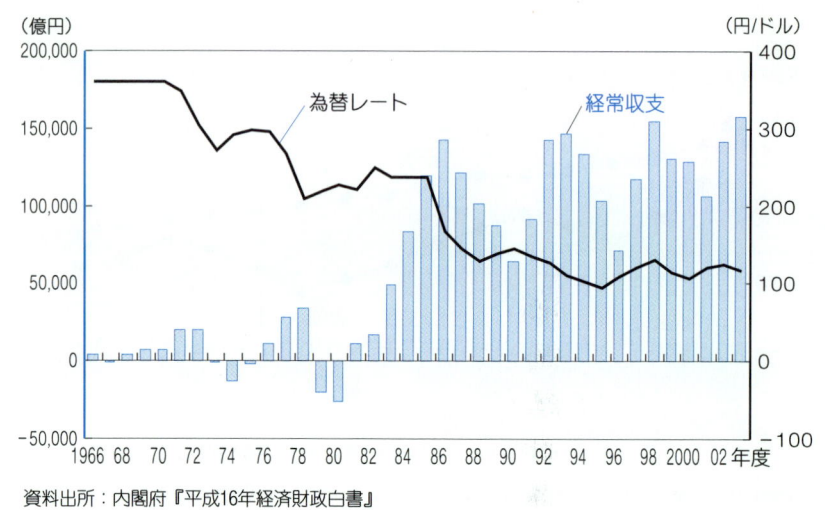

図9.8　日本における経常収支と円ドル為替レートの推移

資料出所：内閣府『平成16年経済財政白書』

為替レートの間には，かなり密接な関係があったようである。しかし最近では関係が薄くなってきているようである。金利差に関しては，金利の低い国から高い国へ投資資金が流れるので，それが為替レートを動かすという主張である。

しかし，実際の金融市場ではカネの流れはそれほど簡単ではない。たとえば生命保険会社がカナダやオーストラリアといった大変金利の高い国に投資をして，多額の為替差損を被ったり，簡易保険が高金利を求めて欧州やアメリカに投資をして同じく多額の為替差損を被ったりしており，内外金利差による利益を求めて海外に資金を投資することは，大きな為替リスクを負うということが常識となりつつある。したがって最近のように為替レートの変動が大きい時期には，単純に内外金利差が海外への資金移動の動機となるということは，あまり考えられない。さらに，統計にはいっさい現れないスワップ，オプションといったいわゆる簿外取引が実際の現金や有価証券の取引の数倍から数十倍にも上っているのが現在の金融市場である。その上さらに一般の投資家や中央銀行が市場で起こすであろう行動を見込んで資金を動かす

国際的な投機家が，為替市場に大きな影響を与えている。

〈現実の為替レートの決定〉

このように，現在の為替レートの動きを実証的に説明することは極めて難しい。それにもかかわらず，円高はトレンドとして今後も続くという意見が多い。そこで指摘されているのは，日本のほうがアメリカよりもファンダメンタルズが強いという点である。ここでいうファンダメンタルズとは軍事力や政治力のことではなくて，経済力，より具体的にいえば国の経済の収支尻がフローで黒字なのか赤字なのかという点である。日本は技術力に裏打ちされた大きな貿易黒字を抱えている。確かに黒字の一方的拡大は世界経済における不安定要因とはなるものの，日本にはそれだけ黒字を稼ぐ力があるという事実の裏返しでもあるといえる。不動産，株式などの資産の価値は，日本やアメリカにおけるバブル経済の崩壊を見ればわかるとおり，大変変動しやすいものであり，資産の蓄積のみを信用して資金を動かすことは，大変リスキーである。それゆえ，とにかくフローで黒字を出している国を信用するしかないというのが上の主張である。

実際にこれまでの円ドル為替レートの推移を見ると，日本の経常収支の黒字が大きくなるとそれに歩調を合わせて大きく円高になるという関係が見られる（図9.8）。ただし，為替レートの今後の動きを精確に予測するということはやはり困難といわざるをえないであろう。

9.4 海外への直接投資と日本国内への直接投資

日本の海外への直接投資は1967年の第一次自由化以降，69, 70, 71, 73年と自由化が進んだ。そして，80年の新外国為替管理法施行後，対外取引，資本取引が原則自由になり，急激に増加している。これは外為法改正という制度的な改革以外に，自動車や電気機械など輸出産業が貿易摩擦を回避するために，主としてアメリカでの現地生産を増加させたことによるところも大きい。さらに，85年のプラザ合意以降の円高が進んだ結果，海外生産がコ

スト面でも安くなったことが製造業の海外直接投資に拍車をかけたものと考えられる。またEUの発足に伴うヨーロッパの市場統合に対する対応策として，ヨーロッパに拠点を確保するために進出したことも，その一因であろう。このようなアメリカ，ヨーロッパに対する直接投資とともに，アジア太平洋地域に対する直接投資も着実に伸びている。また同様に，外国資本の日本国内への直接投資も順調に伸びている。

表9.6は，日本の直接投資の動きを9.2の表9.5における資本収支の内訳によって見たものである。

9.5　経済協力の現状

日本の経済協力の中心をなす政府開発援助（Official Development Aids; ODA，具体的には，無償資金協力，技術援助，有償借款，国際機関への拠出など）の現状を知る資料としては，『政府開発援助（ODA）白書』が最も重要である。

わが国の政府開発援助は，強くなった経済力と急増した貿易黒字をもとに，1980年代において数回にわたり援助倍増計画が実施されたことから，89年にアメリカを抜き世界最大となった。その後も援助予算は増加を続け，91年から2000年までの10年間は世界第1位の地位にあった。しかし，90年代後半になると財政状況のひっ迫から歳出削減が強く求められるようになり，98年度以降，当初予算で援助予算は減少傾向に転じた。ただし，93年以降のODA実績の推移について示した表9.7を見ると，援助実績が減少に転じたのは99年以降である。

一方，アメリカは90年代を通じ援助が頭打ちの傾向にあったが，2001年9月11日の同時多発テロ以降，開発問題の扱いが高い位置づけを与えられて援助政策が大きく転換された。そのため，2001年からは，世界第1位の座をアメリカに譲り，日本は世界第2位の供与国となっている。

世界第2位となったといっても，絶対額で見ると日本の援助の規模は大

9.5 経済協力の現状

表9.6 資本収支の内訳

(百万ドル)

	1996年	1997年	1998年	1999年
■資本収支	−33,425	−151,323	−170,821	−62,745
投資収支	−29,888	−146,444	−151,507	−43,655
直接投資	−25,235	−27,547	−27,438	−11,393
証券投資	−37,084	41,403	−57,990	−30,020
金融派生商品	−8,012	−7,165	1,035	−3,306
その他投資	40,442	−153,132	−67,117	1,063
その他資本収支	−3,538	−4,879	−19,313	−19,087
資本移転	−3,876	−5,375	−17,665	−15,653

	2000年	2001年	2002年	2003年
■資本収支	−94,234	−61,726	−84,775	77,341
投資収支	−84,287	−58,264	−80,559	82,012
直接投資	−25,039	−39,001	−28,891	−26,059
証券投資	−38,469	−56,292	−131,486	−114,731
金融派生商品	−5,090	1,853	2,631	6,075
その他投資	−15,688	35,177	77,189	216,727
その他資本収支	−9,947	−3,462	−4,216	−4,672
資本移転	−9,162	−2,931	−3,372	−2,636

＊ 資本収支の値がマイナスとは,資産の増加または負債の減少を意味する。
資料出所:日本銀行『国際収支表』

きく,多くの国々に寄与している。事実,日本が最大の援助供与国となっている国・地域は2002年でも40を数える。しかし,GDPや人口などの規模からすると,日本の援助額は他の先進国と比較して多いとはいえず,2003年の対GNI(国民総所得)比は0.20%であり,DAC(OECD開発援助委員会)加盟国22カ国中19位である。このような状況を反映して,援助の増額を求める声も強い。

表9.7 日本の政府開発援助（ODA）実績の推移

（百万ドル）

	1993年	1994年	1995年	1996年	1997年	1998年
ODA 計	11474	13469	14728	9608	9435	10776
2 国間計	8164	9680	10557	8356	6613	8651
贈与	4621	5423	6434	5576	5039	4994
無償資金供与	2019	2403	2973	2396	2017	2176
技術協力	2602	3020	3462	3181	3021	2818
政府資金等	3544	4257	4123	2780	1574	3657
国際機関に対する出資拠出等	3310	3788	4170	1252	2823	2125
$\dfrac{\text{ODA}}{\text{GNP}}$ (％)	0.27	0.29	0.28	0.21	0.22	0.28
（DAC 諸国平均）	0.3	0.3	0.27	0.25	0.22	0.23

	1999年	2000年	2001年	2002年	2003年
ODA 計	15385	13419	9900	9359	8691
2 国間計	10498	9640	7452	6726	6014
贈与	5539	5813	4849	4473	4544
無償資金供与	2340	2109	1907	1718	1699
技術協力	3199	3705	2943	2754	2845
政府資金等	4959	3827	2603	2253	1469
国際機関に対する出資拠出等	4888	3779	2448	2633	2678
$\dfrac{\text{ODA}}{\text{GNI}}$ (％)	0.27	0.28	0.23	0.23	0.20
（DAC 諸国平均）	0.24	0.22	0.22	0.23	0.25

＊ 1999年以降は ODA/GNI（国民総所得）（％）
資料出所：外務省『外交青書』，『我が国の政府開発援助の実施状況に関する年次報告』，『政府国際援助（ODA）白書』

　さらに，日本の援助に関しては，借款が多い（したがって贈与の比率が小さい）こと，年度ごとに予算が編成される「単年度主義」であること，相手国からの要請を受けてはじめて検討・実施する「要請主義」をとっていること，援助要員が少ないことなど，質的な問題点が指摘されている。また最近では，地球環境問題に関する貢献など，新たな形の協力ないしは貢献が求められている。

III

二次統計と経済統計分析

　III部は，加工統計（二次統計）の代表的なものをまとめて整理したものである。すなわち，10章では物価指数と数量指数，11章では労働生産性に関する指数と景気動向指数，12章では国民経済計算と環境・経済統合勘定についてまとめている。

　10章の指数の理論は，経済学的にも極めて重要な分野である。この章ではそれと同時に，指数作成上の統計的な問題点についてもふれる。11章は，物価指数・数量指数以外の指数であって，日常的によく用いられる指数について学ぶ。中でも，景気動向指数は景気動向を判断するときに最も注目される指数である。12章の国民経済計算は経済統計の女王とでもいうべき地位にある加工統計であって，GDPや国民所得等，経済統計の中で最も一般に用いられているものである。最後に環境と経済の統合勘定について学ぶ。

10

物価指数と数量指数

10.1 指数の理論

10.1.1 指数算式

　一般に，指数は異時点間の物価または数量の水準に関する比較に用いられる場合が多い。この章では指数のうち，最も開発が進んでいると思われる異時点間の物価指数を中心に説明し，次いで数量指数についても説明を加えることにする。

　まず，物価指数には基準時点の価格と比較時点の価格が必要である。基準時点の個別価格を $p_{0(i)}$，比較時点のそれを $p_{t(i)}$ としよう。ここで i は第 i 番目の品目（たとえば「うるち米」）であり，全部で m 品目あれば $i=1,2,\cdots,m$ となる。時点についても同様に，全部で n 時点あれば，$t=1,2,\cdots,n$ となる。このとき，$p_{t(i)}/p_{0(i)}$ は第 i 品目の個別価格指数と呼ばれる。物価指数とは，こうした個別価格指数を指すのではない。消費者物価指数（Consumers Price Index，CPI と略記）を例にとれば，消費財及びサービス全体について集計したものが，ここでいう物価指数である。

　そこで，その集計方法（一般に，指数算式という）が問題となる。0（基準）時点に対する t 時点の物価指数を P_{0t} とすれば，代表的な算式は次の3つである[1](次頁)。Σ（シグマ）の使い方については本章末のコラム参照。

$$P_{0t}^L = \frac{\sum_{i=1}^{m} p_{t(i)} q_{0(i)}}{\sum_{i=1}^{m} p_{0(i)} q_{0(i)}} = \frac{\sum_{i=1}^{m} \frac{p_{t(i)}}{p_{0(i)}} p_{0(i)} q_{0(i)}}{\sum_{i=1}^{m} p_{0(i)} q_{0(i)}} = \sum_{i=1}^{m} \frac{p_{t(i)}}{p_{0(i)}} w_{0(i)} \quad (10.1)$$

$$P_{0t}^P = \frac{\sum_{i=1}^{m} p_{t(i)} q_{t(i)}}{\sum_{i=1}^{m} p_{0(i)} q_{t(i)}} = \frac{\sum_{i=1}^{m} p_{t(i)} q_{t(i)}}{\sum_{i=1}^{m} \frac{p_{0(i)}}{p_{t(i)}} p_{t(i)} q_{t(i)}} = \frac{1}{\sum_{i=1}^{m} \frac{p_{0(i)}}{p_{t(i)}} w_{t(i)}} \quad (10.2)$$

$$P_{0t}^F = \sqrt{P_{0t}^L \times P_{0t}^P} = \sqrt{\frac{\sum_{i=1}^{m} p_{t(i)} q_{0(i)}}{\sum_{i=1}^{m} p_{0(i)} q_{0(i)}} \times \frac{\sum_{i=1}^{m} p_{t(i)} q_{t(i)}}{\sum_{i=1}^{m} p_{0(i)} q_{t(i)}}} \quad (10.3)$$

ただし，$q_{0(i)}$ は基準時点の第 i 品目の購入量，$q_{t(i)}$ は比較時点 t の第 i 品目の購入量である．また，w は各時点，各品目ごとの支出金額ウェイト[2]である．

(10.1)はラスパイレス物価指数，(10.2)はパーシェ物価指数，(10.3)はフィッシャー物価指数と呼ばれる．後掲する表10.2にこれらの仮設例を示している．(10.1)～(10.3)の物価指数と同様にそれぞれの数量指数 Q_{0t} も以下のように定義される．すなわち

$$Q_{0t}^L = \frac{\sum_{i=1}^{m} q_{t(i)} p_{0(i)}}{\sum_{i=1}^{m} q_{0(i)} p_{0(i)}} = \sum_{i=1}^{m} \frac{q_{t(i)}}{q_{0(i)}} w_{0(i)} \quad (10.4)$$

---

[1] 通常は基準時点の値を100として表示される．たとえば，$P_{0t}^L = 1.053$ のときは $P_{0t}^L = 105.3$ と表示される．

[2] $w_{0(i)} = \dfrac{p_{0(i)} q_{0(i)}}{\sum_{i=1}^{m} p_{0(i)} q_{0(i)}},\ \ w_{t(i)} = \dfrac{p_{t(i)} q_{t(i)}}{\sum_{i=1}^{m} p_{t(i)} q_{t(i)}},\ \ \sum_{i=1}^{m} w_{0(i)} = \sum_{i=1}^{m} w_{t(i)} = 1$

$$Q_{0t}^P = \frac{\sum_{i=1}^{m} q_{t(i)} p_{t(i)}}{\sum_{i=1}^{m} q_{0(i)} p_{t(i)}} = \frac{1}{\sum \dfrac{q_{0(i)}}{q_{t(i)}} w_{t(i)}} \tag{10.5}$$

$$Q_{0t}^F = \sqrt{Q_{0t}^L \times Q_{0t}^P} = \sqrt{\frac{\sum_{i=1}^{m} q_{t(i)} p_{0(i)}}{\sum_{i=1}^{m} q_{0(i)} p_{0(i)}} \times \frac{\sum_{i=1}^{m} q_{t(i)} p_{t(i)}}{\sum_{i=1}^{m} q_{0(i)} p_{t(i)}}} \tag{10.6}$$

である。

ここで指数の意味について考えよう．第一は，基本的にこれらの指数は2時点間（0とt時点）の比較である．たとえば，2000年を基準時点にとり，2004年をt時点にとると，2004年の指数は2000年との比較においてなされ，2001～2003年の価格は考慮されていない．この条件をはずすと連鎖指数となる[3]．

ここでは，連鎖指数に詳しくは立ち入らず，その基本的考え方のみを記しておく．連鎖型物価指数をP'_{0t}とすれば

$$P'_{0t} = P_{01} \cdot P_{12} \cdot P_{23} \cdots\cdots P_{t-1,t} \tag{10.7}$$

である．ここで，$P_{01}, P_{12}, P_{23}, \cdots\cdots P_{t-1,t}$は連環指数と呼ばれる．連鎖指数に用いる各期の連環指数は同一の算式であることが必要である．現在，一般的に用いられている消費者物価指数の連環指数は，ラスパイレス型であって

$$P_{t-1,t} = \frac{\sum_{i=1}^{m} p_{t(i)} q_{t-1(i)}}{\sum_{i=1}^{m} p_{t-1(i)} q_{t-1(i)}} \tag{10.8}$$

である．(10.7)及び(10.8)より

---

[3] 森田優三『物価指数理論の展開』東洋経済新報社，1989年，第1章参照．

$$P'_{0t} = \frac{\sum_{i=1}^{m} p_{1(i)}q_{0(i)}}{\sum_{i=1}^{m} p_{0(i)}q_{0(i)}} \times \frac{\sum_{i=1}^{m} p_{2(i)}q_{1(i)}}{\sum_{i=1}^{m} p_{1(i)}q_{1(i)}} \times \frac{\sum_{i=1}^{m} p_{3(i)}q_{2(i)}}{\sum_{i=1}^{m} p_{2(i)}q_{2(i)}} \times \cdots \times \frac{\sum_{i=1}^{m} p_{t(i)}q_{t-1(i)}}{\sum_{i=1}^{m} p_{t-1(i)}q_{t-1(i)}} \tag{10.9}$$

が得られる。この連鎖基準方式の理論的背景にディビジア指数がある。それは単に基準時点 0 と比較時点 t の 2 時点だけではなくて,その中間時点の価格と数量の値に依存する。詳細については前掲脚注 3)に示した専門書等参照。

日本の消費者物価指数の基本系列は(10.1)に基づくラスパイレス指数である。これと(10.9)の連鎖指数にはどの程度の差があるだろうか。(10.1)は固定ウェイト型であり,(10.9)には最近時点までのウェイトも反映されているので,基準時点から時点がずれるほど両者に差が生じると予想される。表 10.1 は全国と東京都区部に関する総合指数と中分類指数(魚介類の段階)の両指数を比較したものである。同表の基準時点は 2000 年である。2003 年の指数を見ると両指数間にほとんど差がない。したがって,実務上の計算の簡便さもあり,日本の消費者物価指数は(10.1)のラスパイレス型が採用されている。

ここで,(10.1)〜(10.3)の物価指数の意味について見てみよう。まず,ラスパイレス式 P_{0t}^L から考えてみよう。P_{0t}^L の右辺第 1 式からわかるように,分母は基準時点の支出金額,分子は比較時点の価格で基準時点と同じ数量を購入したときの支出金額である。つまり,P_{0t}^L は比較時点の価格で基準時点と同じ数量を購入したら,基準時点に比べて何倍の費用がかかるかを示したものと解釈できる。同様にして,パーシェ式 P_{0t}^P は比較時点と同じ数量を購入したら,基準時点に比べて何倍の費用がかかるかを示している。本来,価格体系が異なれば,それに対する購入量の組合せも異なるはずではあるが,P_{0t}^L, P_{0t}^P ではこうした点は考慮されていない。フィッシャー式 P_{0t}^F も,P_{0t}^L と P_{0t}^P の幾何平均であるから,P_{0t}^L と P_{0t}^P がもつ問題点をもっている。

10.1 指数の理論

表10.1 消費者物価指数におけるラスパイレス指数と連鎖指数

		全国		東京都区部	
		2002年	2003年	2002年	2003年
ラスパイレス指数	総合指数	98.4	98.1	97.9	97.5
	食料	98.6	98.4	98.9	98.7
	魚介類	99.0	97.1	97.7	95.4
	生鮮魚介	99.1	96.5	96.0	93.2
連鎖指数	総合指数	98.3	97.9	97.8	97.3
	食料	98.6	98.4	98.9	98.7
	魚介類	98.9	97.0	97.4	95.2
	生鮮魚介	98.9	96.4	95.5	93.0

＊ 基準時は2000年
資料出所：総務省統計局『消費者物価指数年報：平成15年』

次に，P_{0t}^L を変形すると，(10.1)右辺の最後の式からもわかるように，2時点の価格比を基準時点の支出金額をウェイトとして加重平均したものである。ここで重要な点は，基準時点の固定ウェイトであるため，計算が実務上便利であることである。他方，パーシェ式はどうであろうか。(10.2)右辺の最後の式からわかるように，比較時点の支出金額ウェイトが必要となるため，比較時点ごとにウェイトを計算し直さなければならない。またフィッシャー式は，結果的に基準時点と比較時点の両者のウェイトを用いることになる。

最後に，今までの一般式を3品目・3時点の肉類の仮設例により計算してみよう。表10.2を見ると，牛肉と豚肉の価格と数量は逆の動きを示している。すなわち，牛肉は価格の低下と購入量の増加を示しているのに対して，豚肉は価格の上昇と購入量の減少を示している。これは経済学的に見ても合理的な結果である。表中では，計算方法の具体例として P_{01}^L を示している。(10.1)の右辺第1式でも，ウェイトを用いた式でも同じになることを確かめてみよ。

表10.2　ラスパイレス

	基準時 ($t=0$)				比較時 ($t=1$)			
	価格 (円/100 g)	数量 (100 g)	金額 (円)	ウェイト 10000分比	価格 (円/100 g)	数量 (100 g)	金額 (円)	ウェイト 10000分比
	p_0	q_0	$p_0 q_0$	w_0	p_1	q_1	$p_1 q_1$	w_1
牛肉	329	108	35,532	4,925	318	118	37,524	5,051
豚肉	141	173	24,393	3,381	147	165	24,255	3,265
鶏肉	94	130	12,220	1,694	97	129	12,513	1,684
合計 Σ			72,145	10,000			74,292	10,000
P^L_{0t}（ラスパイレス物価指数）			$P_0=100.0$				$P^L_{01}=100.3$	
P^P_{0t}（パーシェ物価指数）			$P_0=100.0$				$P^P_{01}=100.1$	
P^F_{0t}（フィッシャー物価指数）			$P_0=100.0$				$P^F_{01}=100.2$	
ラスパイレス連環指数			$P_0=100.0$				$P^L_{01}=100.3$	
ラスパイレス連鎖指数			$P_0=100.0$				$P'_{01}=P^L_{01}=100.3$	

　ラスパイレス指数とパーシェ指数を比較すると，物価が上昇している（時点 0 から時点 1）ときでも下降している（時点 1 から時点 2）ときでもラスパイレス式の方が高くなっている。そして，フィッシャー指数はその中間にある。ラスパイレス型の連鎖指数は $P'_{02} = 100.0$ であり，$P^L_{02} = 100.2$ と $P^P_{02} = 99.5$ の間にあるが，$P^F_{02} = 99.8$ よりもやや高い。

10.1.2　原子論的指数論

　$P^L_{0t}, P^P_{0t}, P^F_{0t}$ のいずれの算式が望ましいのであろうか。これには二つの接近方法がある。第一は，原子論的指数論と呼ばれるものであり，ある一定の形式的基準を設けて，その基準に合格するか否かによって算式の是非を問うものである。第二は，経済学的に算式の意味を問うものであって，関数論的指数論といわれる。

　原子論的指数論の代表例として，以下のようなフィッシャーによる形式テストがある。

物価指数等の仮設例

比較時 ($t=2$)				$P^L{}_{01}$ の計算用数値		
価格 (円/100 g)	数量 (100 g)	金額 (円)	ウェイト 10000分比	p_1/p_0	$(p_1/p_0) \times w_0$	$p_1 q_0$
p_2	q_2	$p_2 q_2$	w_2			
309	127	39,243	5,165	0.9666	4,760	34,344
152	160	24,320	3,201	1.0426	3,525	25,431
97	128	12,416	1,634	1.0319	1,748	12,610
		75,979	10,000		10,033	72,385

$$P^L{}_{02} = 100.2$$
$$P^P{}_{02} = 99.5$$
$$P^F{}_{02} = 99.8$$

$$P^L{}_{12} = 99.7$$
$$P'{}_{02} = P^L{}_{01} \times P^L{}_{12} = 100.0$$

- 比例性テスト：すべての商品価格が同一比率で上昇すれば，物価指数も同一比率で上昇する
- 単位無差別テスト：物価指数が商品の数量単位の定め方に依存しない
- 時点転逆テスト
- 循環テスト
- 要素転逆テスト

このうち，上記の三つの算式(10.1)〜(10.3)は，いずれも比例性テスト，単位無差別テストを満たすので，通常，（イ）時点転逆テスト，（ロ）循環テスト，（ハ）要素転逆テストが問題となる[4]。

まず(イ)の時点転逆テストは

$$P_{0t} = 1/P_{t0} \quad \text{または} \quad P_{0t} \times P_{t0} = 1 \tag{10.10}$$

という条件である。(10.10)の意味は，基準時点をベースにした物価指数は比較時点をベースにした物価指数の逆数にならなければならないということ

---
[4] 「転逆」は reversal の訳である。書物によっては「逆転」と訳していることもある。ここでは，前掲脚注3)の文献（第1章）に従った。

である。これは個別価格指数では必ず成立する。このことは $P_{0t(i)} = P_{t(i)}/P_{0(i)}$, $P_{t0(i)} = P_{0(i)}/P_{t(i)}$ であるから明らかである。要点は，個別価格指数で成立する条件が複数の個別価格指数を統合した物価指数においても維持されるかどうかということである。(10.1)～(10.3)を(10.10)に適用すれば，P_{0t}^L と P_{0t}^P は不合格で P_{0t}^F は合格する。もとより，この時点転逆テストに合格する算式はフィッシャー式以外にも存在する。たとえば，ボーリーによって提唱された算式 P_{0t}^B，すなわち

$$P_{0t}^B = \frac{\sum_{i=1}^{m} p_{t(i)}[q_{0(i)} + q_{t(i)}]}{\sum_{i=1}^{m} p_{0(i)}[q_{0(i)} + q_{t(i)}]} \tag{10.11}$$

もこのテストに合格する[5]。

(ロ)の循環テストは3時点において

$$P_{01} \times P_{12} = P_{02} \tag{10.12}$$

が成り立つという条件であり，連鎖が維持されることを算式に要請している（これも個別価格指数では必ず成立することは明らかである）。P^L, P^P, P^F, P^B のいずれもが，この循環テストを満たさない。このことは時点転逆テストと循環テストは一見似ているようではあるが，異なっていることを意味している。P^B を例にとれば，次のようになる。まず，$q_{01(i)} = q_{0(i)} + q_{1(i)}$, $q_{12(i)} = q_{1(i)} + q_{2(i)}$, $q_{02(i)} = q_{0(i)} + q_{2(i)}$ とする。このとき P_{02}^B は，次のよう

---

[5] (10.11)で，$q_{0(i)} + q_{t(i)} = Q_{0t(i)}$ とおけば

$$P_{0t}^B = \frac{\sum_{i=1}^{m} p_{t(i)} Q_{0t(i)}}{\sum_{i=1}^{m} p_{0(i)} Q_{0t(i)}}$$

となる。したがって

$$P_{0t}^B \times P_{t0}^B = \frac{\sum_{i=1}^{m} p_{t(i)} Q_{0t(i)}}{\sum_{i=1}^{m} p_{0(i)} Q_{0t(i)}} \times \frac{\sum_{i=1}^{m} p_{0(i)} Q_{0t(i)}}{\sum_{i=1}^{m} p_{t(i)} Q_{0t(i)}} = 1 \text{ である。}$$

になる。

$$P_{01}^B \times P_{12}^B = \frac{\sum_{i=1}^{m} p_{1(i)}q_{01(i)}}{\sum_{i=1}^{m} p_{0(i)}q_{01(i)}} \times \frac{\sum_{i=1}^{m} p_{2(i)}q_{12(i)}}{\sum_{i=1}^{m} p_{1(i)}q_{12(i)}} \neq P_{02}^B = \frac{\sum_{i=1}^{m} p_{2(i)}q_{02(i)}}{\sum_{i=1}^{m} p_{0(i)}q_{02(i)}}$$
(10.13)

(10.13) で，もし $q_{01(i)} = q_{12(i)} = q_{02(i)}$ ならば循環テストは満たされる。これは数量が変化しない場合である。あるいは，P の算出に当たって各期の数量の和 $q_{012(i)} = q_{0(i)} + q_{1(i)} + q_{2(i)}$ を一様に適用する場合である（和の代わりに平均でもよい）。いずれの場合も，長期になると厄介である（前者は解釈が，後者は計算が面倒になる）。

(ハ) の要素転逆テストは，物価指数の性質を考えるうえで重要である。まず (ハ) の条件は，数量指数を Q_{0t}，金額指数を $V_{0t} = \sum_{i=1}^{m} p_{t(i)}q_{t(i)} / \sum_{i=1}^{m} p_{0(i)}q_{0(i)}$ とすれば，物価指数と数量指数の積が金額指数になること，すなわち

$$P_{0t} \times Q_{0t} = V_{0t} \qquad (10.14)$$

というものである（これも個別価格指数では必ず成立することは明らかである）。このテストについては P_{0t}^L と P_{0t}^P は不合格，P_{0t}^F は合格となる[6]。

この要素点逆テストの最も重要な点は，(10.14) で「物価指数と数量指数が同一算式」という条件を前提としていることである。この前提をはずす

---

6) フィッシャー式 (P^F) については次のようになる。

$$P_{0t}^F \times Q_{0t}^F = \sqrt{P_{0t}^L \times P_{0t}^P} \sqrt{Q_{0t}^L \times Q_{0t}^P} = \sqrt{P_{0t}^L \times P_{0t}^P \times Q_{0t}^L \times Q_{0t}^P}$$

$$= \sqrt{\frac{\sum_{i=1}^{m} p_{t(i)}q_{0(i)}}{\sum_{i=1}^{m} p_{0(i)}q_{0(i)}} \times \frac{\sum_{i=1}^{m} p_{t(i)}q_{t(i)}}{\sum_{i=1}^{m} p_{0(i)}q_{t(i)}} \times \frac{\sum_{i=1}^{m} q_{t(i)}p_{0(i)}}{\sum_{i=1}^{m} q_{0(i)}p_{0(i)}} \times \frac{\sum_{i=1}^{m} q_{t(i)}p_{t(i)}}{\sum_{i=1}^{m} q_{0(i)}p_{t(i)}}}$$

$$= \sqrt{\frac{\left(\sum_{i=1}^{m} p_{t(i)}q_{t(i)}\right)^2}{\left(\sum_{i=1}^{m} p_{0(i)}q_{0(i)}\right)^2}} = \frac{\sum_{i=1}^{m} p_{t(i)}q_{t(i)}}{\sum_{i=1}^{m} p_{0(i)}q_{0(i)}} = V_{0t}$$

と,(10.14)を満たす算式の組合せが得られる。実際の指数の適用においては,同一算式の前提をはずしたときの(10.14)が重要である。すなわち,商品(財やサービス)の質に変化がないものとすれば,一般に物価指数は物価変動を示す尺度と考えられるので,名目金額 $E_t = \sum_{i=1}^{m} p_{t(i)} q_{t(i)}$ を物価指数で割り(これを**デフレートする**という),得られた数値(通常,**実質値**という)がよく用いられる。

まず,P_{0t}^L の場合から考えてみよう。

$$E_t/P_{0t}^L = \sum_{i=1}^{m} p_{t(i)} q_{t(i)} \bigg/ \frac{\sum_{i=1}^{m} p_{t(i)} q_{0(i)}}{\sum_{i=1}^{m} p_{0(i)} q_{0(i)}}$$

$$= \sum_{i=1}^{m} p_{0(i)} q_{0(i)} \times \frac{\sum_{i=1}^{m} p_{t(i)} q_{t(i)}}{\sum_{i=1}^{m} p_{t(i)} q_{0(i)}} = E_0 \times Q_{0t}^P \tag{10.15}$$

となる。(10.15)より,ラスパイレス型の物価指数でデフレートした実質値は,基準値の金額をパーシェ型数量指数で延長したものに等しいことがわかる。また,(10.15)を変形すれば

$$V_{0t} = \frac{E_t}{E_0} = P_{0t}^L \times Q_{0t}^P \tag{10.16}$$

であるから,(10.16)は「同一算式」の条件を除けば(10.14)となっている。同様に

$$V_{0t} = P_{0t}^P \times Q_{0t}^L \tag{10.17}$$

が成立する。一般に V_{0t} は把握が可能であるので,(10.16)と(10.17)を用いて,物価指数か数量指数の一方を求めて,他方を結果として逆算することもある。

10.1.3 関数論的指数論

原子論的指数論では,価格 p と数量 q が独立であるという仮定のもとに,

10.1 指数の理論

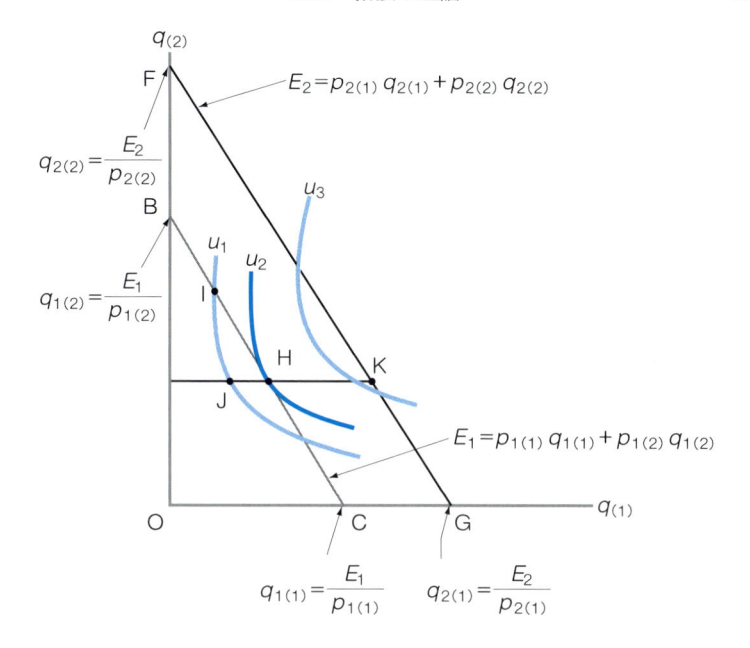

図10.1 無差別曲線と均衡点

算式の是非が検討された。しかし，表10.1の例からわかるように，合理的な消費者は価格 p の変動に応じて，数量 q を調整する。そこで，p と q は独立でないという前提のもとに，算式の意味を考えてみよう。

ミクロ経済学の中の消費者行動理論によれば，合理的な消費者（A とする）は自分の予算制約のもとで自分自身の効用（満足度の指標）を最大にするように，各財を組み合わせた購入量を決定する。いま2つの財の購入量を $q_{(1)}, q_{(2)}$ として，その価格を $p_{(1)}, p_{(2)}$ とする。また，A の**効用関数**（または**選好関数**）を(10.18)，**予算制約式**を(10.19)とする。ただし，E は予算（所得）である。

$$u = u(q_{(1)}, q_{(2)}) \tag{10.18}$$

$$E = p_{(1)}q_{(1)} + p_{(2)}q_{(2)} \tag{10.19}$$

両式の性質を見るために図示したのが，図10.1である。(10.18)は効用（または効用指標）u が2財 $q_{(i)}$ によって決まる関数なので，この図では

$u = u_1, u = u_2, u = u_3$ の水準で切って，$q_{(1)}$ と $q_{(2)}$ の平面に示している。点Ⅰと点Jは2財の組合せは異なるものの，同じ u_1 という効用を与えるから，消費者にとって満足度は無差別である。この意味で，u_1, u_2, u_3 の曲線を無差別曲線という。

次に，u_1 上の点Jと u_2 上の点Hを比較してみよう。JとHは $q_{(2)}$ に関しては同じ数量である。しかし，$q_{(1)}$ に関してはJよりHの方が多い。各財は正の効用をもたらすから，$q_{(2)}$ が同じならば $q_{(1)}$ がより多いHの方が，Jよりも効用水準が高い。このことは u_1 より u_2 の方が，効用水準が高いことを意味する。したがって，無差別曲線は原点より右上方向に行くほど高い効用を示しており，u_1 より u_2，u_2 より u_3 の方が効用水準が高い。

次に，予算制約式である。直線BCは予算（所得）E_1 のときの最大限購入可能な $q_{1(1)}, q_{1(2)}$ の量を示す。直線BCのことを予算線ということもある。所得が E_1 から E_2 に増加すれば，点HとKを比較すればわかるように，$q_{(2)}$ は同じでもKの方が $q_{(1)}$ は増加する。したがって，予算制約式は原点より右上に行くほど，多くの財が購入可能となる。図10.1では価格変化がない場合が図示されており，直線BCとFGは平行である。その傾きは(10.19)からわかるように，2財の相対価格（価格比）に等しい。

2財の価格 $p_{(1)}, p_{(2)}$ および所得 E_1 が与えられたとき，消費者はどの点（2財の組合せ）を選択するのであろうか。答えは直線BCと無差別曲線の接点Hであり，そのときの効用は u_2 となる。たとえば，点ⅠはHと同じ予算制約式上にあるから，所得 E_1 で購入可能な2財である。しかし，$u_1 < u_2$ であるから，効用水準の高いHの方が選択される。また，Hより右上の点はHより効用水準は高いものの，E_1 の所得では購入不可能である。したがって，Hが均衡点となる。

この関係を物価指数に適用したのが，図10.2である。B_0C_0 を基準時点の予算制約式，H_0 を均衡点，そのときの効用水準を u_0 とする。いま比較時点に価格が変化し，B_0C_0 から B_tC_t に変化した場合を考えてみる。B_tC_t は H_0 と接していないから，比較時点における均衡点ではない。B_tC_t と平行（し

10.1 指数の理論

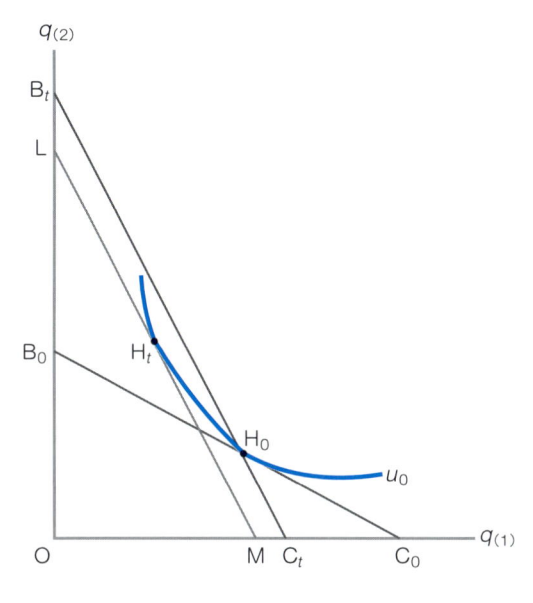

図10.2　真の指数

たがって，比較時点の価格体系）で，u_0 と接する予算制約式を LM とし，LM と u_0 との接点を H_t とする。基準時点の効用 u_0 と等しい効用を得るための予算制約式は LM であり，これは $B_t C_t$ の左側にあるから $B_t C_t$ より少ない予算となる。この場合，両時点で同じ効用 u_0 が得られるから，(10.18)は変わらない。問題は価格変化に伴って，(10.19)がどうなるかを考えればよい。

　基準時点の支出金額を E_0 とすれば，$\sum_{i=1}^{m} p_{0(i)} q_{0(i)}$ となる。$B_t C_t$ に対応した支出金額を E_t とすれば，基準時点の均衡 H_0 においては，$E_t = \sum_{i=1}^{m} p_{t(i)} q_{0(i)}$ である。比較時点の均衡 H_t をもたらす LM に対応した支出金額を E_s とすれば，$E_s = \sum_{i=1}^{m} p_{t(i)} q^s_{i(i)}$ である。E_0 と E_t は現実のデータから把握可能であるが，E_s は現実のデータからは得られない。図10.2からわかることは，同じ効用 u_0 を得るためには $E_s \leq E_t$ という条件が必要である。この両辺を E_0 で割れば，次の結果を得る。

$$P_{0t}^T = \frac{E_s}{E_0} \leq \frac{E_t}{E_0} = \frac{\sum_{i=1}^{m} p_{t(i)} q_{0(i)}}{\sum_{i=1}^{m} p_{0(i)} q_{0(i)}} = P_{0t}^L \tag{10.20}$$

本来は，H_t での真の物価指数 P_{0t}^T が望ましいことは明らかである．しかし，これが得られない．(10.20)は，基準時点の効用を前提としたとき，ラスパイレス式が真の物価指数 P_{0t}^T の上限界を与えることを示している．同様に，比較時点の効用を基準時点の価格体系で維持するときの真の物価指数を $P_{0t}^{T'} = \sum_{i=1}^{m} p_{t(i)} q_{t(i)} / \sum_{i=1}^{m} p_{0(i)} q_{0(i)}^s$ とすれば

$$\frac{\sum_{i=1}^{m} p_{t(i)} q_{t(i)}}{\sum_{i=1}^{m} p_{0(i)} q_{t(i)}} = P_{0t}^P \leq P_{0t}^{T'} \tag{10.21}$$

が得られる．(10.21)は，比較時点の効用を前提としたとき，パーシェ式が真の物価指数の下限界を与えることを示している．

(10.20)と(10.21)を<u>ハーバラーの限界説</u>という．ここで，ラスパイレス式とパーシェ式では，<u>前提となる効用水準が異なっている</u>ことに注意が必要である．もし，両時点の効用水準が同じならば，ラスパイレスとパーシェは真の物価指数の上限界と下限界を示すことになる．

10.2　物価指数の使用と留意点

10.2.1　基準改定とパーシェ・チェック

　市場価格は経済学にとって最も重要な変数の一つであるから，それをベースに作成される物価指数は経済分析でよく使用される統計データである．たとえば，第 i 財の需要関数は，所得を E として，時間的経過を考えない静学的な形では

$$q(i) = f(E, p(1), \cdots, p(i), \cdots p(m))$$

10.2 物価指数の使用と留意点

となる。ここで各財の価格は実際の価格（たとえば「うるち米」が1 kg当たり600円など）のときもあるが，ほとんどは物価指数が用いられる。それは個々の品目の価格がすべて得られるとは限らないし，また物価指数はウェイトも考慮してなるべく広い範囲の財・サービスを考えるようにしているからである。

すでにふれたように，現在一般に用いられている消費者物価指数は固定ウェイトのラスパイレス式である。しかし，5年ごとに基準時点の改定がなされる（これを**基準改定**という）。最新の改定では基準時点が1995年から2000年に改められている。改定の際に行われるのが**パーシェ・チェック**である。これは改定までの5年間における**消費構造の変化が，指数にどの程度のヒズミを与えているかを検証する**ものである。消費者は，一般に値上がりの大きい品目の需要を減少させ，値上がりの小さい品目の需要を増加させる傾向がある。基準時点における固定ウェイトのラスパイレス指数では，こうした実際の消費構造を追うことはできない。さらに，基準時点と比較時点のウェイトの差は，品目の**価格弾力性**（1%価格が上昇したとき，その財・サービスの需要量が何%減少するかという値）に依存するものの，価格と数量の変動率に逆相関があるときはラスパイレス指数の方がパーシェ指数より高くなる。この関係を示した式を**ボルトキウイッツの関係式**という。

やや技術的になるが，P^L, P^P, Q^L をラスパイレス物価指数，パーシェ物価指数，ラスパイレス数量指数とすると，ボルトキウイッツの関係式は，次式のようになる[7](次頁)。

$$\frac{P^P - P^L}{P^L} = \gamma_{pq} \frac{s_p}{P^L} \frac{s_q}{Q^L} \tag{10.22}$$

いま $x_{(i)} = p_{t(i)}/p_{0(i)}, y_{(i)} = q_{t(i)}/q_{0(i)}, w_{0(i)} = p_{0(i)}q_{0(i)} / \sum_{i=1}^{m} p_{0(i)}q_{0(i)}$ とし，s_p, s_q, γ_{pq} を(10.23)で定義する。

$$s_p^2 = \sum_{i=1}^{m} w_{0(i)}(x_{(i)} - P^L)^2 \qquad s_q^2 = \sum_{i=1}^{m} w_{0(i)}(y_{(i)} - Q^L)^2$$

$$\gamma_{pq} = \frac{\sum_{i=1}^{m} w_{0(i)}(x_{(i)} - P^L)(y_{(i)} - Q^L)}{s_p s_q} \tag{10.23}$$

(10.22) で，s_p, s_q, P^P, Q^L は正であるから，ラスパイレスとパーシェ指数の乖離率（パーシェ・チェック）は，価格変動 x と数量変動 y との相関係数 $\gamma_{xy} = \gamma_{pq} s_p s_q$ に依存する．一般に消費者が合理的な行動をとれば，価格の上昇した品目の購入量は相対的に小さくなることから γ_{pq} は負となるので，ラスパイレス指数はパーシェ指数より大きくなる．

　ラスパイレス指数は実務上計算が容易であるという長所がある一方，長期にわたって価格変動が激しいと現実の消費構造を反映しないのでないかという危惧がある．こうした基準時点に固定したウェイトによる物価指数の欠点

---

7) $x_{(i)} = \dfrac{p_{t(i)}}{p_{0(i)}}, y_{(i)} = \dfrac{q_{t(i)}}{q_{0(i)}}, w_{0(i)} = \dfrac{p_{0(i)} q_{0(i)}}{\sum_{i=1}^{m} p_{0(i)} q_{0(i)}}$ $\left(\text{したがって} \sum_{i=1}^{m} w_{0(i)} = 1\right)$ とすると

$$P^L = \sum_{i=1}^{m} w_{0(i)} x_{(i)} = \bar{x}, \quad Q^L = \sum_{i=1}^{m} w_{0(i)} y_{(i)} = \bar{y}$$

$$P^P = \frac{\sum_{i=1}^{m} p_{t(i)} q_{t(i)}}{\sum_{i=1}^{m} p_{0(i)} q_{t(i)}} = \frac{\sum_{i=1}^{m} \dfrac{p_{t(i)}}{p_{0(i)}} \dfrac{q_{t(i)}}{q_{0(i)}} p_{0(i)} q_{0(i)}}{\sum_{i=1}^{m} \dfrac{q_{t(i)}}{q_{0(i)}} p_{0(i)} q_{0t(i)}} = \frac{\sum_{i=1}^{m} x_{(i)} y_{(i)} w_{0(i)}}{\sum_{i=1}^{m} y_{(i)} w_{0(i)}} = \frac{\sum_{i=1}^{m} x_{(i)} y_{(i)} w_{0(i)}}{Q^L}$$

ここで，$\sum_{i=1}^{m} w_{0(i)} = 1$ を利用して，γ_{xy} を展開する．

$$\begin{aligned}
s_{xy} = \gamma_{xy} = \gamma_{pq} s_p s_q &= \sum_{i=1}^{m} w_{0(i)}(x_{(i)} - P^L)(y_{(i)} - Q^L) \\
&= \sum_{i=1}^{m} w_{0(i)}(x_{(i)} y_{(i)} - x_{(i)} Q^L - P^L y_{(i)} + P^L Q^L) \\
&= \sum_{i=1}^{m} w_{0(i)} x_{(i)} y_{(i)} - \sum_{i=1}^{m} w_{0(i)} x_{(i)} Q^L - \sum_{i=1}^{m} w_{0(i)} P^L y_{(i)} - \sum_{i=1}^{m} w_{0(i)} P^L Q^L \\
&= P^P Q^L - P^L Q^L - Q^L P^L + P^L Q^L \\
&= P^P Q^L - P^L Q^L \\
&= (P^P - P^L) Q^L
\end{aligned}$$

この両辺を $P^L Q^L$ で除せば，(10.22) が得られる．

10.2 物価指数の使用と留意点

表10.3 パーシェ・チェック

	総合指数（全国・持家の帰属家賃を除く）		$\frac{P-L}{L} \times 100$
	パーシェ指数 P	ラスパイレス指数 L	
1970年（1965年基準）	126.0	130.4	− 3.4
75年（1970年基準）	171.0	172.4	− 0.8
1980年（1975年基準）	134.6	137.2	− 1.9
85年（1980年基準）	113.3	114.4	− 1.0
1990年（1985年基準）	105.5	106.2	− 0.7
95年（1990年基準）	106.2	106.4	− 0.2
2000年（1995年基準）	99.9	101.0	− 1.1

資料出所：総務省統計局『平成12年基準 消費者物価指数の解説』2001年, p.10
http://www.stat.go.jp/data/cpi/10.htm

を，パーシェ指数でチェックしようというのがパーシェ・チェックである。

表10.3は各基準改定時において計算された結果であり，パーシェ・チェックは両指数の乖離率で示されている。この表を見ると，乖離率がすべてマイナスであり，前述のように価格変化と数量変化の相関係数 γ_{pq} が，各基準改定時とも負であったことを示している。

10.2.2 消費者物価指数の作成方法

これまでは主として消費者物価指数（CPI と略記）を念頭において物価指数について説明してきた。ここでは CPI の実際の作成方法について説明する。

まず算式は(10.1)のラスパイレス型（基準時点加重相対法算式と呼ぶ）である。最新の基準時点は2000年の1年間であり，ウェイトは家計調査の2000年平均が用いられ，5年間固定される。CPI は，家計の消費生活に及ぼす物価変動を測定するためのものであることから，ウェイトに採用する家計調査の項目の範囲は消費支出に限定される。したがって，直接税や社会保険

料などの非消費支出，有価証券購入や土地家屋の購入などの実支出以外の支出は含まれない。また，消費支出のうち信仰・祭祀費，寄付金，結納金や見舞金などの贈与金については，一般に市場が存在しないこと，支払う費用と受ける対価の関係が明確でないこと，そして他の世帯等への所得移転であるなどの理由により，ウェイト算定から除かれている。他方，持家の帰属家賃（持家から受けるサービスの評価額）が別途算出され，ウェイトに算入されている。総合指数は帰属家賃を含むものが主系列である。ただし，帰属家賃を除く総合指数も公表されている。

　価格については，原則として『小売物価統計調査』（総務省）の月別価格が使用される。CPIに採用する品目は，消費支出の中で重要度が高いこと，価格変動の代表性があること，さらに継続調査が可能であることなどを考慮して選定される。さらに，品目の内容に関しては，特定の銘柄，数量単位などを詳細に指定し，品質の継続性が重視されるようになっている。たとえば，「テレビ」という品目については，銘柄として「ワイドテレビ，32型，画面分割機能付き，BSチューナー内蔵，BSデジタルハイビジョン放送対応機能（D4端子）付き，特殊機能付は除く」と規定され，これに該当する商標・型式番号が指定されたうえで，その価格が調査される。また，調査する価格は，「希望小売価格や正札の価格ではなくて，その店で実際に販売している平常の小売価格（消費税込み）」であって，一時的な安売り，月賦販売などによる価格，中古品の価格は対象外となっている。こうして調査された各品目の価格を調査市町村ごとに単純平均したものが，各調査市町村の比較時点の価格となる（一部，特殊な算出方法を用いる品目もある）。

　基準改定の中心課題は，ウェイトの変更と指数に採用する品目の改廃であり，これらは最近の消費行動に合わせるために行うものである。2000年の基準改定における品目の改廃では，情報化の進展，規制緩和，経済のサービス化等に伴う最近の消費構造の変化をより的確に反映させるため，家計の消費支出のうえで重要度が高まった71品目が追加され，一方，重要度が低くなった55品目が廃止された。

10.2 物価指数の使用と留意点

表10.4 総合指数（全国）のリンク係数と新・旧指数の接続

	1995年基準指数	2000年基準指数
リンク係数	—	1.015
1993年	99.4	98.0
1994年	100.1	98.6
1995年	100.0	98.5
1996年	100.1	98.6
1997年	101.9	100.4
1998年	102.5	101.0
1999年	102.2	100.7
2000年	101.5	100.0

資料出所：総務省統計局『消費者物価指数接続指数総覧 平成12年基準』2001年

　新たに指数に採用された品目の中には「パソコン（デスクトップ型）」と「パソコン（ノート型）」がある。これら2品目は技術革新が激しく，市場の製品サイクルが極めて短いため，小売物価統計調査による価格調査では同質の製品を継続的に調査することが困難である。そこで，パソコン（2品目）については，POSシステムにより集められた全国の主要な家電量販店で販売された全機種の価格及び総数量と，各機種の特性を民間の情報取扱会社から購入し，それらを用いてヘドニック法により価格指数が作成されている。

　なお，長期的なCPIの利用に当たっては，接続指数の利用が不可欠である。『平成12年基準消費者物価接続指数総覧』では，過去の指数と接続するためのリンク係数でこれに対処している（表10.4）。すなわち，各基準年を100とする指数を，次の基準年の年平均指数で除して，接続している。1995～2000年の場合は，1995年基準の2000年指数は101.5であり，これを100で除した1.015がリンク係数となる。このリンク係数で1995年系列を除した値が2000年基準指数となる。

　また，物価指数は短期の景気指標としても重要な役割をもっている。この

場合には，総合の変化率のほか，各項目（i とする）の寄与度や寄与率が問題となる。これらを求める算式は次のとおりである。

$$変化率(\%) = \frac{当期指数 - 前期指数}{前期指数} \times 100$$

$$項目(i)の寄与度 = \frac{\left[\begin{pmatrix}項目(i)の\\当期の指数\end{pmatrix} - \begin{pmatrix}項目(i)の\\前期の指数\end{pmatrix}\right] \times \dfrac{項目(i)のウェイト}{総合のウェイト}}{前期の総合指数} \times 100$$

$$項目(i)の寄与率(\%) = \frac{項目(i)の寄与度}{総合指数の変化率(\%)} \times 100 \qquad (10.24)$$

(10.24) からわかるように，寄与度は物価全体の上昇に対して，項目（i）がどれだけの影響を与えたかを見るものであり，寄与率は各項目の寄与度の構成比である。

10.2.3　企業物価指数と関連指数

企業物価指数（Corporate Goods Price Index: CGPI と略記）は消費者物価指数（CPI）と並んで，日本の代表的な物価指数である。なお，CGPI は，2002年12月に卸売物価指数（WPI）から名称が変更された指数である[8]。

CPI が小売と世帯との取引を対象とするのに対して，CGPI は企業間で取引されるすべての物的商品（サービスを除く）の価格に焦点を当てた物価指数である。こうした点から，CGPI は商品（財）の需給動向や景気動向を敏感に反映しているといえよう。ただし，土地・建物，船舶・武器等，生鮮食料品等については，実際には対象範囲とすべき物的商品ではあるものの，ウェイトの作成や価格の継続調査などが困難なことから，指数の対象範囲には含められていない（ウェイト算定の対象から除外している）。

---

[8]　名称変更は，2000年基準改定において，ウェイトに占める割合で見た場合，調査価格における生産者段階の割合が全体の68％（1995年基準）から85％（2000年基準）へと上昇し，「卸売物価指数」という名称と調査の実態（価格調査段階）との乖離が拡大したことなどから行われたものである。しかし，指数の定義や作成方法について大きな変更はなく，卸売物価指数と企業物価指数は統計として連続している。

10.2 物価指数の使用と留意点

表10.5 企業物価指数の概要（2000年基準）

	(A) 国内企業物価指数	(B) 輸出物価指数	(C) 輸入物価指数
①カバレッジ（ウェイト算定が可能な商品出荷（貿易）額に占めるウェイト対象総取引額の割合（％））	95.1	93.0	91.9
②指数採用品目の採用基準	基準年（2000年）における「ウェイト対象総取引額」（国内市場向け国内生産品の生産者出荷額）の1万分の1（246億円）以上の取引シェアをもつ商品。	基準年（2000年）における「ウェイト対象総取引額」（通関輸出額）の1万分の5（240億円）以上の取引シェアをもつ商品。	基準年（2000年）における「ウェイト対象総取引額」（通関輸入額）の1万分の5（188億円）以上の取引シェアをもつ商品。
③採用品目数	910	222	275
④価格の調査段階	国内品について，商品の流通段階のうち企業間の取引が集中し，各商品の需給関係が最も集約的に反映される段階の価格（生産者段階の比率は85％）	輸出品が本邦から積み出される段階の価格（原則としてFOB建）	輸入品が本邦へ入着する段階の価格（原則としてCIF建）
⑤価格の調査時点	原則としては，契約成立時。ただし，こうした取扱いが困難な場合は，出荷時あるいは本邦入着時点の価格を調査		

出典：日本銀行調査統計局『2000年基準 企業物価指数（CGPI）の解説』2003年3月

　CGPIの基本分類指数は，三つの指数から構成されている。第一は，(A) 国内企業物価指数である。これは，当該品目の需給関係が最も集約的に反映される段階で国内品の価格変動を把握した指数である。第二は，(B) 輸出物価指数であり，これには円ベースと契約通貨ベースの双方の指数が作成されている。第三は，(C) 輸入物価指数であり，これにも円ベースと契約通貨ベースの双方の指数が作成されている。これら三つの指数の概要は表10.5に示すとおりである。

　なお，WPIでは基本分類指数の中に「総合卸売物価指数」という名称の

指数があったが，CGPI では名称が「国内・輸出・輸入の平均指数」に変更され，その位置付けも基本分類指数から参考指数に変更されている。

まず，①のカバレッジについて見てみよう。ウェイト算定が可能な商品出荷（貿易）額に占めるウェイト対象総取引額の割合（％）で見ると，(A) 国内企業物価指数が95.1％，(B) 輸出物価指数が93.0％，(C) 輸入物価指数が91.9となっており，(C)が最も低いとはいえ90％以上である。②の指数採用品目の採用基準では，(A)国内企業物価指数が国内品の1万分の1以上の取引シェアをもつ商品，(B)輸出物価指数と(C)輸入物価指数が輸出額及び輸入額の1万分の5以上の商品となっている。

④の価格の調査段階に関しては，CGPI ではどの段階の価格を把握しているのかが重要である。(A)国内企業物価指数では国内品（国内市場向けの国内生産品）について，商品の流通段階のうち，企業間の取引が集中し，各商品の需給関係が最も集約的に反映される段階の価格を調査しており，その結果，生産者段階の比率は85％（2002年10月25日時点）となっている。また，(B)輸出物価指数と(C)輸入物価指数はいわゆる水際での価格に基づいており，輸出が FOB 建（free on board，本船積込渡し価格：売手価格＋輸出港までの輸送），輸入が CIF 建（cost, insurance and freight，輸入港までの運賃・保険料込み渡し価格）である。

以上の説明からわかるように，CGPI の(A) 国内企業物価指数は必ずしも生産者出荷段階の価格（生産者価格）ではない。その結果，⑤の価格の調査時点が問題となる。原則は，契約の成立時点である。ただし，契約成立時点の価格を調査することが困難な場合には，出荷時あるいは本邦入着時点の価格を調査するなどの便法が用いられている。なお，輸出入物価指数では，契約が外貨建のときは外貨建価格を調査しており，円ベース指数を作成する場合は，これを円建てに換算するため，為替レートの影響も受ける。消費税の処理については，(A) 国内企業物価指数は消費税込み，(B) 輸出物価指数は免税のため消費税ナシ，(C) 輸入物価指数は水際価格のため消費税抜きとなっている。

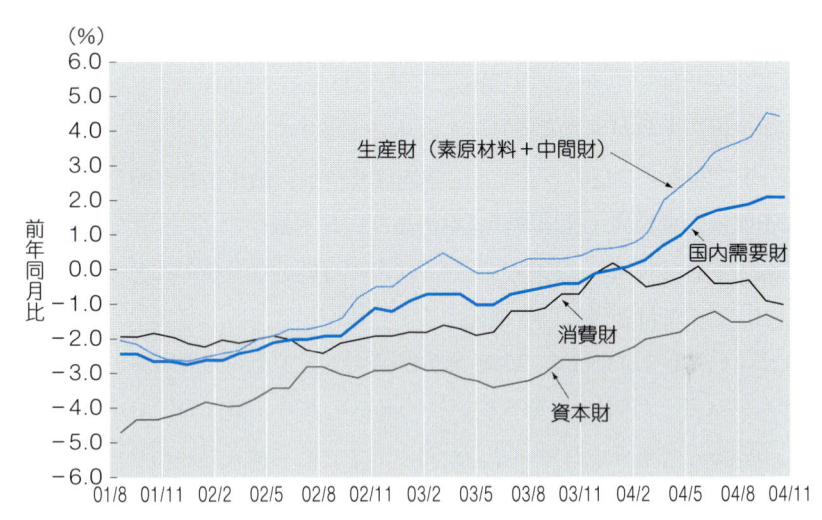

図10.3 CGPI の前年同月比の推移

　CGPIの指数算式はラスパイレス型(10.1)である。また，接続指数についても，リンク係数方式を採用している。この点は，原則的にCPIと差がない。なお，CPI（年次のみ）と同様に，(A)国内企業物価指数については，参考指数として連鎖基準ラスパイレス指数算式を使用して計算した指数（月次）も公表されている。また，そのほかの参考指数として需要段階別・用途別指数が毎月公表されている。これらの指数は価格波及プロセスの把握など，価格動向を多面的に分析するためのものである。具体的には，(A) 国内企業物価指数，及び(C) 輸入物価指数の採用品目を国内需要財とし，その内訳を需要段階ごとに「素原材料（未加工のもの）」，「中間財（加工過程を経たもの）」，「最終財」に分けている。さらに「最終財」の内訳を用途別に「資本財」と「消費財」に分類している。また，各項目ごとに「国内品」と「輸入品」に分けた指数が公表されているので，「国内品」について見ると，(A) 国内企業物価指数の内訳を需要段階別・用途別にとらえることができる。図10.3は，(A) 国内企業物価指数の対前年同月比の推移を需要段階別・用途別結果をも

とに,「素原材料」と「中間財」を併せた「生産財」と「消費財」及び「資本財」に分けて示したものである。この図を見ると2004年3月以降の上昇は,生産財の上昇が大きく寄与していることがよくわかる。

CGPIと関連する指数として,企業向けサービス価格指数(略してCSPI)と製造業部門別投入・産出物価指数があり,日本銀行の『物価指数月報』などで公表されている。このうち,後者はやや専門的な分析のためのものであるので,ここでは前者に関し概述する。

まず,CSPIの対象は第三次産業が提供する,企業間で取引される企業向けサービス(うち国内+輸入向け)の価格であり,個人向けサービスの価格については対象外としている。ただし,主として個人向けのサービスであっても,郵便や電話料金など企業が同様のサービスを需要している場合には,当該価格も対象としている。また,継続的に信頼性のある価格を調査することが困難で,かつ指数に採用している他のサービスの中で,類似しているあるいは価格動向を近似できる適当なサービスが見当たらないものなどの価格は対象外とされている。それらの事例としては「金融帰属利子」,「商業マージン」,「教育・研究」,「公務」などが挙げられている。

CGPI, CSPI, CPIの対象領域の差は図10.4のようになる。CGPIは財貨を対象としているのに対して,CSPIはサービスを対象としており,両者は補完的な関係にある。ただし,CGPIには三つの指数が作成されているのに対して,CSPIについては「国内+輸入」のサービス価格指数のみが作成されている。

CSPIの基本分類は,2000年産業連関表(総務省)の枠組みに準拠しているものの(産業連関表については12章12.2参照),いくつかの変更が行われている。

採用品目は原則として,産業連関表上の「基本分類」であり,基準年(2000年)における企業間取引額が5,000億円以上のサービスを「小類別」として採用し,そのうえで各小類別を構成する個別品目について,ウェイトのデータが入手可能で,かつ価格データの収集が可能な110品目である。調

10.2 物価指数の使用と留意点

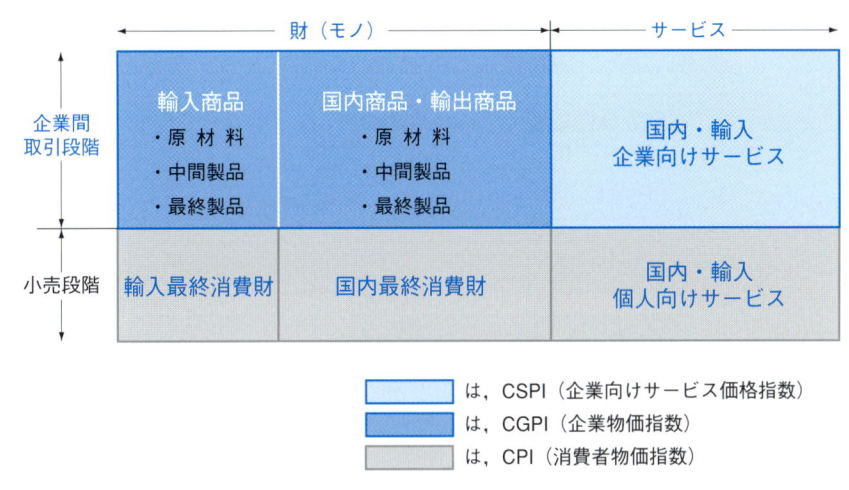

	財（モノ）		サービス
企業間取引段階	輸入商品 ・原材料 ・中間製品 ・最終製品	国内商品・輸出商品 ・原材料 ・中間製品 ・最終製品	国内・輸入 企業向けサービス
小売段階	輸入最終消費財	国内最終消費財	国内・輸入 個人向けサービス

　　　　　　　は，CSPI（企業向けサービス価格指数）
　　　　　　　は，CGPI（企業物価指数）
　　　　　　　は，CPI（消費者物価指数）

出典：日本銀行調査統計局『2000年基準　企業向けサービス価格指数(CSPI)の解説』2004年12月

図10.4　CSPI，CGPI及びCPIの対象領域

査価格は，品目ごとに代表的なサービスを特定し，一定の取引条件等の下で，実際の取引価格が調査されている。ただし，サービス特有の問題（何を数量とするかなど）を考慮して，各業種の実態に応じた調査も実施されている。指数算式はラスパイレス型である。産業関連表との関係から基準改定はCPIやCGPIに比べて遅くなるが，2004年11月25日に2000年基準へ移行している。また，CSPIは消費税を含むベースで作成されている。

　第三次産業が拡大化する今日，CSPIは企業間のサービス価格を体系的に把握しようとするものとして，今後その重要度が増すであろう。ただし，サービス特有の困難や新しい統計である（1991年より公表）ため，対象を精度の良いところに限定している。2000年基準のサービス全体に占める対象総取引額の割合（全体のカバレッジ）は，1995年基準（57.6％）に比べて増えたものの，63.6％にとどまっている。

10.2.4　生鮮食品と品質変化の取扱い

　物価指数は価格変動の測定に焦点があるため，それに対応した工夫が行わ

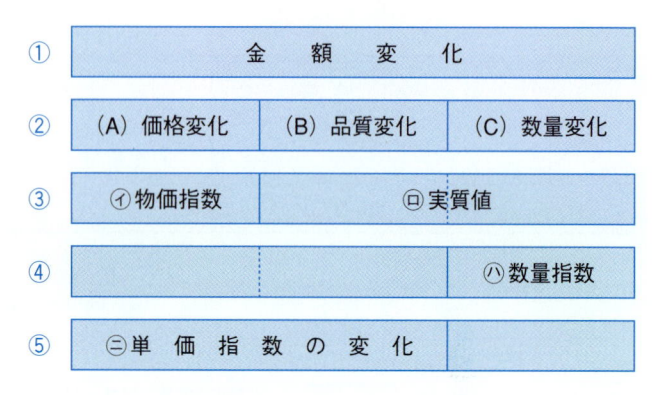

```
①  ┌─────────────────────────────────────────┐
   │           金  額  変  化                │
   └─────────────────────────────────────────┘
②  ┌──────────────┬──────────────┬──────────────┐
   │ (A) 価格変化 │ (B) 品質変化 │ (C) 数量変化 │
   └──────────────┴──────────────┴──────────────┘
③  ┌──────────────┬──────────────────────────────┐
   │ (イ) 物価指数 │        (ロ) 実質値          │
   └──────────────┴──────────────────────────────┘
④  ┌───────────────────────────┬──────────────┐
   │                           │ (ハ) 数量指数 │
   └───────────────────────────┴──────────────┘
⑤  ┌───────────────────────────────┐
   │ (ニ) 単 価 指 数 の 変 化    │
   └───────────────────────────────┘
```

図10.5 品質変化と関連指標

れている。その第一は，生鮮食品で代表されるように，季節的に継続して価格を調査することが困難な品目の扱いであり，第二は，調査銘柄を変更する際の品質変化に対する処理である。

　まず，CPIの生鮮食品（生鮮魚介，生鮮野菜，生鮮果物）の取扱いについて見てみよう。CPIではそのウェイトも大きいため，生鮮食品は総合指数の内枠となっている。CPIの生鮮食品のウェイトは類別には年間で固定されている。ただし，生鮮食品の品目の多くは，月ごとに世帯の購入状況が大きく異なるため，品目別に月別ウェイトを作成して，その変化に対処している。価格調査の期日についても，天候の変化等により値動きが大きいことから，毎月，上旬，中旬，下旬と3回の調査を行っている。また，物価の基調的な動きを見るために「生鮮食品を除く総合」が公表されており，生鮮食品の扱いにはきめ細かい配慮がなされている[9]。

　次に，調査銘柄を変更する際の品質変化に対する処理である。最初に品質の変化が，関連指標とどんな関係にあるかを考えてみよう（図10.5）。

　まず，金額の変化①は(A) 価格変化，(B) 品質変化，(C) 数量変化と分解され（②），物価指数は(A)を，数量指数は(C)を把握している。10.1.2で述べた

---

[9] CGPIでは，生鮮食料品は輸入品のみが対象となっており，2000年基準では18品目が調査され，輸入物価指数の中の参考指数として公表されている。

10.2 物価指数の使用と留意点

ように，要素転逆テストの条件は，金額指数 = 物価指数 × 数量指数であった。しかし，実際には品質変化が伴う。

名目金額を物価指数で除した値は実質金額または実質値（固定表示価額）と呼ばれる。この実質金額には，基準時点と比較時点との間に品質変化があれば，それを含むことになる（③）。その結果，数量指数の動きとは差が生じる（④）。

他方，価格指数としては，購入金額を購入数量で除して求めた平均単価から平均単価指数も作成できる（⑤）。この場合，数量は確定しているので，結果として品質が価格に押し込められることになる。物価指数では銘柄を固定し，品質変化を除去する点で，平均単価指数とは異なっている。品質変化が少なければ，平均単価指数との差はあまりないが，急激な変化のあるときには注意を要する。

調査銘柄を変更する際に新旧の銘柄に品質差があると認められる場合の処理としては，CGPIではコスト評価法（調査先より聴取した新旧両銘柄の生産コストの差を品質変化に見合う部分とみなす方法）やオーバーラップ法（新旧銘柄が一定期間並行販売され，その間に両者の市場価格の差が安定的に推移している場合に，これを両銘柄の品質差に見合う部分とみなす方法）などが適用されている。また，前述したパソコンやデジタルカメラのように，商品の価格や性能を表すデータが，市販の雑誌やPOSデータなどから豊富に入手できる場合には，ヘドニック法という計量分析的な方法が導入されている。

また，CPIでもオーバーラップ法，ヘドニック法のほか，オプション・コスト法（旧銘柄でオプションとなっていた装備が新銘柄で標準装備となったとき，通常オプション価格の2分の1相当を品質向上分とみなす方法）やインピュート法（新旧両銘柄を同一時点で比較することが困難な場合，当該品目の価格変化を同一類内における他の品目の平均的な価格変化に等しいとみなして接続する方法）が用いられている。

10.3 鉱工業指数と第3次産業活動指数

10.3.1 間接方法による数量指数

数量指数は物価指数と対になる形で説明されることが多い。その方が指数の性格を理解しやすいためである。しかし，現実の統計データでは必ずしもそうした対応するデータがあるとは限らない。たとえば，CPIは世界各国で作成されている重要で，利用価値の高い物価指数であるにもかかわらず，それに対応する数量を調査して加工した消費数量指数があるわけではない。総務省は家計調査の公表の中で消費水準指数を公表しているが，これは毎月の消費支出を世帯人数（4人）と日数（1カ月 = 30.4）の調整を行った後，2000年を基準に指数化し，これをCPIで除して実質化したものである。したがって，消費水準指数は生活水準の指標として有益であるとはいえ，消費数量を調節し加工したものではない。むしろCPIの一つの重要な応用であって，結果としては(10.16)からわかるようにパーシェ型の数量指数となる。

もう一つの例は貿易指数である。財務省の貿易統計では，品目別輸出入（数量，金額）などのほかに貿易指数が作成されている。貿易指数は，金額指数，価格指数，数量指数からなる。このうちの価格指数は，通関ベースの輸出入金額を輸出入数量で除して求めた品目ごとの輸出入1単位当たりの平均単価を価格データとしたもので，(10.3)のフィッシャー算式で求められている。また，数量指数は，金額指数を価格指数で除して算出されている。フィッシャー算式は要素転逆テスト(10.14)を満たすので，品質や性能の変化，取引条件の違いを除けば，フィッシャー型の数量指数である。すなわち，貿易指数では数量指数を直接計算せずに，金額指数を経由して求めているのである。

これら二つの例は，いずれも直接的に数量指数を算出しているのではない。これに対して，数量を調査し，それを指数化している統計がある。その例として，以下では鉱工業指数と第3次産業活動指数を取り上げる。

10.3 鉱工業指数と第3次産業活動指数

表10.6 鉱工業指数の種類と2000年基準の採用品目数

指 数 の 種 類	採用品目数	公 表 時 期
① 生産指数（付加価値額ウェイト）	521	速報 　翌年27日頃 確報 　翌年月15日頃
② 生産指数（生産額ウェイト）	521	
③ 生産者出荷指数	521	
④ 生産者製品在庫指数	375	
⑤ 生産者製品在庫率指数	349	
⑥ 稼働率指数	175	翌々月15日頃
⑦ 生産能力指数	175	
⑧ 製造工業生産予測指数	181	翌月27日頃

出典：経済産業省経済産業政策局調査統計部編『平成12年(2000年)基準　鉱工業指数の解説』2003年4月

10.3.2 鉱工業指数と鉱工業生産指数

経済産業省では**鉱工業指数**（Indices of Industrial Production, **IIP** と略記）を毎月，公表している．さらにそれらに年間補正，季節指数の改訂を行って毎年『**鉱工業指数年報**』としてまとめている．**表10.6**は平成12年基準鉱工業指数の解説からの引用である．これらの指数の算式は二つに分かれる．第一は(10.4)タイプのラスパイレス算式である．すなわち，(10.25)である．

$$Q_{0t}^L = \sum_{i=1}^{m} \frac{q_{t(i)}}{q_{0(i)}} w_{0(i)} \tag{10.25}$$

ただし，$w_{0(i)}$ は各品目ごとのウェイトであって，$\sum_{i=1}^{m} w_{0(i)} = 1$ である（ウェイトについては後述）．(10.25)は，**表10.6**の①～④，⑦に適用されている．

第二の指数群は比率に関するものであって，算式は次のとおりである．

$$R_{0t}^L = \sum_{i=1}^{m} \frac{r_{t(i)}}{r_{0(i)}} w_{0(i)} \tag{10.26}$$

ただし，r は比率，他は前式と同じである．(10.26)は，**表10.6**の⑤，⑥に適用されている．各比率は

$$\text{生産者製品在庫率} = \frac{\text{在庫数量}}{\text{出荷数量}}$$

$$\text{稼働率} = \frac{\text{生産能力生産量}}{\text{生産能力量}}$$

である。

ここで，本来の意味での数量指数は(10.25)である。(10.26)は，比率を基礎にした算式であるが，その意味は必ずしも明確ではない。また，在庫はストックであり，フローの変量とは異なる点にも注意が必要である。

なお，表10.6の⑧の製造工業生産予測指数は，生産指数の先行き2カ月について毎月予測しようとするものであって，生産数量の前月実績，当月見込み及び翌月見込みについて，報告された結果を指数化し，その指数から実現率及び予測修正率を次のように求めて公表している。

$$\text{実現率} = \frac{\text{今回調査による前月実績指数}}{\text{前回調査による当月見込み指数}}$$

$$\text{予測修正率} = \frac{\text{今回調査による当月見込み指数}}{\text{前回調査による翌月見込み指数}}$$

次に，数量指数の代表例として，鉱工業指数の中の生産指数を概述しておこう。

鉱工業生産指数の作成に用いられる月々のデータは，経済産業省所管の品目については主として同省の『生産動態統計』から求められている。ただし，鉄道車両，医薬品，食料品など経済産業省所管外の品目については他府省および業界団体の統計資料が利用されている。

指数の採用品目は2000年基準で521品目である。生産指数のウェイトには，付加価値額ウェイト（①）と生産額ウェイト（②）の2通りがある[10]。付加価値額ウェイトは2000年の工業統計調査（産業編）の産業別付加価値額を基礎にしている。ただし，採用品目が他産業でも生産されているときには，

---

10) 付加価値額とは生産額から原材料費を差し引いたものである。付加価値額の概念については後述する。

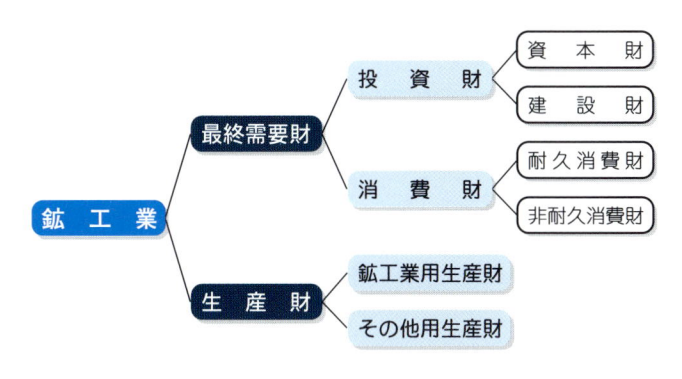

10.3 鉱工業指数と第3次産業活動指数

図10.6 鉱工業指数の特殊分類

当該品目の業種別構成比で調整している。また，生産額ウェイトは工業統計調査の品目別生産額をベースにしている。

こうして作成された生産指数については，二つの分類がなされている。第一は，業種分類であり，利用上の便宜も考慮して，日本標準産業分類の中分類を若干組み替えた分類になっている。第二は特殊分類であって，図10.6に示すような形の分類である。これは各財を組み替えて分類したものであり，輸出向けの財は国内向けと区別せず，用途に応じて各分類に含められている。

次に，生産指数を中心に，こうした鉱工業指数の主な利用の注意点を簡単に述べておこう。第一は，鉱工業生産指数における生産額ウェイトと付加価値額ウェイトの意味である。生産額ウェイトは，物価指数との対応関係でわかりやすい考え方である。たとえば，ピアノの台数の変化は，その価格の変動と対応がつけやすい。これに対して，付加価値額ウェイトは若干複雑な概念である。ピアノ産業の生産は確かにピアノの台数であるが，それには板，金属製品等の原材料が使用されている。原材料はピアノ産業で生産したものでないから，本来ピアノ産業での生産は，ピアノの生産額から原材料費を差し引いたもの（これを付加価値額という）であるというのが付加価値額ウェイトの考え方である。現実の数量と物価の関係，生産額を予測のために延長するときなどでは生産額ウェイトの方がよい。他方，12章の国民経済計算

表10.7 鉱工業生産指数とGDP成長率

	鉱工業生産指数				実質GDP成長率（%）
	付加価値ウェイト		生産額ウェイト		
	原指数	前年比（%）	原指数	前年比（%）	
1999年	94.6	0.2	94.1	0.4	−0.1
2000年	100.0	5.7	100.0	6.3	2.4
2001年	93.2	−6.8	93.4	−6.6	0.2
2002年	92.0	−1.3	92.7	−0.7	−0.3
2003年	95.0	3.3	95.8	3.3	1.3

資料出所：鉱工業生産指数は経済産業省経済産業政策局調査統計部編『平成12年基準　鉱工業指数年報　平成16年版』
実質GDP成長率は次のURLより入手できる。
http://www.esri.cao.go.jp/jp/sna/qe043-2/ritu-jcy0432.csv

では付加価値が重視される。こうしたマクロ指標との対応では付加価値額ウェイトの方が望ましいといえる。なお，生産額ウェイトによる生産指数は『鉱工業指数年報』でのみ公表されている。

　それでは，これらの間にどのくらいの差があるのであろうか。これが鉱工業生産指数に関する第二のポイントである。表10.7を見ると，鉱工業生産指数はどちらのウェイトを用いても，前年比にあまり大きな差はない。両ウェイトの間には付加価値率（付加価値額/生産額）が介在するものの，固定ウェイトを用いているためその影響は少ない。他方，鉱工業生産指数と実質GDPの前年比を比較するとかなりの差がある。しかし，鉱工業生産指数はGDPよりも速報性があるので，景気指標として重視されている。

　鉱工業生産指数と実質GDPの動向の乖離が問題視されたこともあったが，両者には対象範囲，作成方法などについて大きな差があり，単純な比較では一致しないのが普通であろう。

　第三は，鉱工業生産指数も鉱工業指数の一指標であるから，これらの各種指標を組み合わせることにより，鉱工業の動向をすばやく知ることができる

ことである。これが最も基本的な使い方であり，生産 = 出荷 + 自家消費 + 製品在庫投資といった関係や，さらには稼働率指数や在庫率指数が需給ギャップの指標になる点を念頭に置いておくとよい。また指数ではないものの，縦横の両軸にそれぞれ出荷と製品在庫の対前年同期比をとった在庫循環図というのもある。これは一般にもよく用いられる景気循環の一つの判定法である。

第四は，鉱工業よりももっと視野を広げた動向判断も考えられることである。CPI, CGPI, IIP などには各種の特殊分類がある。こうした特殊分類，個別品目の利用，生産動態統計や家計調査等の原統計の併用により，品目によっては幅広く判断が可能かもしれない。しかし，それには各統計の対応関係が大きなポイントになる。

10.3.3　第3次産業活動指数

第3次産業活動指数（経済産業省）は，第3次産業の生産活動（活況度）を総合的に把握することを目的として，1978年（1975年基準指数）から公表が始まった指数である。現在は，2000年基準指数が毎月公表されている[11]。

この指数の生産活動の範囲は，原則として市場取引されるサービス（役務）である。ただし，公務，学校教育，保健衛生などや，宗教等の対家計民間非営利団体の生産活動は除かれている。また，供給側のデータを基本としているものの，一部需要側のデータも含んでいる。

算式は，基準時点ウェイトのラスパイレス型である。すなわち

$$Q_{0t}^L = \sum_{i=1}^{m} \frac{q_{t(i)}}{q_{0(i)}} w_{0(i)} \tag{10.27}$$

$$\sum_{i=1}^{m} w_{0(i)} = 1$$

ただし，q は活動量，w は産業連関表の付加価値額を基準として算出した

---

11)　経済産業省編『平成12年(2000年)基準　第3次産業活動指数及び全産業活動指数の改定の概要』2004年6月。

表10.8　2000年基準第3次産業活動指数　採用データ事例

	業種分類	採用データ
①生産を表す数量データ	電気業	総発受電電力量
	放送業	受信契約件数
	旅客運送業	旅客数
	貨物運送業	貨物取扱量
②生産を表す金額データ	通信業	売上高
	情報サービス業	売上高
	卸売・小売業	販売額
③生産の動きを代用し得る数量データ	医療業	雇用指数，労働時間指数
	法務・財務・会計サービス業	専門的・技術的職業従事者数
④生産の動きを代用し得る金額データ	テレビ番組制作・配給業	テレビ広告売上高
	学習塾	家計の補習教育費支出

ウェイトである。(10.27)は，基本的に(10.25)と同じである。ただし，鉱工業生産指数とは異なり，対象が多様な内容をもつ第3次産業であるから，活動量の系列を数量系列では統一できないため，金額系列も併用している。金額系列は，金額データをデフレータによって実質化したものである。具体的な採用データの事例は，表10.8に示すとおりである。

　第3次産業活動指数は，考え方は数量指数であっても，その意味合いはやや弱い。こうした点に第3次産業の活動表現の難しさがある。金額系列では，デフレータとして使用する物価指数が重要となるが，そのためには企業向けサービス価格指数（CSPI）や消費者物価指数（CPI）が有益な情報となっている。

　ウェイトは産業連関表（2000年表）の粗付加価値額をベースとしており，業種分類別のウェイトは表10.9に示すとおりである。また，第3次産業活動指数は付加価値額ウェイトだけで生産額ウェイトの指数はない。ただし，金融の付加価値概念には注意が必要である。

10.3 鉱工業指数と第3次産業活動指数

表10.9 2000年基準第3次産業活動指数の業種分類別ウェイト

分類	ウェイト
第3次産業活動指数	10000.0
電気・ガス・熱供給・水道業	463.9
情報通信業	906.3
運輸業	810.6
卸売・小売業	2577.3
金融・保険業	890.0
不動産業	665.3
飲食店，宿泊業	551.1
医療，福祉	826.6
学習支援業	122.3
複合サービス業	154.8
サービス業	2031.8

出典：経済産業省経済産業政策局調査統計部編『平成12年（2000年）基準第3次産業活動指数及び全産業活動指数の改定の概要』2004年6月

　指数の公表分類としては，表10.9に示す業種分類のほかに，参考系列として「公務等活動指数」が雇用指数等を用いて作成，公表されている。

　第3次産業活動指数は，純粋な数量指数ではないとはいえ，急速に成長しつつある領域の活動状況を総合的に把握した指数であり，鉱工業生産指数などと併用すれば，速報的に経済の状況をつかめる点に意義がある。その具体例として，経済産業省で作成している全産業活動指数がある。全産業活動指数は，全産業の生産活動の状況を供給面からとらえることを目的としたものであり，表10.10に示す五つの指数を基準年の産業連関表による付加価値額ウェイトで加重平均して求めている。この全産業活動指数は，第3次産業活動指数の公表と合わせて毎月発表されており，景気動向の把握やGDPの四半期結果（QE）を予測するうえで注目されている。

表10.10 全産業活動指数の指数別ウェイト

指数名	所管	2000年基準ウェイト
全産業活動指数	経済産業省	100.0
農林水産業生産指数	農林水産省	1.6
建設業活動指数	＊	7.0
鉱工業生産指数	経済産業省	20.2
第三次産業活動指数	経済産業省	60.4
公務等活動指数	経済産業省	10.8

＊ 建設総合統計（国土交通省）をもとに，経済産業省が試算。
出所：経済産業省経済産業政策局調査統計部編『平成12年（2000年）基準 第3次産業活動指数及び全産業活動指数の改定の概要』2004年6月

コラム

Σ（シグマ）の使い方

統計データを用いてなんらかの分析を行うとき，「総和」を計算することが必要となる場合が多い。そのため，和の記号であるΣ（シグマと読む）の使い方を知っておくと，式の理解や表記法に便利である。

いま変数 x_i の第 i 番目の値とし，値の数が n 個（$i=1, 2, \cdots, n$）あるものとする。このとき

$$x_1 + x_2 + \cdots + x_n = \sum_{i=1}^{n} x_i \tag{1}$$

と書く。$\sum_{i=1}^{m} x_i$ は，i が $1, 2, \cdots, n$ と変わるとき，すべての x_i の総和をとることを意味する。もし x_3 から x_n までの和を取りたいならば

$$x_3 + x_4 + \cdots + x_n = \sum_{i=3}^{n} x_i \tag{2}$$

とすればよい。このように，Σ ではなにが変わるかを明示することが重要である。ただし，前後関係から明白なときには，i が略される場合もある。また i の範囲も明らかなときは，$\sum_{i=1}^{n} x_i$ の代わりに単に $\sum x$ と略記される場合もある。なお(1)では，i を変化する要素として用いているが，i の代わりに j, k, t などのサフィックス（添字）が用いられることもある。

10.3 鉱工業指数と第3次産業活動指数

以下，Σ を用いた若干の表記例を示しておく．

$$a + ar + ar^2 + \cdots + ar^{n-1} = a \sum_{i=1}^{n} r^{i-1} \tag{3}$$

$$x_{i1} + x_{i2} + \cdots + x_{in} = \sum_{j=1}^{n} x_{ij} \tag{4}$$

$$\sum_{i=1}^{n} (x_i + y_i) = (x_1+y_1) + (x_2+y_2) + \cdots + (x_n+y_n)$$
$$= (x_1 + x_2 + \cdots + x_n) + (y_1 + y_2 + \cdots + y_n)$$
$$= \sum_{i=1}^{n} x_i + \sum_{i=1}^{n} y_i \tag{5}$$

$$\sum_{i=1}^{n} ax_i = ax_1 + ax_2 + \cdots + ax_n = a(x_1 + x_2 + \cdots + x_n)$$
$$= a \sum_{i=1}^{n} x_i \tag{6}$$

このうち(5)と(6)は，Σ の演算方法を示している．すなわち，(5)は「2種類の値の和の総和」が「各値の総和の和」に等しいこと，また(6)は「値の一定倍の総和」が「値の総和の一定倍」に等しいことを示している．(5)を用いると，次の関係式が得られる．

$$\sum_{i=1}^{m} \sum_{j=1}^{n} x_{ij} = \sum_{i=1}^{m} (x_{i1} + x_{i2} + \cdots + x_{in}) = (x_{11} + x_{12} + \cdots + x_{1n}) + \cdots$$
$$+ (x_{m1} + x_{m2} + \cdots + x_{mn}) = (x_{11} + x_{21} + \cdots + x_{m1}) + \cdots$$
$$+ (x_{1n} + x_{2n} + \cdots + x_{mn}) = \sum_{j=1}^{n} (x_{1j} + x_{2j} + \cdots + x_{mj})$$
$$= \sum_{j=1}^{n} \sum_{i=1}^{m} x_{ij} \tag{7}$$

(7)は複雑であるものの，i と j のすべての総和は i から先に和をとっても，j から先に和をとっても同じ結果になることを意味している．

次に(6)の特殊な場合として，すべての x_i が1の場合を考えてみよう．このとき

$$\sum_{i=1}^{n} ax_i = ax_1 + ax_2 + \cdots + ax_n = \overbrace{a + \cdots + a}^{n \text{ コ}} = na \tag{8}$$

が得られる．(8)は定数に関して総和をとること意味しており，誤解しないようにしなければならない．

(8)は，(3)において $r=1$ とおいても導出される．すなわち

$$a \sum_{i=1}^{n} r^{i-1} = \sum_{i=1}^{n} ar^{i-1} = \overbrace{a + \cdots + a}^{n \text{ コ}} = na \tag{9}$$

である．

これらの諸式のうち(5)，(6)，(8)を用いれば，変数変換に関する関係式も得られる．すなわち，たとえば，いま x_i を一次変換して，$y_i = a + bx_i$ （a と b は定数）としたとき

$$\sum_{i=1}^{n} y_i = \sum_{i=1}^{n} (a + bx_i) = \sum_{i=1}^{n} a_i + \sum_{i=1}^{n} bx_i = na + b \sum_{i=1}^{n} x_i \tag{10}$$

となる．

最後に，数列の和の公式を $\sum$ で示しておく．

$$\sum_{i=1}^{n} x = 1 + 2 + \cdots + n = \frac{1}{2} n(n+1)$$

$$\sum_{i=1}^{n} x^2 = 1 + 2^2 + \cdots + n^2 = \frac{1}{6} n(n+1)(2n+1)$$

$$\sum_{i=1}^{n} x^3 = 1 + 2^3 + \cdots + n^3 = \frac{1}{4} n^2(n+1)^2 = \left\{ \frac{1}{2} n(n+1) \right\}^2$$

$$\sum_{i=1}^{n} ar^{i-1} = a + ar + ar^2 + \cdots + ar^{n-1} = \frac{a(1-r^n)}{1-r} = \frac{a(r^n-1)}{r-1}$$

$$\tag{11}$$

ただし $r \neq 1$ である．$r = 1$ のときは(9)と同じになる．

11

その他の経済指数

11.1 労働生産性

労働生産性には平均生産性と限界生産性との2通りが考えられる。ここで説明するのは労働の平均生産性である。経済学的には，平均労働生産性は付加価値または生産量（産出量）を労働投入量で除したものである。付加価値か産出量かの選択は，分析目的と生産指標の考え方に依存する。労働投入量も，時間，人員，時間×人員の3通りが考えられる。したがって，原理的には多くの労働生産性指標が考えられるものの，実際のデータの制約，他統計との関連などを考慮しなければならない。

11.1.1 労働生産性指数

社会経済生産性本部は，製造業，建設業，鉱業，及び第三次産業を対象にした労働生産性指数（Labor Productivity Index, LPI と略記）を1955（昭和30）年から毎月作成，公表している[1]。これは521品目（2000年基準）の各々について算出されている。

まず，鉱工業の LPI から見てみよう。この指数は，産業の物的労働生産

---

1) 社会経済生産性本部では，マクロ的視点から『労働生産性の国際比較』も公表している。なお，労働生産性に関する指数については4.2.3, 6.1.4も参照。

性の把握にあり，金額ベースの価値労働生産性ではない。したがって，投下労働投入量当たりの産出量が対象となる。産出量は IIP の基礎データである経済産業省の生産動態統計調査から，また労働投入量は厚生労働省の毎月勤労統計調査（事業所規模5人以上）から求めている。なお，指数算式はラスパイレス型である。

指数は（A）個別指数，（B）業種別指数，（C）総合指数とに分かれている。この中の（A）個別指数について少し詳しく見てみると，産出量指数は基本的に IIP の品目指数を利用している。なお，労働投入量との関係で品目を統合するときは基準時点の付加価値額ウェイトで集計している。労働投入量指数は，上述のように毎月勤労統計調査（事業所規模5人以上）の常用雇用指数×総実労働時間指数に基づいて算出されている。したがって，労働投入量の単位は延労働時間数である。こうして求めた両指数の比が（A）個別指数となっている。すなわち，$q_{t(i)}$ を t 時点における品目 i の鉱工業生産指数，$l_{t(i)}$ を労働投入量指数とすれば，個別指数 $M_{t(i)}$ は以下のように表される。これは分母と分子がともに指数である，いわゆる「複合指数」である。

$$M_{t(i)} = \frac{q_{t(i)}}{l_{t(i)}} \times 100 \qquad (11.1)$$

この個別品目指数を総合する際に，二つの方法が用いられている。まず業種（約20）レベルの総合に関しては，分子には経済産業省の業種別生産指数をそのまま使い，分母にはその業種に属する品目別月間延労働時間数を単純に合計して指数化したものを使っている。次にこの業種別指数をさらに総合して，製造工業，建設業，鉱業，第三次産業総合レベルの指数をつくる場合に，業種別付加価値額をウェイトとした加重平均法がとられている。

表11.1は『季刊生産性統計 第186号』（社会経済生産性本部）からの引用と，それに基づく若干の指標である。

表11.1を見ると，労働生産性（(1)列）は2002年，2003年とそれぞれ前年に比べて上昇している。これを産出量指数（(2)列）と労働投入量指数（(3)列）に分解すると，前者は2003年に上昇しているのに対して，後者は2001

11.1 労働生産性

表11.1 製造業の労働生産性に関連する指数（2000年 = 100）

	労働生産性指数 (1)	産出量指数 (2)	労働投入量指数 (3)	名目賃金指数 (4)	企業物価指数 (5)	(4)/(5) × 100 (6)	(1)の変化率（％）(7)	(6)/(1) (8)
1999年	94.6	94.6	100.0	101.3	100.0	101.3		1.07
2000年	100.0	100.0	100.0	100.0	100.0	100.0	5.7	1.00
2001年	96.0	93.2	97.1	99.5	97.7	101.8	−4.0	1.06
2002年	98.8	91.9	93.0	97.6	95.7	102.0	2.9	1.03
2003年	103.4	94.9	91.8	99.1	95.0	104.3	4.7	1.01

出典：社会経済生産性本部『季刊 生産性統計 第186号』2004年12月, p. 42

年から低下し続けている。このことから，2002年の労働生産性が前年に比べて上昇したのは，産出量の低下幅以上に労働投入量が下がったことによることがわかる。一方，2003年については，産出量は前年に比べて上昇に転じたのに対して，企業の合理化等が進み，労働投入量がさらに低下したことによって，労働生産性が大きく上昇したことを示している。また，名目賃金指数（(4)列）と製品価格の動きを示す企業物価指数（(5)列）の比をとってみると，その比（(6)列）は2001年以降上昇している。これは，企業にとってそれだけ労働費用が相対的に上昇したことを意味している。

ここで，経済学的な視点から少し検討してみよう。完全競争下にある企業が利潤極大の行動をとると，この企業が労働者に支払う実質賃金は労働の限界生産物に等しくなる。いま，この企業の生産関数を**コブ・ダグラス型**とすれば，この関係は

$$\alpha \left(\frac{Q}{L}\right) = \frac{w}{p} \tag{11.2}$$

と示される[2](次頁)。Qは生産量，Lは労働投入量，wはLの要素価格，pは生産物の価格，αは係数である。したがって，左辺は平均労働生産性の一定倍，右辺は実質賃金である。このような関係が成立するか否かを判断する一つの方法は，指数の形ではあるが，両者の比が安定的に推移するかどうかを

確かめることである。表11.1の（8）列を見ると，2001年は1.06であったのに対して，2002年（1.03），2003年（1.01）とそれぞれ前年に比べて低下している。すなわち，2001年では実質賃金が労働生産性より高かったのに対して，2002年以降，その差が縮まっている。これは製品価格の低下と比べて名目賃金が下落していないにもかかわらず，雇用調整が進んだことにより労働生産性が上昇したことを示している。

最後に，第3次産業労働生産性について簡単に述べておく。まず，生産性の概念は，製造業における労働生産性と同じく物的労働生産性を用いており，投下労働投入量（延労働時間数）当たりの産出量である。産出量指数は経済産業省の第3次産業活動指数，労働投入量指数は毎月勤労統計調査（従業者5人以上）の常用雇用指数×総実労働時間指数を用いており，両者の比として，業種別の労働生産性指数が求められている。また，総合指数は業種別指数を付加価値ウェイトで総合化したものである。

11.1.2　労働生産性の国際比較（製造業）

すでに説明したように生産性の計測にはいくつかの方法がある。通常よく用いられている方法は，モノやサービスの生産に投入された労働量を分母として，1単位当たり労働量に対するモノやサービスの生産量によって計測す

---

2) コブ・ダグラス型生産関数を $Q = AL^{\alpha}K^{1-\alpha}$ とする（Qは生産量，L, Kは労働と資本）。w と r を L と K の要素価格，p を生産物の価格，π を利潤とする。企業が利潤 π を極大にする行動をとると仮定すると，$\pi = pQ - (wL + rK)$ であるから

$$\frac{\partial \pi}{\partial L} = p\frac{\partial Q}{\partial L} - w = 0$$

となる。コブ・ダグラス型では

$$\frac{\partial Q}{\partial L} = \alpha AL^{\alpha-1}K^{1-\alpha} = \alpha\left(\frac{Q}{L}\right)$$

であり

$$\alpha\left(\frac{Q}{L}\right) = \frac{w}{p}$$

となる。K について偏微分すると，K に関する同様の式が得られる。

11.1 労働生産性

る方法である。労働量は投入された人数や労働時間がとられ，モノやサービスの生産量は物理的な量や生産額がとられることが多い。

いま労働投入量として製造業就業者数，生産量として1年間の製造業の名目GDP（国内総生産）を用いた，1人1年当たりの名目国内総生産としての労働生産性をOECD加盟国のうち22カ国について見てみる。国内総生産を国際比較するときには，通常，購買力平価[3]を用いるが，産業別の購買力平価は測定されていないため，ここでは5項加重移動平均で平滑化した為替レートによりUSドル換算されている。

2002年では，アイルランドが121,250ドルで1位であり，2位はアメリカで74,482ドル，日本はそれに続く3位で69,090ドルとなっている。全産業の労働生産性を表す購買力平価換算のGDP労働生産性で見ると，日本は54,264ドルでOECD加盟30カ国中18位となっており，日本の製造業の労働生産性の高さが際立っている（図11.1）。

先進諸国の製造業の労働生産性の順位の変遷を見ると，測定が始まった1991年から1995年までは日本が第1位であったが，その後はアイルランド，ルクセンブルグ，アメリカなどと順位を競いつつ第2位から第3位を保っている。これに対して，アメリカの製造業の労働生産性は90年代の前半では日本，フランスに次ぐ水準であったが，90年代後半に水準を大きく改善させて順位を上げ，2001年には主要先進7カ国中第1位となっている（図11.2）。

---

[3] 購買力平価（purchasing power parity：PPP）とは，一種の物価指数であって，通常の物価指数が異時点間の財・サービスの価格を比較するのに対して，2つあるいはそれ以上の国の財・サービスの価格を比較する。為替レートと同じ単位をもつ。9章9.3.1も参照。

11 その他の経済指数

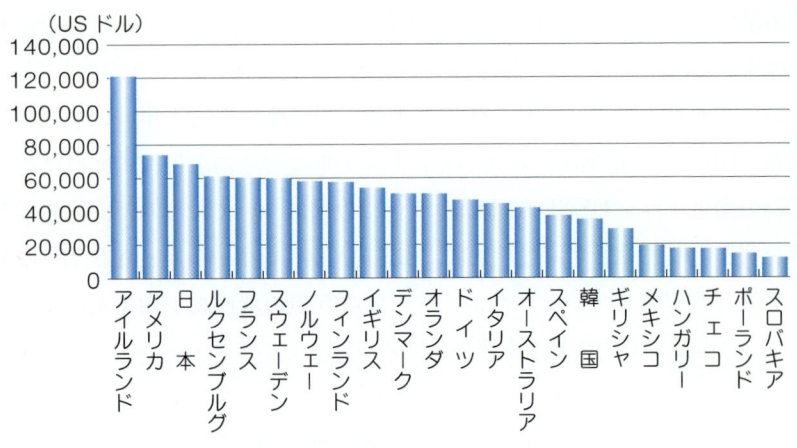

出典：社会経済生産性本部『労働生産性の国際比較(2004年版)』42頁, 図41

図11.1　製造業労働生産性の国際比較(2002年)

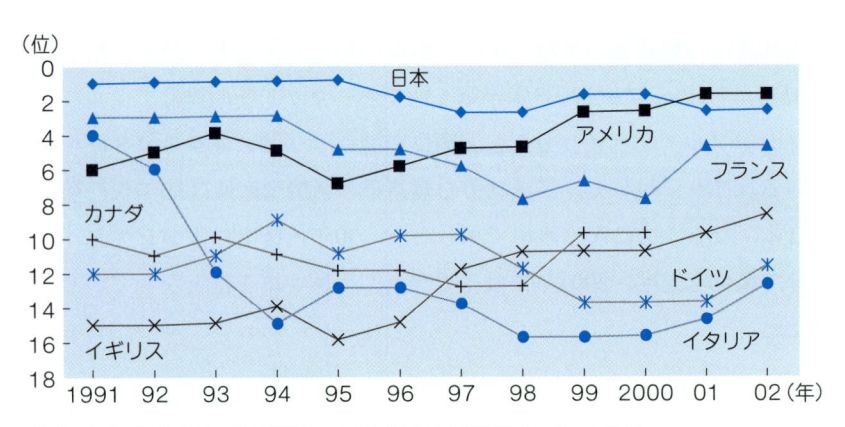

出典：社会経済生産性本部『労働生産性の国際比較(2004年版)』43頁, 図43

図11.2　先進7カ国の製造業の労働生産性の順位の変遷

11.2 景気動向指数

景気動向を把握するためには，さまざまな経済指標が用いられる．特に指数を用いた分析では，短期的な景気動向を把握することを目的としている．なぜならば，たとえば，鉱工業生産指数は生産面，常用雇用指数は雇用面，消費者物価指数は価格面など，経済活動の各局面を端的な形で，その動向を示すからである．むろん，短期指標には指数だけではなくて，大口電力使用量や商業販売額など，そのときの景気を反映する指標もある．

景気動向を把握するうえでの第一の問題は，経済活動の各局面を総合化したマクロ的な短期指標が作成できるかどうかということである．マクロ統計の代表的な総合指標は国民経済計算（SNA；12章参照）である．しかし，SNAはその作成に時間がかかるので，短期的な動向把握には向かない．したがって，SNAと同じような方法では短期的な景気動向指標は作成できない．そこで，別の手法を開発する必要がある．それには採用する統計データに依存するということもあり，試行錯誤が伴う．したがって，作成された景気動向指標に関しては，後でSNAの動向と比較検討することが必要となろう．

第二の問題は，特に短期の景気動向に焦点を当てたとき，どの統計データ（一般に，時系列データが用いられるため，以下略して系列という）を採用するかということが重要なポイントになる．月次データというだけで，使用可能な系列は制約を受ける．むろん精度も確保しなければならないので，その制約はさらに強くなる．さらに，景気動向に対して採用した系列が同じタイミングで反応するとは限らない．その系列が景気に先行するのか，一致するのか，あるいは遅行するのかは，概念と同時に実際面でも十分に吟味する必要がある．

第三の問題は，どのように景気動向を表現するかという指数の作成技術上の問題がある．景気動向指数は，ディフュージョン・インデックス（DI）

とコンポジット・インデックス（CI）の二つの形で，これに対処している。

表11.2は，内閣府経済社会総合研究所が公表しているDIの採用系列とその変化の方向を示した表である。DIの目的は景気動向の局面の把握にあるので，生産，在庫，投資，労働，消費，企業経営，金融など，経済活動で重要かつ景気に敏感な系列が採用されている。なお，採用系列については精度の維持ならびに向上を図るため，おおむね景気が一循環するごとに見直し，改訂を行っており，直近では2004年11月に第9次の改訂を実施している。

次にDIの作成方法について見てみよう。まず，採用系列の各月の値（季節調整済）を3カ月前の値と比較して，増加（拡張）していれば「＋」，変化していなければ（「保合い」であれば）「0」，減少（後退）していれば「－」を付ける。そのうえで，先行，一致，遅行系列群ごとに，採用系列数に占める拡張系列数の割合（％）を求める。ただし，保合い「0」の場合は0.5として計算している。

$$\mathrm{DI} = \frac{拡張系列数}{採用系列数} \times 100 \ （\%） \tag{11.3}$$

(11.3)より，DIには二つの特徴があることがわかる。第一は，拡張系列に焦点があることであり，第二は，各採用系列に同じウェイトがかかっていることである。前者は景気判断に視点があり，増加ないし拡張の方向性を重視しているからである。また，景気が良いか悪いかの判断は，50パーセントを一応の目安としている。これは拡張系列の比重が高まれば，それは経済の各分野に景気拡大の方向が見られ，景気が良くなったと考えられるからである。しかし，あくまでもDIは変化の方向だけであって，景気の強さ，スピードを示すものではない点に注意がいる。さらに，景気動向の判断に当たっては，部門間の跛行性もあるので，「大半の部門に景気変動が波及している（したがってDIが100％あるいは0％に近い）ことを確認する」（『景気動向指数の利用の手引き』より。http://www.esri.cao.go.jp/jp/stat/di/di3.html）ことが必要である。

これに対して，CIは景気変動の大きさやテンポ（量感）を測定すること

11.2 景気動向指数

表11.2 ディフュージョン・インデックス（DI）変化方向表

		系列名	2003年 12月	2004年 1月	2月	3月	4月	5月	6月	7月	8月	9月	10月	11月	12月
先行系列	1	最終需要財在庫率指数（逆サイクル）	+	+	+	−	−	−	+	+	+	−	−	−	+
	2	鉱工業生産財在庫率指数（逆サイクル）	+	+	+	+	+	+	+	+	+	−	−	+	−
	3	新規求人数（除学卒）	+	+	+	+	+	−	+	+	+	+	+	+	+
	4	実質機械受注（船舶・電力を除く民需）	+	−	+	+	+	+	+	+	+	−	+	−	−
	5	新設住宅着工床面積	+	+	+	+	+	+	+	+	+	−	−	−	−
	6	耐久消費財出荷指数（前年同月比）	+	+	+	+	0	+	+	+	+	+	−	−	−
	7	消費者態度指数	−	−	+	+	+	+	+	+	+	+	+	−	−
	8	日経商品指数（42種）（前年同月比）	+	+	+	+	+	+	+	+	+	+	+	+	+
	9	長短金利差	−	−	+	+	+	+	+	+	0	−	−	−	−
	10	東証株価指数（前年同月比）	+	+	+	+	+	+	+	+	+	+	−	−	+
	11	投資環境指数（製造業）	−	+	+	+	+	+	+	+	+	−	−	−	−
	12	中小企業売上げ見通し D.I.	−	+	−	−	+	−	+	−	+	−	−	−	+
		拡 張 系 列 数	7.0	7.0	10.0	9.0	7.5	9.0	8.0	8.0	7.5	4.0	2.0	4.0	4.0
		採 用 系 列 数	12	12	12	12	12	12	12	12	12	12	11	11	10
		先 行 指 数	58.3	58.3	83.3	75.0	62.5	75.0	66.7	66.7	62.5	33.3	18.2P	36.4P	40.0P
一致系列	1	生産指数（鉱工業）	+	+	−	−	+	+	+	−	−	−	0	−	−
	2	鉱工業生産財出荷指数	+	+	−	+	+	+	+	−	−	−	0	−	−
	3	大口電力使用量	−	+	+	+	+	−	+	+	−	−	−	−	−
	4	稼働率指数（製造業）	+	+	−	+	−	+	+	+	−	−	+	−	−
	5	所定外労働時間指数（製造業）	+	+	+	+	+	+	+	+	−	−	+	−	−
	6	投資財出荷指数（除輸送機械）	+	+	+	−	−	+	+	−	−	−	−	−	−
	7	商業販売額（小売業）（前年同月比）	+	+	−	−	−	−	+	+	+	+	+	+	+
	8	商業販売額（卸売業）（前年同月比）	+	+	−	+	+	+	+	+	+	−	+	+	+
	9	営業利益（全産業）	+	+	+	+	+	+	+	+	+				
	10	中小企業売上高（製造業）	−	+	+	+	+	+	+	−	−	−	+	+	−
	11	有効求人倍率（除学卒）	+	+	+	0	0	+	+	+	+	+	+	+	+
		拡 張 系 列 数	9.0	10.0	8.0	5.5	5.5	8.0	10.0	9.0	5.0	4.0	1.0	6.0	3.0
		採 用 系 列 数	11	11	11	11	11	11	11	11	11	11	10	10	9
		一 致 指 数	81.8	90.9	72.7	50.0	50.0	72.7	90.9	81.8	45.5	36.4	10.0P	60.0P	33.3P
遅行系列	1	第3次産業活動指数（対事業所サービス業）	+	+	−	−	+	+	+	+	0	+	+	+	+
	2	常用雇用指数（製造業）（前年同月比）	+	+	+	+	+	+	+	+	0	+	+	+	+
	3	実質法人企業設備投資（全産業）	+	+	+	+	+	+	+						
	4	家計消費支出（全国勤労者世帯、名目）（前年同月比）	+	+	−	+	−	+	−	−	+	+	−	+	+
	5	法人税収入	−	+	+	+	−	+	+	−	+	+	+	+	+
	6	完全失業率（逆サイクル）	+	+	+	+	+	+	+	−	−	+	+	+	+
		拡 張 系 列 数	5.0	6.0	4.0	4.0	5.0	5.0	5.0	2.5	1.5	5.0	4.0	5.0	3.0
		採 用 系 列 数	6	6	6	6	6	6	6	6	6	6	6	5	4
		遅 行 指 数	83.3	100.0	83.3	66.7	83.3	83.3	83.3	41.7	25.0	83.3	80.0P	00.0P	75.0P

＊1 Pは速報値。未公表の系列があるため，公表時点で得られる採用系列との割合で求めている。
＊2 変化の方向は3カ月前との比較による。
出所：内閣府経済社会総合研究所ホームページ
http://www.esri.cao.go.jp/jp/stat/di/di-change.html

11 その他の経済指数

表11.3 景気基準日付

	谷	山	谷	期間 拡張	期間 後退	期間 全循環
第1循環		1951年6月	1951年10月		4カ月	
第2循環	1951年10月	1954年1月	1954年11月	27カ月	10カ月	37カ月
第3循環	1954年11月	1957年6月	1958年6月	31カ月	12カ月	43カ月
第4循環	1958年6月	1961年12月	1962年10月	42カ月	10カ月	52カ月
第5循環	1962年10月	1964年10月	1965年10月	24カ月	12カ月	36カ月
第6循環	1965年10月	1970年7月	1971年12月	57カ月	17カ月	74カ月
第7循環	1971年12月	1973年11月	1975年3月	23カ月	16カ月	39カ月
第8循環	1975年3月	1977年1月	1977年10月	22カ月	9カ月	31カ月
第9循環	1977年10月	1980年2月	1983年2月	28カ月	36カ月	64カ月
第10循環	1983年2月	1985年6月	1986年11月	28カ月	17カ月	45カ月
第11循環	1986年11月	1991年2月	1993年10月	51カ月	32カ月	83カ月
第12循環	1993年10月	1997年5月	1999年1月	43カ月	20カ月	63カ月
第13循環	1999年1月	2000年11月	2002年1月	22カ月	14カ月	36カ月

出典：内閣府経済社会総合研究所ホームページ http://www.esri.cao.go.jp/jp/stat/di/di-change.html

を主な目的としている。CI は個別指標の変化率を合成した指標であって，先行，一致，遅行の各系列の指数が公表されている。CI では，一致指数が上昇しているときが景気拡大局面，低下しているときが景気後退局面であり，また変化の大きさによって景気のテンポが表現される。なお，月々のCI の動きには不規則な動きも含まれているので，後方3カ月移動平均などを求めてみるとよいであろう。

景気動向指数をもとに，景気の山，谷を定める景気基準日付が設定される。内閣府経済社会総合研究所では，DI の一致指数の各採用系列から作られるヒストリカル DI に基づき，専門家の意見などを勘案して，表11.3に示す景気基準日付を決定している。なお，ヒストリカル DI は，最初に採用系列ご

とに山と谷を設定し，次に谷から山にいたる期間はすべて「＋」，また，山から谷にいたる期間はすべて「－」として，DIを算出したものである。このように求めた一致指数の採用系列によるヒストリカルDIが，50パーセントのラインを下から上に切る直前の月が景気の谷，上から下に切る直前の月が景気の山に対応するとしている。

　景気動向指数は，経済財政白書などさまざまなところで利用されている[4]。表11.2の採用系列からわかるように，景気は経済活動全般の動きによって示される。また，採用系列は，たとえば同じ雇用に関連するものであっても，景気に対する反応のタイミングに違いがある。具体的に，新規求人数（除学卒）は先行系列，有効求人倍率（除学卒）は一致系列，常用雇用指数（製造業）及び完全失業率（逆サイクル）は遅行系列であり，単に各系列の時系列的な動向だけではなくて，景気全般との関係がわかる点が重要である。これは，労働市場の分析にどの系列を選択すべきかを判断するときの参考になるであろう。

---

　4) 景気動向指数は景気の判断に力点があるから，分析用としてこれだけで十分であるというわけではない。各種の指標との関連を分析することが重要である。分析例としては，篠原三代平『戦後50年の景気循環』日本経済新聞社，1994年を参照せよ。

12 国民経済計算と環境・経済統合勘定

12.1 国民経済計算体系（SNA）の経緯と概略

　各種の経済取引を示すフロー，その結果としての残高（ストック）およびそれらの相互間の関係などは，一般に経済循環といわれる。経済循環の把握という国民経済計算の基本的な考え方の起源は，ケネー（Quesnay, F.; 1694–1774）など17世紀，18世紀の先人達にまでさかのぼることができる。しかし，理論的視点を重視し，経済循環を広く体系的に記述しようという試みは，ここ60年ぐらい（第二次大戦直後）のことである。特に戦後，国連SNA（A System of National Accounts，国民勘定体系）が果たした役割は大きい。

　国連を中心とするSNAの経緯を見てみると，まずリチャード・ストーン（Stone, J. R. N.; 1913–91）を中心に国連で『国民所得の測定と社会勘定の構築』という統計委員会の報告書が，1947年にまとめられた。その後の討議を経て成立したのが，旧SNA（53年体系）である。そこでは，国民所得から国民勘定へと国民経済計算の体系化の方向が示されている[1]。これは，その後のSNAの性格と拡大を考えるとき，重要な視点である。また，そこ

---

[1] 日本で国民経済計算というと，通常SNAを指す場合が多い。本章でも，特に断わらない限り，国民経済計算とSNA（本来は国民勘定体系）を同義として扱っている。

12.1 国民経済計算体系 (SNA) の経緯と概略

では合わせて SNA の用途なども示されている。旧 SNA については，1959年と64年に小改訂が行われた。さらに，65〜67年には分析的要請および基礎統計などの整備を考慮して，ストーンを中心に旧 SNA の拡大と深化が検討された（俗に，ストーン改定案といわれる）。その結果，1968年に 68SNA（日本でいう新 SNA）のガイドラインが成立した[2]。

本章は日本における現行の 93SNA の構造，利用などを説明するのが目的である。しかし，93SNA の性格などは後で詳述するとして，その前に，68年体系以後の経過について以下で簡単に述べておく。

68SNA の改訂問題は，82年の専門家グループの会合以後活発化した。そこでの目的は，新しい状況（たとえば，68SNA 以後導入された付加価値税への対処など）に適した最新化，明確化と簡素化，関連統計との調和にあった。83年と85年の国連の統計委員会は，専門家グループの意見を受け入れ，その後，本格的に 68SNA の改訂作業を進めた。特に，作業の中核として，85年の統計委員会で「国民勘定に関する事務局間ワーキング・グループ」が信任された。このグループは EC 統計局，IMF, OECD, 国連（統計局，地域委員会），世界銀行がそのメンバーであった。68SNA が，ストーンと国連統計局によるいわば「上から下へ」の形で成立したのに対して，現行の 93SNA は「下から上へ」という形で成立している。この作業方向の差が，93SNA を評価するときの一つのポイントになる[3]。

93SNA に関しては，当初は小改訂のはずであったにもかかわらず，制度部門による全勘定の把握など，枠組，概念，分類に関して，かなりの変更，拡大，工夫などがなされている。その一つがサテライト勘定の付加である。サテライト勘定とは，社会的関心の強い分野で，しかも直接中心的な体系

---

[2] 旧 SNA，および 68SNA への移行過程については，倉林義正・作間逸雄『国民経済計算』東洋経済新報社，昭和55年，第1章参照。また，68SNA については，U. N., A System of National Accounts, Studies in Methods, Series F, No. 2, Rev. 3, 1968 参照。

[3] 93SNA とは，Commission of the European Communities, System of National Accounts 1993 を指す。

(SNA) に組み入れると，SNAに余計な負担を課しかねない領域に適用されるものであって，各種のタイプがある。93SNAが重視するサテライト勘定の一つが，環境・経済統合勘定 (SEEA) であり，これについて国連はハンドブックを作成している[4]。本章のタイトルに環境が付いているのは，こうした事情による。日本では2000年に93SNAに移行した。

ところで，SNAの意義（目的，用途といってもよい）はどういうところにあるのであろうか。68SNAは，体系の用途として，大きく次の2点を指摘している[5]。第一は，簡単な表から複数なモデルの構築などへの用途であり，実態的用途といわれる。第二は手段的用途であって，統計の開発，既存の統計間の関係，整合性，範囲などのチェックに対するSNAの利用である。さらに（第三の用途といえるかもしれないが），コンピュータの効率的利用のための，大量の情報量の正確な位置づけもその用途の一つと考えられる。

実態的用途は，SNAの各種数値そのものを用いた用途であるから，経済分析や経済政策などに供することを意味する。したがって，そこでは経済理論的な整合性が要求される。それはSNAにおける分析視野，概念（概念間）の整合性，体系化の問題へと波及する。特に各種の仮説が存在するときに，それに見合った情報を提供することはそれほど容易ではない。というのは，特定の仮説に焦点を当てれば一般性を失うし，逆に一般性に焦点を当てれば，ある仮説に対する有効性を失うことになりかねないからである。

SNAがもつ有効性と一般性の兼ね合いは，SNA設計の基本的論点でもある。68SNAの勘定設計はストーンの考え方によっており，一般均衡論が貫かれている。すなわち，それまで関連はするもののやや独立に展開されてきた産業連関表（投入-産出表，I-O表とも呼ばれる），国民所得勘定，資金循環表，国際収支表，国民貸借対照表の，いわゆる5勘定が全面的に統合さ

---

[4] SEEAは，U. N., Integrated Environmental and Economic Accounting, 1993による。なお，日本における試算として『国民経済計算体系に環境・経済統合勘定を付加するための研究』日本総合研究所，1995年3月及び1998年3月などがある。

[5] 68SNAの1.7節。特に1.74項。

れているからである.統合に当たっては,実物取引と金融取引を配慮した実物・金融の二分法,技術仮説とともに産業連関表の国民勘定への統合,活動部門と制度部門の設定など,各種の工夫がなされている.また,全面的な統合によって複雑化することを避けるために,分類は二重分類までに限定されるとともに,分析上有効な分類は生かされている.したがって,細かい点を除けば,68SNAは理論的にも体系的にも一つの完成されたものとみることができよう.93SNAは,基本的に68SNAの理論的枠組は維持しようとしている.むしろ93SNAは,従来から問題とされてきた境界的な取引(たとえば,採掘権,R&D(研究開発)の扱いなど)をはっきりさせたこと,分類の弾力的利用,他統計との調和,68SNA以後の新規取引への対処などに,その特徴がある.

12.2 SNAと産業連関表

SNAは前節で述べたように,フローとストックを対象にしており5勘定を視野に入れている.調整勘定(フローとストックとの調整)を含めれば6勘定といえるが,それは5勘定が正確に求められていれば,残差的な性格をもつ(ただし,現実には調整勘定は重要な情報を与える).この節では5勘定のうち,生産勘定の基本となる産業連関表(I-O表)について述べる.

表12.1は3部門からなる産業連関表の模型である.サフィックス(添字)の数字は部門を表しており,中間需要(中間投入)はダブルの形になっている.一般的に,x_{ij}はi部門からj部門への中間財投入を示す.部門1を例にとれば次のようになる.行(横)方向にみると,部門1の産出X_1は中間財需要として$x_{11}, \cdots, x_{13}$(この計がx_{10})に販売されるとともに,最終需要として$C_1 \cdots E_1$にも販売されている.ただし,表12.1ではこれらには輸入も含まれるので,M_1として一括控除している.

他方,部門1を列(縦)方向に見ると,X_1を産出(生産)するために各部門から$x_{11}, \cdots, x_{31}$の中間財(原材料)を投入すると同時に,労働W_1,資

表12.1　産業連関表の3部門模型

		中間需要				最終需要				(控除)輸入	産出(生産額)
		部門1	部門2	部門3	計	消費支出	投資支出	政府支出	輸出		
中間投入	部門1	x_{11}	x_{12}	x_{13}	x_{10}	C_1	I_1	G_1	E_1	$-M_1$	X_1
	部門2	x_{21}	x_{22}	x_{23}	x_{20}	C_2	I_2	G_2	E_2	$-M_2$	X_2
	部門3	x_{31}	x_{32}	x_{33}	x_{30}	C_3	I_3	G_3	E_3	$-M_3$	X_3
	計	x_{01}	x_{02}	x_{03}	x_{00}	C	I	G	E	$-M$	X
付加価値	雇用者報酬	W_1	W_2	W_3	W						
	営業余剰等	K_1	K_2	K_3	K						
	計	V_1	V_2	V_3	V						
産出(生産額)		X_1	X_2	X_3	X						

＊　サフィックス(添字)は部門を示す。

本サービス等K_1を投入する。W_1とK_1を合わせて，**付加価値** V_1 という。こうして産業連関表は行方向に見れば産出の販路が，列方向に見れば産出の費用構成が示される。これが経済表としての産業連関表の側面である。

産業連関表には分析的側面もある。それには，大きく産出決定モデルと価格決定モデルとあるが，ここでは前者のオープンモデルについて述べておく。議論を単純化するために，各部門の輸出入をゼロとし，最終需要を$F_1, \cdots, F_3$とする（たとえば，$F_1 = C_1 + I_1 + G_1$）。このとき，**表12.1**の各行のバランスから

$$\left. \begin{aligned} x_{11} + x_{12} + x_{13} + F_1 = X_1 \\ x_{21} + x_{22} + x_{23} + F_2 = X_2 \\ x_{31} + x_{32} + x_{33} + F_3 = X_3 \end{aligned} \right\} \tag{12.1}$$

が成立する。これは前述の仮定から，産出が中間需要と最終需要の和であることを示す。

ここで，生産技術の一つの表現として，固定投入係数を導入する。すなわ

ち，中間財の投入に関し，j 部門の産出 X_j の生産に必要な i 部門からの投入 x_{ij} が技術的に一定であると仮定する．これを式で示せば，以下のようになる．ここで，a_{ij} は投入係数といわれる．

$$a_{ij} = \frac{x_{ij}}{X_j} \quad (i, j = 1, \cdots, 3) \tag{12.2}$$

(12.2)を(12.1)に代入すれば，

$$\left.\begin{array}{l} a_{11}X_1 + a_{12}X_2 + a_{13}X_3 + F_1 = X_1 \\ a_{21}X_1 + a_{22}X_2 + a_{23}X_3 + F_2 = X_2 \\ a_{31}X_1 + a_{32}X_2 + a_{33}X_3 + F_3 = X_3 \end{array}\right\}$$

となる．これを整理すれば，

$$\left.\begin{array}{l} (1 - a_{11})X_1 - a_{12}X_2 - a_{13}X_3 = F_1 \\ -a_{21}X_1 + (1 - a_{22})X_2 - a_{23}X_3 = F_2 \\ -a_{31}X_1 - a_{32}X_2 + (1 - a_{33})X_3 = F_3 \end{array}\right\} \tag{12.3}$$

が成立する．(12.3)は，投入係数を一定として，最終需要 $F_1, \cdots, F_3$ が与えられたとき，それに見合った各部門の産出を示している．具体的には(12.3)を $X_1, \cdots, X_3$ に関する連立方程式として解けば，投入係数から導かれる係数 b_{ij} に F_j をかけた形で各部門の産出が求められる．

$$\left.\begin{array}{l} X_1 = b_{11}F_1 + b_{12}F_2 + b_{13}F_3 \\ X_2 = b_{21}F_1 + b_{22}F_2 + b_{23}F_3 \\ X_3 = b_{31}F_1 + b_{32}F_2 + b_{33}F_3 \end{array}\right\} \tag{12.4}$$

この(12.4)は最終需要 $F_j (j = 1, \cdots, 3)$ が与えられたときの各部門の産出であるから，オープンモデル（F は外生）といわれる．

産業連関分析の要は投入係数にある．この場合，技術の安定性が重要であって，部門の適切な細分化が必要となる．部門分類が粗いと，部門の商品構成という技術とは無関係な要因によって，投入係数が変化するからである．わが国の産業連関表は，5年ごとに各省府庁の共同で作成されてきている．2000年表の基本分類部門数（最も詳しい表）は「517 × 405」である．この基本分類表を何段階に集計した正方型（行と列の部門が一致している型）の

表も作成・公表されている。産業連関表を用いた分析例は 7 章7.3参照。

今まで「部門」という言葉を使用してきたが，部門には産業（SNA では経済活動という）と商品（財・サービスという）の 2 種類が存在する。それらは，SNA 年報における U 表と V 表と呼ばれる行列表に対応する。すなわち，U 表は各産業の商品別投入表であり，5 年ごとに公表される。V 表は各産業がどの商品を生産したかを示す産業別商品産出表である。したがって，U 表と V 表から投入係数を算出することになるが，SNA 年報では U 表の投入構成比を投入係数と呼び，公表している。しかし(12.2)の投入係数は原理的には商品で定義されるべきものであり，U 表と V 表から算出するためには，技術に関する仮定が必要であるが（国連 68SNA 参照），ここでは立ち入らない。

もう一つ注意すべき点は**生産活動指標**である。たとえば，自動車産業が自動車だけを生産している（産業と商品が一致）とし，金属製品30単位，他の原材料50単位，労働等20単位（付加価値部門）を用いて100単位の自動車を生産しているとする。このとき，自動車産業の生産活動指標として何をとればよいのであろうか。それは目的による。第一は産出100であり，これは産業連関分析，景気動向の分析に有効である。第二は付加価値20である。金属製品30，他の原材料50は自動車産業が生産したものではなくて，金属産業等が生産したものである。自動車産業の生産活動は，金属製品等を使用して自動車を生産したところにある。したがって生産活動指標は

$$産出 - 中間投入 = 付加価値 \tag{12.5}$$

とするのである。SNA では付加価値を生産活動指標として重視しているが，産出を否定しているわけではない。

12.3　SNA から見た日本経済の循環

SNA の体系から，現実の日本経済の循環（**経済循環**）を見ておく。図12.1（278-279頁）は2000年の経済循環である。

まずブロック(A)から出発しよう[6]。(A)は生産勘定と呼ばれる部分であり，表12.1の産業連関表と対応している。この部分から(12.6)の集計値が確認できる（単位は兆円）。

$$
\left.\begin{aligned}
&\text{中間投入} = \text{中間消費}430.6 + \text{統計上の不突合}3.7 = 434.3 \\
&\text{総供給} = \text{産出額}944.2 + \text{輸入}47.9 = 992.1 \\
&\text{最終需要} = \text{最終消費}373.0 + \text{総資本形成}133.3 + \text{輸出}55.3 = 561.6 \\
&\text{総需要} = \text{中間投入}434.3 + \text{最終需要}561.6 = 995.9 \\
&\text{付加価値} = \text{産出額}944.2 - \text{中間投入}434.3 = 509.3
\end{aligned}\right\}
$$

(12.6)

理論的には，総供給は総需要と一致すべきであるが，統計的には基礎統計の相違，推計方法等により一致しない。この差が生産と支出の統計上の不突合3.7兆円（図12.1）となる。

次は付加価値である。これは(12.5)で定義される。これを個別産業から一国全体まで集計したのが，図12.1の付加価値である。これを国内総生産（GDP）という。GDPはマクロ経済に関する最も重要な指標の一つである。また，個別産業，たとえば自動車生産の費用構造を考えれば，付加価値は産出と費用との差として求められており，こうした勘定の均衡を保つような項目を「バランス項目」という。付加価値は生産勘定のバランス項目である。さらに，付加価値は中間投入以外の残余の生産関連項目を示すから，その内容から表現することも可能である。図12.1から雇用者報酬（労働所得のこと）他，経済分析に必要な項目の集計値が得られる。

---

[6] SNAは，12.5で示すように，勘定形式で表示される。統合勘定でいえば，各ブロックは次の諸勘定と対応する。
(A) = 国内総生産と総支出勘定
(B) = 国民可処分所得と処分勘定
(C) = 資本調達勘定
(D) = 海外勘定
(E) = 期末貸借対照表勘定
(F) = 調整勘定
なお，図中，海外と書かれている項目は海外関連項目である。

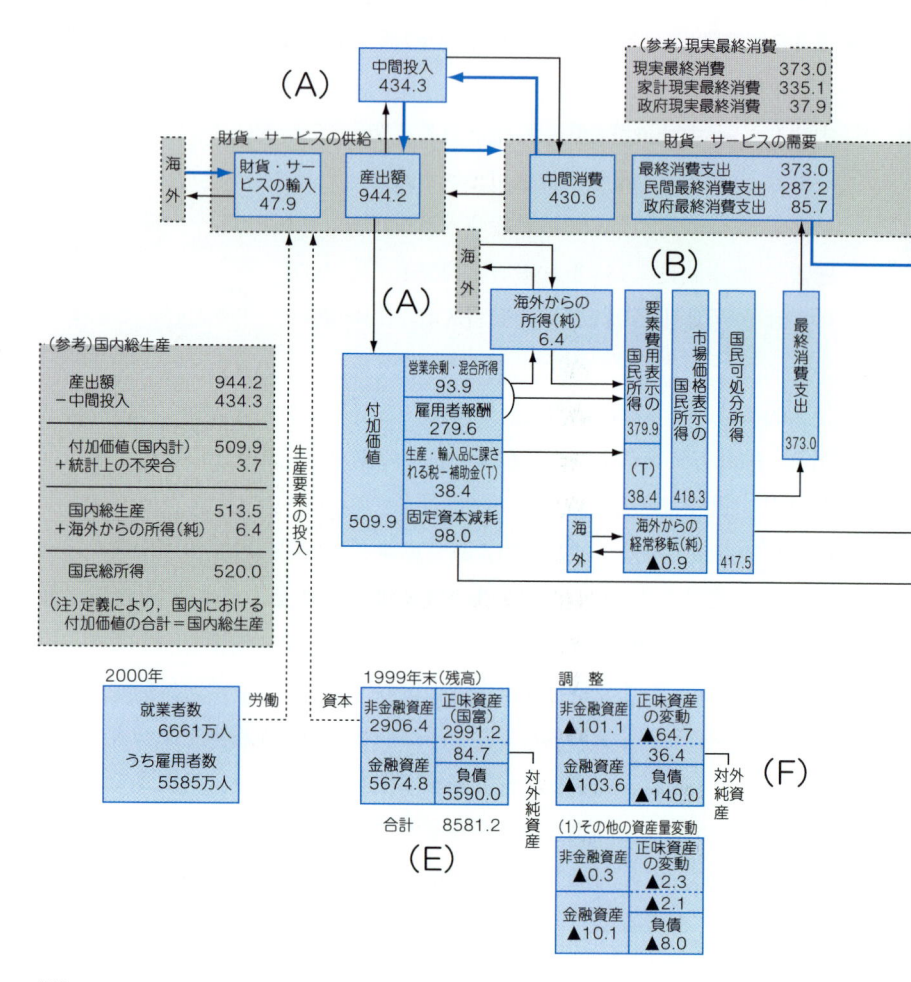

278   12 国民経済計算と環境・経済統合勘定

(参考)現実最終消費
- 現実最終消費 373.0
- 家計現実最終消費 335.1
- 政府現実最終消費 37.9

財貨・サービスの供給
- 海外
- 財貨・サービスの輸入 47.9
- 産出額 944.2
- (A) 中間投入 434.3

財貨・サービスの需要
- 中間消費 430.6
- 最終消費支出 373.0
- 民間最終消費支出 287.2
- 政府最終消費支出 85.7

(A) 海外 (B)

海外からの所得(純) 6.4

付加価値 509.9
- 営業余剰・混合所得 93.9
- 雇用者報酬 279.6
- 生産・輸入品に課される税-補助金(T) 38.4
- 固定資本減耗 98.0

- 要素費用表示の国民所得 379.9
- (T) 38.4
- 市場価格表示の国民所得 418.3
- 国民可処分所得 417.5
- 最終消費支出 373.0

海外 海外からの経常移転(純) ▲0.9

(参考)国内総生産

- 産出額 944.2
- −中間投入 434.3
- 付加価値(国内計) 509.9
- +統計上の不突合 3.7
- 国内総生産 513.5
- +海外からの所得(純) 6.4
- 国民総所得 520.0

(注)定義により，国内における付加価値の合計=国内総生産

2000年 労働
- 就業者数 6661万人
- うち雇用者数 5585万人

1999年末(残高) 資本
- 非金融資産 2906.4
- 正味資産(国富) 2991.2
- 金融資産 5674.8
- 負債 5590.0
- 対外純資産 84.7
- 合計 8581.2

(E)

調整
- 非金融資産 ▲101.1
- 正味資産の変動 ▲64.7
- 金融資産 ▲103.6
- 負債 ▲140.0
- 対外純資産 36.4

(F)

(1)その他の資産量変動
- 非金融資産 ▲0.3
- 正味資産の変動 ▲2.3
- 金融資産 ▲10.7
- 負債 ▲8.0
- 対外 ▲2.1

(注) 1. ━▶は財・サービスの処分等を，──▶は所得の処分等を示している。 2. 四捨五入の関係上，内訳項目を合計したものは，総額と一致しない。 3. 1999年末の残高に2000暦年間の資本取引を加え，さらにこれらに関する価格変動の影響等を調整（加減）したものが，2000年末の残高となる。

出典：内閣府経済社会総合研究所編『国民経済計算年報　平成14年版』

図12.1　2000年

12.3 SNAから見た日本経済の循環

(単位：兆円)

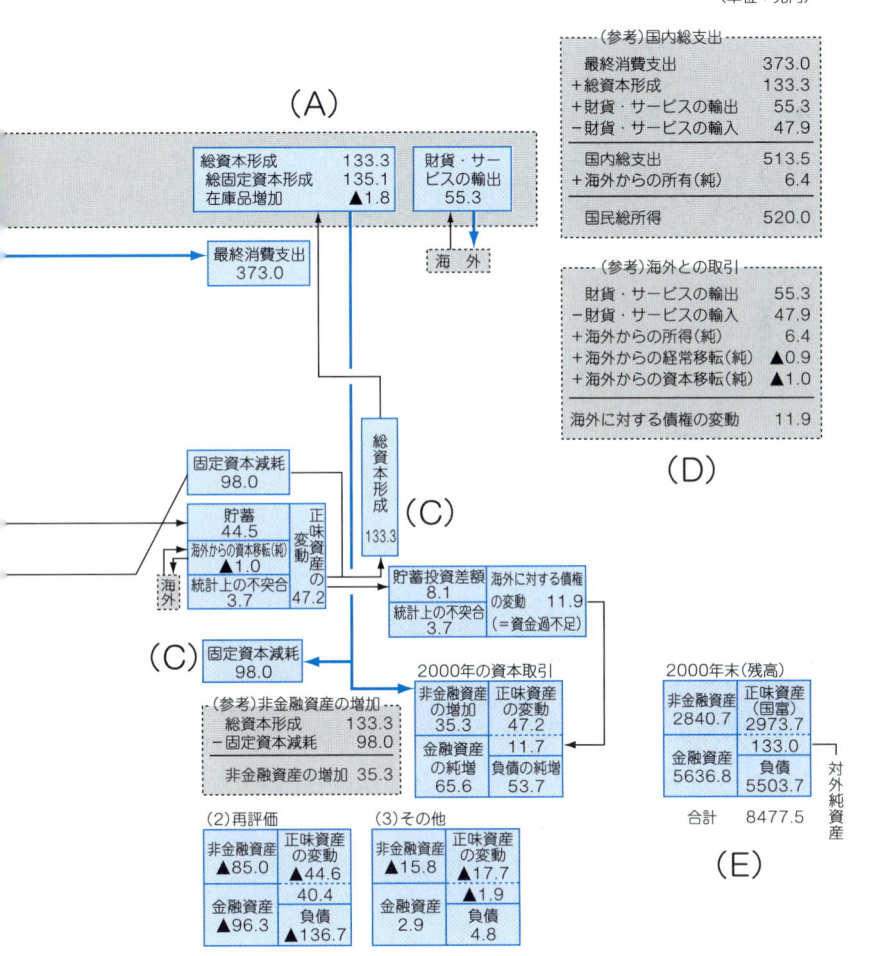

(A)

総資本形成 133.3 総固定資本形成 135.1 在庫品増加 ▲1.8	財貨・サービスの輸出 55.3

最終消費支出 373.0

海 外

(参考)国内総支出

最終消費支出	373.0
＋総資本形成	133.3
＋財貨・サービスの輸出	55.3
－財貨・サービスの輸入	47.9
国内総支出	513.5
＋海外からの所有(純)	6.4
国民総所得	520.0

(参考)海外との取引

財貨・サービスの輸出	55.3
－財貨・サービスの輸入	47.9
＋海外からの所有(純)	6.4
＋海外からの経常移転(純)	▲0.9
＋海外からの資本移転(純)	▲1.0
海外に対する債権の変動	11.9

(D)

固定資本減耗 98.0

貯蓄 44.5
海外からの資本移転(純) ▲1.0
統計上の不突合 3.7

海外

総資本形成 133.3 **(C)**

正味資産の変動 47.2

貯蓄投資差額 8.1
統計上の不突合 3.7

海外に対する債権の変動 11.9
(＝資金過不足)

(C) 固定資本減耗 98.0

(参考)非金融資産の増加

総資本形成	133.3
－固定資本減耗	98.0
非金融資産の増加	35.3

2000年の資本取引

非金融資産の増加 35.3	正味資産の変動 47.2
金融資産の純増 65.6	負債の純増 53.7

2000年末(残高)

非金融資産 2840.7	正味資産(国富) 2973.7
	133.0
金融資産 5636.8	負債 5503.7

合計 8477.5

対外純資産

(2)再評価

非金融資産 ▲85.0	正味資産の変動 ▲44.6
	40.4
金融資産 ▲96.3	負債 ▲136.7

(3)その他

非金融資産 ▲15.8	正味資産の変動 ▲17.7
	▲1.9
金融資産 2.9	負債 4.8

(E)

日本経済の循環

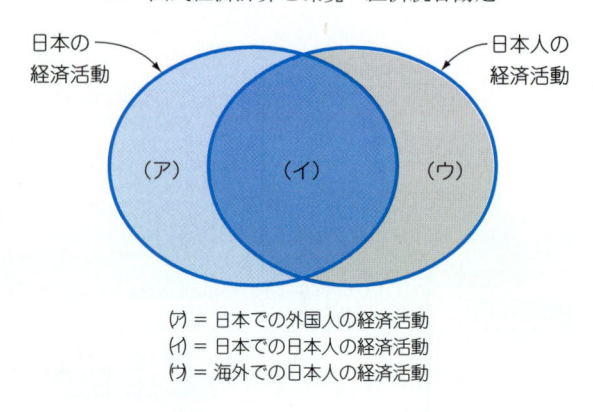

(ア) = 日本での外国人の経済活動
(イ) = 日本での日本人の経済活動
(ウ) = 海外での日本人の経済活動

図12.2　国内概念と国民概念

　ブロック(B)は**所得の分配と使用を示す勘定**である。生産勘定で発生した「**営業余剰・混合所得**」，「**雇用者報酬**」が**要素費用表示の国内所得**となる。営業余剰は企業が事業活動を行った結果受け取るいわば利潤であり，個人企業（家計）の場合は労働所得も含まれるので混合所得といわれる。これに雇用者報酬を加えたものは生産要素に対する報酬なので，要素費用表示の所得といわれる。

　取引には**国内概念**と**国民概念**がある。**国内所得**は「日本」における所得（外国人を含む）であり，**国民所得**は「日本人」の所得（海外での所得を含む）を指す。これを図式化したのが**図12.2**である。これより明らかに，

$$\text{国内概念} = (ア) + (イ), \quad \text{国民概念} = (イ) + (ウ)$$

が成立する。したがって，

> 国民所得 ＝ (イ) + (ウ) ＝ 国内所得 − (ア) + (ウ)
> 　　　　＝ 国内所得 ＋（海外からの所得 − 海外への所得）　(12.7)

となる。(12.7)のカッコの中は同じ（類似）概念の差であるので，慣習的に「**純**」という表現を用いて一方を省略する。ブロック(B)では，「海外からの所得（純）」を加えて，国内概念が国民概念に変換されている。同様の操作は**国民総所得**（従来の**国民総生産**，**GNP**）にも適用されており（**図12.1**の左側の参考欄）

国民総所得 = GDP + 海外からの所得（純）

となっている。

(B)を見ると，国民所得の評価に要素費用と市場価格とあることがわかる。両者の差は

$$T（純間接税）= 生産・輸入品に課される税 - 補助金 \qquad (12.8)$$

である。(12.8)の生産・輸入品税は，固定資産税なども含むが，消費税及び間接税が中心である。要素費用に比べて，間接税は価格を上昇させ，補助金は低下させる形で市場価格に反映される。そこで，類似項目の差であるので純間接税 T としている。要素費用に T を加えれば，市場価格となる。

ブロック(B)は所得の移転・分配を表すブロックであり，詳細を示すと極めて複雑になるが，一国の経済をマクロで見ると容易である。すなわち，移転は集計段階では相互に相殺されるから，海外との関係が残るだけである。つまり，(B)が示すように

$$国民可処分所得 = 国民所得 + 海外からの経常移転（純） \qquad (12.9)$$

となる。この可処分所得は，家計部門においては，極めて重要な経済変数である。

他方，可処分所得の使用（支出）はどうであろうか。これは最終消費支出にあてられ，残りが貯蓄となる。貯蓄はこの勘定のバランス項目である。

ブロック(C)は，68SNA（わが国の2000年 SNA 年報）の資本調達勘定に相当する。(A)と(B)が1年間で終了する経済活動を記述する経常勘定であるのに対して，この勘定は次期以後の活動に影響する項目を，実物取引と金融取引の関係がわかる形で整理した勘定である。実物取引では，総資本形成等の「資産の変動」とその資本調達に当たる貯蓄等の「正味資産の変動」という形で整理されている。ここで2つの注意がいる。第一は，資本形成（投資）には総資本形成 V と純資本形成 I と2つの概念があることである。固定資本減耗を D とすれば，

$$I = V - D \qquad (12.10)$$

の関係がある。V はその時点で行われた投資であり，I は生産のために減耗

した設備等を考慮した将来のための投資を示す。図12.1から $V = 133.3$, $D = 98.0$, $I = 35.3$ である。どちらの投資を対象とするかには注意がいる。

第二は運用と調達のバランスである。純資本形成に対しては「正味資産の変動」が対応する。ブロック(C)では，勘定のバランス上の理由から，生産と支出の統計上の不突合が「正味資産の変動」に計上されている。理論的には統計上の不突合はゼロである。さらに，貯蓄と投資の関係は重要であるので，図12.1では貯蓄投資差額8.1という形で統計上の不突合3.7とは分離して計上されている。

他方，金融取引はその性質上，ある部門の金融資産の純増は他部門の負債の純増と対応するから（たとえば，家計の銀行預金は銀行の負債と対応する），国内各部門を統合した図12.1では「海外に対する債権の変動」だけが残る。より正確にいえば

対外資産の変動 ＝ 海外に対する債権の変動 ＋ 対外負債の変動　(12.11)

という形になる。なお，金融資産の純増と負債の純増の差額を資金過不足という。これは，本来ならば貯蓄投資差額に一致する性質のものであるが図12.1では一致していない（後述）。

ブロック(D)は海外勘定である。図12.1の海外勘定は極めて簡略化された記述であり，実際のそれはもっと詳しい形で表示されている。海外勘定の重要な点は，海外取引を経常取引と資本取引に分けて表示していることである。また，海外取引の項目は国内と海外との取引が把握できれば，それを海外側から整理した形となる。

こうして(A)〜(D)は連結しているが，これらはすべてフローの取引である。これに対して，残高（ストック）も経済分析にとって重要である。これを記述するのが，ブロック(E)の期末貸借対照表勘定（BS勘定と略記）である。また，フローとストックを接続する勘定として，調整勘定(F)がある。一般に，資産であれ負債であれ，次の関係式が成立している。t 期末の資産を A_t，t 期の資本取引と調整額を K_t と R_t とすれば

$$A_t = A_{t-1} + K_t + R_t \tag{12.12}$$

となる。図12.1では，A_t が(E)で，K_t が(C)で，R_t が(F)で記述されると同時に，関連項目がとられている。

BS 勘定の資産は非金融資産（実物資産）と金融資産に大別され，この資産計から負債 F_t を差し引いた額が正味資産 NW_t となっている。すなわち

$$NW_t = A_t - F_t \tag{12.13}$$

であり，正味資産は BS 勘定のバランス項目である。正味資産は国富ともいわれ，それは実物資産と対外純資産の和となる。

調整勘定(F)は 93SNA で精緻化が図られた勘定である。図12.1では「その他の資産量変動」（災害，不良債権償却等による損失など），「再評価」（物価変動による資産価値の変化），「その他」（固定資本減耗の評価方法の差）に分けて表示されている。

なお，日本は2000年12月に 93SNA へ移行したが，そのとき実状に合わせながら移行を行った。その際『わが国の 93SNA への移行について（暫定版）』経済企画庁経済研究所，という解説書が出された。そこでは，国連の 93SNA と 68SNA の関係が示されている。93SNA の全体的特徴を示す意味で対照表を表12.2に掲げておく。

12.4　2つの経済主体別分類

経済主体の分類には制度部門別分類と経済活動別分類の2つがある。表12.2では 68SNA と 93SNA の制度別勘定体系群一覧を対比している。この表からわかるように，93SNA では制度別部門が重視され，生産勘定から BS 勘定までの制度部門別勘定を設けることを勧告している。日本では一国全体の経済活動別国内総生産だけを表章し，制度部門別生産勘定は採用していない。

制度部門別分類は所得の受け払い，資本の調達・運用，資産・負債の管理等を行う経済主体による分類である。日本の国民経済計算年報では93SNAにおいて 68SNA と同様，非金融法人企業，金融機関，一般政府，家計（個

表12.2 国連の93SNA及び68SNAにおける制度部門別勘定体系群一覧

93SNAの勘定体系			バランス項目	68SNAの勘定体系
経常勘定	生産勘定	生産勘定	付加価値	生産勘定
	所得の分配・使用勘定	所得の第1次分配勘定 — 所得の発生勘定	営業余剰・混合所得	所得・支出勘定
		所得の第1次分配勘定 — 第1次所得の配分勘定	第1次所得バランス	
		所得の第2次分配勘定	可処分所得	
		現物所得の再分配勘定	調整可処分所得	
		可処分所得の使用勘定	貯蓄	
		調整可処分所得の使用勘定	貯蓄	
蓄積勘定	蓄積勘定	資本勘定	貯蓄投資差額	資本調達勘定
		金融勘定	資金過不足	
		その他の資産量変動勘定	その他の資産量変動による正味資産の変動	調整勘定
		再評価勘定	名目保有利得による正味資産の変動	
		再評価勘定・中立保有利得	中立保有利得による正味資産の変動	
		再評価勘定・実質保有利得	実質保有利得による正味資産の変動	
貸借対照表	貸借対照表	期首貸借対照表	正味資産	期末貸借対照表
		貸借対照表における変動	正味資産の変動	
		期末貸借対照表	正味資産	

出典：『わが国の93SNAへの移行について（暫定版）』経済企画庁経済研究所，2000年11月，p.10

人企業を含む），対家計民間非営利団体の5部門を設定している。

制度部門別分類に関して注意すべき点が2つある。一つは制度部門間の境にある機関の格付けの問題（たとえば，あるNPOを一般政府とするか対家計民間非営利とするかという問題）である。一般原則としては資金供給等の視点から定義される。ただし，前述の93SNAへの移行に関する解説書によれば，93SNAでは政府の範囲は拡大する方向にある（前掲書20ページ）。

もう一つは，制度部門別分類は制度改革の影響を大きく受けるので，統計数値の見方に注意がいることである。郵政民営化などが代表例である（ただし，統計上の民営の定義は厳格であり，一般のイメージとは差がある）。

　経済活動別分類は財・サービスの生産，消費，資本形成を行う意思決定を行う主体に基づく分類である。具体的に，経済活動別分類は大きく産業，政府サービス生産者，対家計民間非営利サービス生産者の3分類となっているが，特に産業についてはもっと詳しい分類が存在する。大雑把にいえば，制度部門別分類が財務的性格が強いのに対して，経済活動別分類は技術的な生産活動を重視する。このような両者の特徴を見ると，93SNAが勧告する制度部門別生産勘定の意味は必ずしも十分に明確ではない。また，技術に立脚した分類（本来なら商品分類）は制度から独立したものであり，国際比較に耐えうるという長所をもつ。

　経済活動別分類に関しても注意すべき点が2つある。第一は医療サービス生産者の扱いである。68SNAでは医療は産業（開業医等），政府サービス生産者（国公立病院等），対家計民間非営利サービス生産者（私立大付属病院等）に分類されていた。しかし，93SNA移行後はすべてが産業に位置づけられている。この点について違和感があるかもしれない。

　第二は市場生産者と非市場生産者の区別である。市場生産者とは「市場産出」を行い，「経済的に意味のある価格」で生産物のほとんどを販売する生産者のことであって，産業を指す。非市場生産者は「その他の非市場産出」を行い，「無料または経済的に意味のない価格」で供給する生産者のことをいう。

　日本における2つの経済主体分類の関係を，図12.3に示した。この図からわかるように，一般政府と対家計民間非営利団体は両分類で範囲が一致している。この処理は68SNAへの移行時の処理と同じである。しかし，上述したように「市場と非市場の区別の規準」により，2つの分類で分類の変更を伴う機関等がある（例として前述の医療）。この点は，一般政府と公的企業の間でも発生している。また，図12.3では家計と産業が点線で結ばれている。

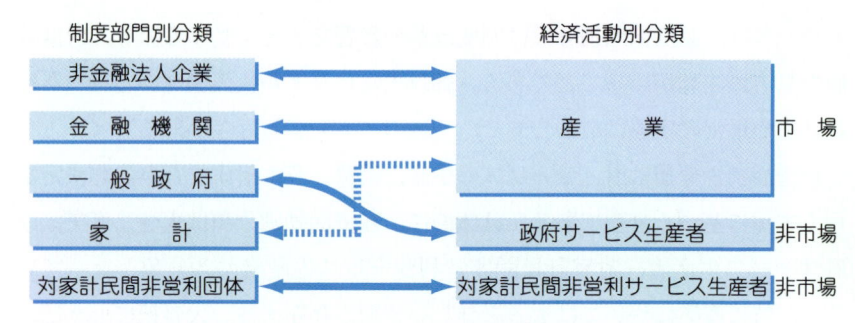

286　12　国民経済計算と環境・経済統合勘定

```
制度部門別分類                    経済活動別分類
┌──────────────┐                ┌──────────────────┐
│ 非金融法人企業 │◄──────────►│                  │
├──────────────┤                │                  │
│  金 融 機 関  │◄──────────►│    産    業      │ 市場
├──────────────┤                │                  │
│  一 般 政 府  │◄──────┐      │                  │
├──────────────┤        │      └──────────────────┘
│  家      計   │◄─────┼─────►│政府サービス生産者│ 非市場
├──────────────┤                ├──────────────────┤
│対家計民間非営利団体│◄──────►│対家計民間非営利サービス生産者│ 非市場
└──────────────┘                └──────────────────┘
```

出典：『わが国の93SNAへの移行について（暫定版）』（前掲書），p. 26

図12.3　日本のSNAにおける制度部門別分類と経済活動別分類の関係

これは家計部門が個人企業を含むからである。

12.5　各勘定とその特徴

12.5.1　国内総生産と総支出勘定

図12.1とも重複するが，マクロ経済学の教科書でよく用いられるので，各部門を統合した「国内総生産と総支出勘定」について，若干補足説明を加えておこう。まず，国民経済計算年報の同勘定の表示は，表12.3のようになっている（ただし，年報の単位は兆円ではなくて，10億円）。各項目に番号（1.2とか2.6など）がついており，最初が勘定番号，次が勘定内での一連番号を示している。たとえば，営業余剰・混合所得は第一勘定（国内総生産と総支出勘定）の二番目なので1.2となる。営業余剰・混合所得のうしろに（2.6）となっているのは，第二勘定（制度部門別所得支出勘定を統合した「国民可処分所得と処分勘定」）の6番目の項目と同一であることを示している。93SNAでは，こうした項目間の対応関係が示されている。これを完全接合方式という。この関係を利用すれば，図12.1が作成できるのである。

次に，各項目で注意すべき点について述べておこう。第一は消費と資本形成の区別である。同じ乗用車でも，家計が購入すると民間最終消費支出

表12.3 国内総生産と総支出勘定

(単位：10億円)

項目			平成12暦年(2000)
1.1	雇用者報酬	(2.4)	279,617.1
1.2	営業余剰・混合所得	(2.6)	93,906.8
1.3	固定資本減耗	(3.2)	97,951.1
1.4	生産・輸入品に課される税	(2.8)	43,142.0
1.5	（控除）補助金	(2.9)	4,749.0
1.6	統計上の不突合	(3.7)	3,666.1
	国内総生産		513,534.0
1.7	民間最終消費支出	(2.1)	287,230.7
	うち家計最終消費支出		281,309.3
1.8	政府最終消費支出	(2.2)	85,730.8
	（再掲）		
	家計現実最終消費		335,096.3
	政府現実最終消費		37,865.3
1.9	国内総固定資本形成	(3.1)	135,051.8
	うち無形固定資産		10,954.0
1.10	在庫品増加	(3.3)	−1,794.9
1.11	財貨・サービスの輸出	(5.1)	55,255.9
1.12	（控除）財貨・サービスの輸入	(5.6)	47,940.4
	国内総支出		513,534.0
	（参考）海外からの所得		11,574.8
	（控除）海外に対する所得		5,153.5
	国民総所得		519,955.3

出典：内閣府経済社会総合研究所編『国民経済計算年報　平成14年版』

(1.7) となり，タクシー会社が購入すると総固定資本形成 (1.9) となる。家計は乗用車を旅行など消費目的に使用するが，タクシー会社にとっては生産手段である。このように乗用車の格付けは主体によって異なる。

　第二は消費支出に2つの概念があることである。家計を例にとれば，(ア)「家計最終消費支出」と(イ)「家計現実最終消費」（表12.3の（再掲）欄）の2つがあることである。(ア)は家計が実際に支出・負担した金額（後述の帰属計算も含む）であり，(イ)は家計の実際の便益を示す。両者の間には，

$$(イ) = (ア) + (ウ)現物社会移転 \quad (12.14)$$

が成立する。(ウ)は，たとえば一般政府から家計への教科書購入費等がある（政府にとっては，(ウ)の分はマイナスとなる）。

　第三は持家の帰属家賃の扱いである。持家の人は実際に家賃を支払っていないが，居住サービスを受けているので，持家が居住サービスを生産しているとみなして，そこに住んでいる人がそのサービスを消費しているものと仮定するのである。これを帰属家賃と呼び，市場家賃で評価計上される。帰属家賃の導入により，家計最終消費支出では持家と借家が同等に扱われ，持家率の影響を受けないこととなる。他方，持家は居住サービスの生産主体であることになり，営業余剰（＝帰属家賃－中間投入－固定資本減耗－生産・輸入に課される税）は家計の営業余剰として扱われ，個人企業の混合所得には含まれない。なお，帰属家賃のように，実際に取引がなくても，あたかも取引が行われたかのように考える擬制的な計算を，帰属計算という。SNAには帰属家賃以外にも帰属計算によるものがいくつか存在する。

　この帰属家賃等の導入により，表12.3を見るときに一つの注意がいる。雇用者報酬 (1.1) は所得，民間最終消費支出 (1.7，民間非営利の少額を含む) または家計現実最終消費支出は消費と考えがちである。しかし，表12.3より明らかなように，所得より消費の方が大きくなる（他の年次も同様）。これは一見すると奇異に見えるが，営業余剰に帰属家賃が含まれていることによるものである。

　最後に実質値（95年基準価格表示額）とデフレータについて述べておく。

12.5 各勘定とその特徴

表12.3は名目値のみを示している。しかし，SNAでは総生産，総支出とも実質値も表示される。ここで，デフレータとは物価指数[7]の一種である。ただし，消費者物価指数（CPI）や企業物価指数（CGPI）などの指数ではその対象と作成方法が異なる。まず，基準時点（年）を0，比較時点（年）をt，価格をP，数量をQとすれば，実質値とは基準時点の価格P_0で比較時点の数量Q_tを評価することである。すなわち

$$\sum P_{0(i)} Q_{t(i)} \qquad (i は品目，以下では略)$$

を求めることになる。したがって，デフレータをDとすれば

$$\sum P_0 Q_t = \frac{\sum P_t Q_t}{D} \tag{12.15}$$

を満たすように，Dを求めればよい。(12.15)を解けば

$$D = \frac{\sum P_t Q_t}{\sum P_0 Q_t} \tag{12.16}$$

が得られる。これはパーシェ型物価指数であり，現行SNAはできるだけこの算式に基づいて作成されている。

集計上の基本になるデフレータは基本単位デフレータと呼ばれるものであって，これは約2000品目を統合して得られる約400品目の個別デフレータである。その際，主として物価指数が用いられるものの，データの制約から単位指数，投入コスト指数が用いられることもある。こうした基本単位品目とそれに対する価格（デフレータ）を，総支出と総生産に適用する。

まず，総支出から述べる。便宜上

$$\text{GDE} = C + I + G + E \tag{12.17}$$

とする。ただし，C=民間消費，I=総固定資本形成，G=政府消費，E=純輸出である。たとえばCのデフレータD_cは，Cに属する品目を$C(i)$ $(i=1, \cdots, n)$とすれば

---

[7] 物価指数の詳細については10章参照。

$$D_c = \frac{\sum_{i=1}^{n} C(i)}{\sum_{i=1}^{n} \{C(i)/D(i)\}} = \frac{\sum_{i=1}^{n} C(i)}{\sum_{i=1}^{n} \bar{C}(i)} \qquad (12.18)$$

という形で求められる。(12.18)の分子は名目の民間消費支出，分母はその実質値 $\bar{C}$ である。ここで，(12.18)と消費者物価指数（CPI）との作成方法の差に注目せよ。CPI では，個別価格を調査し，基準時点のウェイトを用いて CPI を作成している。そして，名目値を CPI で除してその実質値が求められる。これに対して，D_c では，まず実質民間消費 C が求められ，次に名目値を実質値で割ることにより，結果としてデフレータが求まる。これを**インプリシット方式**と呼ぶ。GDE デフレータ PE も同様に，C, I, G, E などの実質値の和を実質 GDE とし，これで名目 GDE を除して求められる。すなわち，一般的に

$$\begin{aligned} \text{PE} &= \frac{\text{名目 GDE}}{\text{実質 GDE}} = \frac{\sum_{i=1}^{n} P_t Q_t}{\sum_{i=1}^{n} \{P_t Q_t / D\}} = \frac{\sum_{i=1}^{n} P_t Q_t}{\sum_{i=1}^{n} P_t Q_t \times \left(\sum_{i=1}^{n} P_0 Q_t / \sum_{i=1}^{n} P_t Q_t\right)} \\ &= \frac{\sum_{i=1}^{n} P_t Q_t}{\sum_{i=1}^{n} P_0 Q_t} \end{aligned} \qquad (12.19)$$

である。GDE のインプリシット・デフレータ PE はパーシェ型となる。

次に，GDP のデフレータ PD について考えてみよう。GDP の各構成要素（表12.3の項目 (1.1)〜(1.5)）のデフレータがわかれば問題ない。しかし，それは不可能である（たとえば，営業余剰のデフレータとは，いったい何であろうか）。ここで

$$\text{付加価値} = \text{産出額（生産額）} - \text{中間投入額} \qquad (12.20)$$

である。(12.20)の右辺は，財・サービスに関するものであるから，各デフ

レータが存在する．したがって，産出額，中間投入額を各価格指数で除して

$$\text{実質付加価値} = \text{実質産出額} - \text{実質中間投入額} \qquad (12.21)$$

とすれば，実質付加価値が得られる．そこで，PD は，次式により求められる．

$$\text{PD} = \frac{\text{名目付加価値}}{\text{実質付加価値}} \qquad (12.22)$$

こうして求めた PD の特徴は，産出額と中間投入額とについて二回デフレートして，実質 GDP が求められていることである．それゆえ，この方式をダブル・デフレーション方式という．

 本来ダブル・デフレーション方式で求められた実質付加価値は，実質 GDE と一致すべきものである．しかし，推計上の問題から等しくならない．そのため，現行では名目の場合と同様，実質 GDE をメインとし，これをもって実質 GDP とする．なお，実質 GDP は，統計上の不突合（実質）を含む場合と含まない場合が示されている．

 こうした固定基準年方式に基づく指数に対して，国連の 93SNA は連鎖指数を提唱している．一般に，固定基準年方式だと基準年から年次が離れるにつれて「指数バイアス」があるといわれている．たとえば，数量と価格に負の相関があるときには，ラスパイレス指数は上方，パーシェ指数は下方のバイアスをもつことがわかっている．他方，連鎖指数は価格の推移性に着目した指数であって，以下に示すように隣接 2 時点間を比較するときに，「指数バイアス」がほとんど生じないといわれている．

 他方，固定基準年方式の場合には，実質値の内訳項目の和は合計値の実質値と一致する．これを加法整合性というが，連鎖指数ではこの特性が保たれない．

 日本では従来から 5 年ごとの固定基準方式の指数を採用してきたが，2004 年 12 月以降連鎖方式をメインとする方法に移行した．すなわち，国民総支出系系列は連鎖方式，国内総生産系列はこれまでのデフレータを用いた固定基準年方式（連鎖方式も参考表に示す）とする方法に移行した[8](次頁)．

大きな方向転換である。

連鎖方式によるパーシェ型デフレータは，(12.19)に代わって，次の式を用いる。

$$\text{PEC}_t = \text{PEC}_{t-1} \times \frac{\sum P_t Q_t}{\sum P_t Q_t \times D_{t-1}/D_t} \qquad (12.19)'$$

ただし，$\text{PEC}_t = t$ 年パーシェ型連鎖デフレータ
　　　　$D_t = t$ 年デフレータ

である。この式より，連鎖方式による指数は固定基準年方式において毎期基準改訂した場合に相当することがわかる。

12.5.2　制度部門別所得・支出勘定

所得の分配・使用関係を記述する「国民可処分所得と使用勘定」（統合勘定）を制度部門ごとに明示したのが制度部門別所得・支出勘定である。68SNAから93SNAへの移行で最も精緻化されたのが，この所得・支出勘定である（表12.2参照）。国民経済計算年報では国連の93マニュアルの勘定体系にそって，「所得の発生勘定」，「第一次所得の配分勘定」，「所得の第二次分配勘定」，「現物所得の再分配勘定」，「所得の使用勘定」を掲げ，所得の発生，分配・再分配，現物，使用過程を明らかにしている。これは，年金，社会保障等の分析に有効と思われる[9]。

ここでは，そのうちの家計の「所得の使用勘定」（以下，使用勘定と略）について述べておく。使用勘定は可処分所得の使用勘定（表12.4）と調整可処分所得の使用勘定（表12.5）とに分かれる。まず前者について見ると，受取は「可処分所得」(4.3)と「年金基金年金準備金の変動」(4.4)から成る。68SNAの可処分所得は

---

8) 内閣府経済社会総合研究所編『国民経済計算年報2005年版』p. 517。なお連鎖指数については10章10.1.1も参照。

9) この点は，浜田浩児『93SNAの基礎』東洋経済新報社，2001年参照。

12.5 各勘定とその特徴

表12.4 家計の「所得の使用勘定」(a. 可処分所得の使用勘定)

(単位：10億円)

項　目	平成12暦年(2000)
4.1　最終消費支出（個別消費支出）	281,309.3
4.2　貯蓄（純）((4.3 + 4.4) − (4.1))	32,454.1
（再掲）貯蓄（総）	54,625.5
（控除）固定資本減耗	22,171.5
支　払	313,763.3
4.3　可処分所得（純）(3.2)	311,695.1
（再掲）可処分所得（総）	333,866.6
（控除）固定資本減耗	22,171.5
4.4　年金基金年金準備金の変動（受取）	2,068.2
受　取	313,763.3
（参考）貯蓄率	10.3

(注)　貯蓄率＝貯蓄（純）/(可処分所得（純）＋ 年金基金年金準備金の変動（受取）)
出典：内閣府経済社会総合研究所編『国民経済計算年報　平成14年版』

$$\text{可処分所得} = \text{要素所得} + \text{財産所得受け払い} + \text{経常移転受け払い} \tag{12.23}$$

であったのに対して，93SNAでは現物所得の再分配勘定が導入されたため，可処分所得は(12.23)とは異なる。すなわち，教科書購入費等の現物社会移転の一部は可処分所得には含まれない。さらには，「金融機関等による不良債権の償却相当額」の扱いに関しても，所得支出勘定の経常移転ではなくて調整勘定で記録されることとなった。

「年金基金年金準備金の変動」は新しい概念であって，年金基金に関して年金負担と年金受取の差額を示している。表12.4より，これが結果として家計の貯蓄を形成していることがわかる。

表12.5 家計の「所得の使用勘定」(b. 調整可処分所得の使用勘定)

(単位：10億円)

項　目	平成12暦年 (2000)
5.1　現実最終消費（現実個別消費）	335,096.3
5.2　貯蓄（純）（(5.3 + 5.4) − (5.1)）	32,454.1
（再掲）貯蓄（総）	54,625.5
（控除）固定資本減耗	22,171.5
支　払	367,550.3
5.3　調整可処分所得（純）(3.1)	365,482.1
（再掲）調整可処分所得（総）	387,653.6
（控除）固定資本減耗	22,171.5
5.4　年金基金年金準備金の変動（受取）	2,068.2
受　取	367,550.3
（参考）調整貯蓄率	8.8

(注)　調整貯蓄率＝貯蓄（純）/（調整可処分所得（純）＋年金基金年金準備金の変動（受取））
出典：内閣府経済社会総合研究所編『国民経済計算年報　平成14年版』

　支払側は「最終消費支出（個別消費支出）」(4.1) である。これは注意を要する表記である。というのは，93SNA では，(12.14)のように「最終消費支出」と「現実最終消費」を区別し，その差が「現物社会移転」であった。そして，この勘定では可処分所得，消費支出は「現物社会移転」を含まない形で体系が組まれているからである。それでは（　）の個別消費支出とは何であろうか。他部門との関係は後述するが，わかりやすくいえば，表12.4ではこれは家計が負担した消費支出である。なお，この勘定の受取と支払の差が「貯蓄」(4.2) であって，バランス項目となっている。

　次に，「現物社会移転」を中心に勘定を組み立てたのが表12.5である。したがって表12.4と表12.5はセットであり（それゆえ，両表とも所得の使用勘

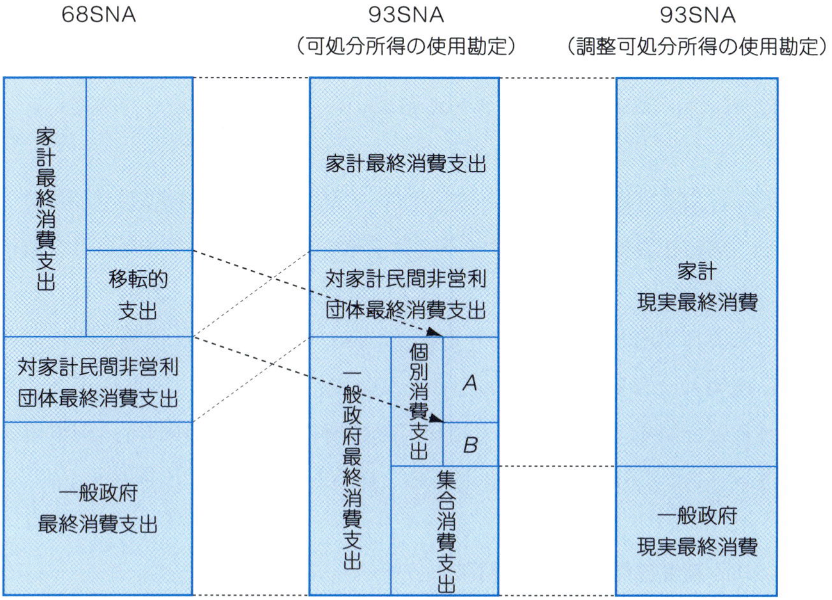

12.5 各勘定とその特徴

| 68SNA | 93SNA（可処分所得の使用勘定） | 93SNA（調整可処分所得の使用勘定） |

（図：消費概念の二元化の概念図）

A は一般政府からの移転的支出（医療費のうち社会保障基金からの給付分及び教科書購入費）に一致
B は教育や保健衛生等の政府の個別的サービス活動に関する消費支出分を示す。
出典：『わが国の 93SNA への移行について（暫定版）』経済企画庁経済研究所

図12.4　消費概念の二元化（概念図）

定），利用者の便を図っている。ただし，両表には新概念もあり，表12.5に入る前に両表の概念図を示した図12.4を見る方がよいであろう。この図は消費の二元化を概念的に図示したものであり，両勘定の範囲をよく示している。

まず第一は「個別消費支出」の概念である。政府最終消費支出を例にとると，個々の家計の便益のための「個別消費支出」（図12.4の(A)プラス(B)）と外交など社会全体の「集合消費支出」からなる。前者は政府から家計への移転的性格をもつ。図12.4より，政府から家計に格付けされる「個別消費支出」には，医療保険給付等の「現物社会給付」(A)等と教育等に関する政府個別サービス等(B)があり，両者の和が「現物社会移転」である。民間非営利団体の最終消費支出については，そのなかには「集合消費支出」はないと

仮定され，「個別消費支出」とみなされている。こうした処理により，**表12.4**の家計の最終消費支出は68SNAのそれより範囲は狭くなっている。

表12.5には，93SNAでは可処分所得についても新しい考え方が導入されていることが示されている。すなわち，

> 調整可処分所得 ＝ 可処分所得 ＋ 現物社会移転（受取）　(12.24)

である。現物社会移転は家計サイドでは受取，政府サイドでは支払となることは，消費の場合と同じである（(12.14)参照）。**表12.5**の「貯蓄」(5.2)はバランス項目であり，**表12.4**の「貯蓄」(4.2)と一致する。消費と所得に含まれる現物社会移転が相殺されるからである。その結果，貯蓄率が2つ算出されることになる。2000年では，可処分所得ベースが10.3％，調整可処分所得ベースが8.8％であった。どちらを採るかは利用目的に依存する。

12.5.3　制度部門別資本調達勘定

資本調達勘定はストック（BS）勘定との接続にその役割がある。ただし，ここでは，これまでの説明との連続性を考慮し，家計をとりあげる（**表12.6**参照）。**表12.6**からわかるように，資本調達勘定は実物取引と金融取引から成る。また制度部門に対応して項目番号は勘定ごとに打たれている（前述の家計の所得支出勘定も同様）。

まず，実物と金融の関係から述べる。**表12.6**の項目をやや簡略化して整理し，次期以後の蓄積と資本調達の関係式は次のようになる。

$$蓄積 = V + J + \Delta T + \Delta A$$

ただし，V ＝ 総固定資本形成，J ＝ 在庫品増加，

ΔT ＝ 土地純購入，ΔA ＝ 金融資産純増

$$資本調達 = S + D + \Delta N + \Delta L$$

ただし，S ＝ 貯蓄，D ＝ 固定資本減耗，

ΔN ＝ 純資本移転，ΔL ＝ 負債純増

表12.6では，ΔA は金融取引の(2.1)〜(2.6)の和であり，ΔL は(2.8)〜(2.10)の和である。両式は蓄積と調達の関係を表しており，実物・金融の視

表12.6　家計の資本調達勘定

(1) 実物取引

(単位：10億円)

項　目	平成12暦年 (2000)
1.1　総固定資本形成	25,715.9
1.2　（控除）固定資本減耗	22,171.5
1.3　在庫品増加	− 371.0
1.4　土地の購入（純）	− 5,099.8
1.5　貯蓄投資差額（(1.6 + 1.7 − 1.8) − (1.1 − 1.2 + 1.3 + 1.4)）	32,020.3
資産の変動	30,094.0
1.6　貯蓄（純）	32,454.1
1.7　資本移転（受取）	247.3
1.8　（控除）資本移転（支払）	2,607.4
うち資本税	1,839.0
貯蓄・資本移転による正味資産の変動	30,094.0

(2) 金融取引

(単位：10億円)

項　目	平成12暦年 (2000)
2.1　現金・預金	7,952.6
2.2　株式以外の証券	4,140.0
2.3　株式・出資金	− 1,232.1
うち株式	− 1,670.7
2.4　金融派生商品	6.1
2.5　保険・年金準備金	12,532.7
2.6　その他の金融資産	− 682.8
資産の変動	22,716.5
2.7　資金過不足 ((2.1 + 2.2 + 2.3 + 2.4 + 2.5 + 2.6) − (2.8 + 2.9 + 2.10))	27,452.7
2.8　借入	− 4,159.6
2.9　金融派生商品	6.9
2.10　その他の負債	− 583.5
資金過不足および負債の変動	22,716.5

出典：内閣府経済社会総合研究所編『国民経済計算年報　平成14年版』

点とは異なる。蓄積とそれに対する資本調達は等しいから、両式を等しいとおいて整理すれば

$$(S + \Delta N) - (V - D + J + \Delta T) = \Delta A - \Delta L \quad (12.25)$$

が得られる。(12.25)の左辺を貯蓄投資差額（表12.6の実物取引の(1.5)）、右辺を資金過不足（表12.6の金融取引の(2.7)）と呼ぶ。本来、両者は等しくなるはずであるが、推計上の問題から一致しない。表12.6でも誤差が発生している。その一部には統計上の不突合も含まれる。

また、所得支出勘定のバランス項目である貯蓄（純）が、資本調達勘定に引き継がれている。

マクロ経済学の IS 曲線では、貯蓄 = 投資が仮定される。対外取引を考慮しなければ、ある部門の金融資産純増は他部門の金融負債純増となるから、一国全体では貯蓄 = 投資となる。しかし、部門別には貯蓄 = 投資は成立しない。表12.6より、家計は貯蓄超過（資金余剰）部門となっていることがわかる。

次に、主要な取引項目について見ておこう。総固定資本形成 V も含めて、93SNA では一般に非金融資産等の格付けが変更され、わが国でも一部採用された。たとえば鉱物探査費、外注のコンピュータソフト（いずれも無形固定資産）、民間転用可能な防衛費（例として軍事病院）は資本形成となった。また資本減耗も社会資本の減耗が計上された（支出面は政府消費）。表12.6 は家計なので、こうした変更の影響は、コンピュータソフトを除けば大きくないかもしれない。ただし、この家計部門には個人企業も含まれるから、ここでの総固定資本形成には住宅以外に設備等も含まれる。

表12.6において、(1.1) + (1.3)（すなわち $V + J$）を総資本形成という。J は確かに、その手持在庫量の判断は投資行動に違いないが、V と比べると短期的な行動の結果といえる。期待在庫と実現在庫が一致する保障はなく、J は正、負いずれにもなり得る。

次に、V と固定資本減耗 D の関係により、前述のように2つの固定資本形成が定義できる。V はその期に新設された機械、建物等を指す。他方、

その期の産出量の生産には機械を使用しているから,資本は減耗する。したがって,将来の生産手段としての機械等の生産能力を考えると,一国全体としては

$$\text{純固定資本形成}\ I = \text{純投資} = V - D \tag{12.26}$$

という指標が重要となる。Vは有効需要の面から重要であり,Iは国富の観点から重要となる。

　一般に,実質的な資本減耗(能力の低下)は測定上不可能である。したがって,統計的には会計基準が適用されるが,どこかでわりきらざるを得ない。もっとも,Dそのものには意味がある。Dは将来,現在と同じ機械を設置するための固定資本減耗引当金の性格をもち,更新(補てん)投資ともいわれる。蓄積の側のVに注目すると,DはVの一部に対する資本調達の意味をもつ。したがって,V = 総投資,I = 将来への純投資,D = 更新投資と位置づけられる。表12.6によれば,Dは数値的に大きく,投資関数として何を対象とするかという点については注意が必要である。

　資本調達側の中心は,家計の場合,貯蓄である。ただし,蓄積と調達の関係については一つ注意がいる。すなわち,投資としてVを指標にとるならば,その調達は$S + D$(粗貯蓄)が望ましく,投資としてIをとるならば,調達はSが望ましい。

　実物取引の最後の項目は土地純購入(購入マイナス売却)である。土地取引は居住者間だけで行われると仮定されている。そのため,ある部門の購入は他部門の売却となり,国内部門を統合すればゼロとなる。表12.6によれば,家計は土地売却部門になっている。これは,農家等の存在を考えれば自然である。なお,2000年の各部門の状況は以下のようになる(単位兆円)。非金融法人1.7,金融機関 − 0.6,一般政府4.1,家計 − 5.1,民間非営利 − 0.2。部門間の取引は不明だが,結果としては政府は購入,家計は売却であった。
$\varDelta T$の役割は,その導入によって,対応する資本調達,金融取引の関係を明確にすることであるが,その場合投資の定義が変わってくる。家計の場合は,Iより$\varDelta T$のほうが絶対値で大きく,無視できない。

次に金融取引について述べておく。第一に，金融取引は推計上，残高と密接に関係しているので，統合方式か結合方式かについて注意が必要である。統合方式は同一部門内の金融取引を相殺して計上する方法であり，結合方式はグロス（両建）表示である。68SNAは原則として統合方式であったが，93SNAは結合方式である[10]。第二に，各年度末の金融資産・負債残高から期中増減額を作り，それを年度中の金融取引額としている（暦年表は年度計数を暦年転換）。したがって，金融取引の評価は取引価格で行われており，現金主義になりやすい。

表12.6から主要項目を概観しておく。「資産の変動」では，現金・預金，株式以外の証券（国債が中心），保険・年金準備金がかなりのプラスであり，安全資産嗜好，将来に備える家計の行動が反映されている。その結果，リスクを伴う株式がマイナスであった。「負債の変動」では，「借入」のマイナスが大きい。これは借入の返済であるから，銀行，消費者金融等からの返済要求が強かったと推測される。

12.6　環境・経済統合勘定

93SNAの大きな特徴の一つがサテライト勘定の付加である。サテライト勘定には各種のタイプ・領域がある。その中で，93SNAが重視する分野の一つが環境である。国連ではそのハンドブックとして，環境・経済統合勘定 (System of Integrated Environment and Economic Accounting: SEEA) を作成している。環境と経済との整合的統合はまだ研究途上にあり，現在のSEEAは暫定版とされている。しかし，SEEAが作成されたことによって，日本，韓国などにおいて，その推計が試みられており，今後この分野の研究が一層進展することが予想される。

SEEAとSNAの関係は，図12.5に示すとおりである。SEEAはA〜D四

---

10) 『93SNA推計手法解説書（暫定版）』経済企画庁経済研究所。

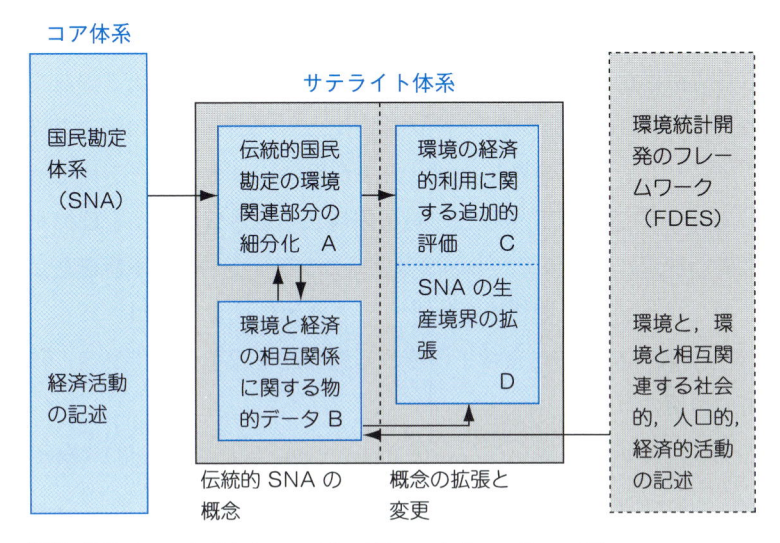

12.6 環境・経済統合勘定

図12.5 SNAサテライト体系としての環境・経済統合体系（SEEA）

出典：U. N., Integrated Environmental and Economic Accounting, p. 27

つの部分からなり，程度の差はあるものの，どの部分もSNAの概念を引き継いでいる。Aは，生産活動と消費活動を含む生産部分（生産勘定と分配勘定）と非金融資産勘定の記述であり，SEEAの基本的枠組みを与えている。前者は産業連関表の形をしており，産業連関表の枠組みが環境と経済の連関を分析するため最適な方法であるという考え方を示している。というのも，産業連関表と自然資源のフローや廃物とを接続することが比較的容易であるからであろう。SEEAの自然勘定は，非生産自然勘定を含む93SNAの非金融資産勘定を出発点としている[11]。このことから，SEEAは，いわゆる実物取引と実物資産が中心となっていることがわかる。

Bは物的単位によって環境と経済の相互作用を記述しており，自然資源勘

---

11) 93SNAでは，非金融資産は生産資産と非生産資産に大別される。前者は体系の生産境界内に含まれる過程から産出として出現した非金融資産であり，後者は生産過程以外の方法により出現した非生産資産である。非生産資産には土地，非育成林，鉱物鉱床などの自然資産と，特許のような無形資産が含まれる。

定,物質/エネルギー収支,産業連関表と連関する概念などを扱っている。また自然資源勘定と関連する概念などとともに,自然資源勘定との収支も導入されている。Cは自然資産の経済的利用に関する帰属費用の推定を扱っている。そこでは,三つの異なる評価方法が用いられている。それらは,①市場評価法,②維持費用評価法(最低限現状の自然資産水準を維持するために必要な費用),③仮想的市場評価法(コンティンジェント評価法)である。これらは,自然環境の消費的サービス価値の推定に適用される。DはSNAの生産境界の拡張によって得られる追加的情報を含んでおり,特に家計活動に適用される。

このA~Dは別々の独立した存在ではなくて,一つの統一的な勘定体系をなしている。SEEAは,具体的には図12.6で示すような各バージョンの形で展開されている。図12.6のA~Dは図12.5のそれに対応している。バージョンⅠは基本SEEA行列と呼ばれるものであって,SNAの供給・使用表と非金融資産勘定がベースとなっている。そのうえで,SEEA行列はいろいろな形で拡張されている。

バージョンⅡはSNAの概念に基づいて,環境関連活動,フロー,ストックが細分化されたものである(前述のA)。ここでは,環境関連防御活動の分類(環境保護活動,他),拡張SEEA行列における同活動の処理,SEEAにおける非金融資産分類,同資産の市場評価,SEEAにおける非金融資産会計などが扱われている。バージョンⅢはSEEAが重視する物量データに焦点を当てている。そして,そこでは物量の環境会計として二つの原型が記述されている。一つは鉱物/エネルギーのバランス会計(そのフローとストックを生産・消費過程と合わせて記述)であって,1960年代後半ごろより開発されてきたものである。もう一つは自然資源会計であり,生産資産,地下資源,水,大気,土地などのストックとその変化を扱っている。バージョンⅢは,こうした物的勘定を貨幣単位で評価された環境会計であるバージョンⅡといかに接続すべきかを記述している。ただし,SEEAの物的/エネルギーバランスと自然資源会計の概念は,限定した形で使用されているうえ,

12.6 環境・経済統合勘定

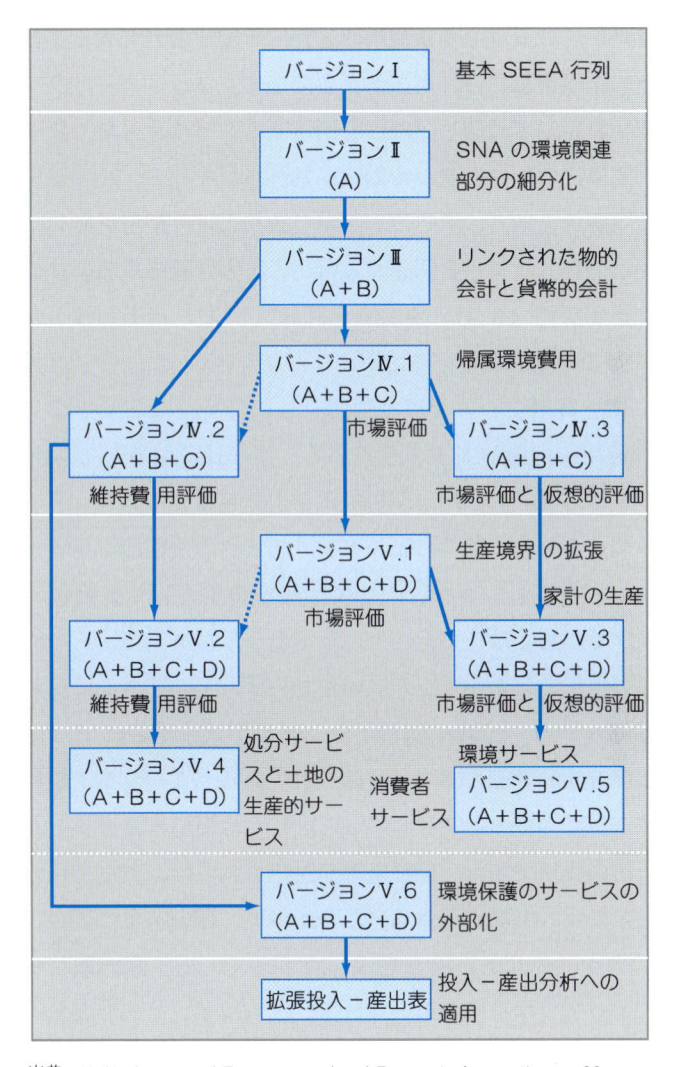

```
バージョンI — 基本 SEEA 行列
    ↓
バージョンII (A) — SNA の環境関連部分の細分化
    ↓
バージョンIII (A+B) — リンクされた物的会計と貨幣的会計
    ↓
バージョンIV.1 (A+B+C) — 帰属環境費用
  市場評価
    ├─ バージョンIV.2 (A+B+C) 維持費用評価
    └─ バージョンIV.3 (A+B+C) 市場評価と仮想的評価
    ↓
バージョンV.1 (A+B+C+D) — 生産境界の拡張
  市場評価                     家計の生産
    ├─ バージョンV.2 (A+B+C+D) 維持費用評価
    └─ バージョンV.3 (A+B+C+D) 市場評価と仮想的評価
    ↓
バージョンV.4 (A+B+C+D) — 処分サービスと土地の生産的サービス
                消費者サービス
バージョンV.5 (A+B+C+D) — 環境サービス
    ↓
バージョンV.6 (A+B+C+D) — 環境保護のサービスの外部化
    ↓
拡張投入－産出表 — 投入－産出分析への適用
```

出典：U. N., Integrated Environmental and Economic Accounting, p. 29

図12.6　SEEA の各種バージョン

すべてのフローとストックが貨幣単位と物的単位の両方で表示されるわけでない。物量の金額換算には評価法が必要になる。

　バージョンⅣとⅤでは同じ評価法を適用することによって，原則として貨幣単位と物的単位の両方に基づく勘定が推計されている。バージョンⅣの主題は帰属環境費用である。ここでいう環境費用とは，経済活動による自然資産の実際的・潜在的な劣化と関連する費用のことを意味する。この環境費用に関しては市場評価（Ⅳ.1），維持費用評価（Ⅳ.2），市場評価と仮想的評価（Ⅳ.3）の三種類が示されている。

　ここで，環境費用について補足説明をしておく。SEEA では，二つの観点から環境費用を把握しようとしている。第一は「引き起こされた環境費用」であって，ある経済部門が環境劣化を引き起こしたとき，その環境劣化の貨幣換算値をその経済部門によって引き起こされた環境費用とするというものである。バージョンⅣ.2 において，維持費用として評価された費用がこれに相当する。第二は「負担された環境費用」であって，その経済部門が環境劣化を引き起こしたかどうかにかかわらず，その経済部門が負担した環境費用のことをいう。これに関しては，Ⅳ.1 では市場評価で，Ⅳ.3 では市場評価および仮想的評価によって評価されている。このうち，維持費用の考え方は維持可能性の概念と関係している。これは環境の量や質をある水準に維持するための費用であり，環境基準が決定されれば，環境劣化の防止費用，復元費用などによって測定される。したがって，環境基準の設定が重要となる。仮想的評価は仮想的市場を想定したうえで，支払意志額（willingness to pay: WTP）アプローチが用いられる。これはアンケートなどにより，家計に環境改善のための WTP を調査するというものである。ただし，WTP と実際の支払い額とに差が生じるという難点がある。またアンケートの設問方式も重要になる。仮想的評価は，理論的には消費者余剰を含み，市場価格による評価とは異なる。

　バージョンⅤは SNA の生産境界を拡張して，SEEA の試験的な試みを一層発展させる方法を示している。特に家計の生産活動の拡大が，前述の帰属

環境費用の三評価法とともに記録されている（V.1〜V.3）。そのために，家計活動を次のように三つの生産活動と消費に分類する。(a) 事業所内の家計活動（時間調査，被用者報酬，雇主報酬など），(b) 家計部門内の生産活動（育成されない穀物の収穫，林業，水の運搬など自然資源の利用と管理の分析に重要な活動を含む。ただし，これらは財の自己勘定で記録されている），(c) SNA の生産境界の外側にある家計の生産活動（掃除，食事の準備，無報酬の奉仕活動など），(d) 消費活動である，このうち(c)は直接消費と関係するのではなくて，他の生産活動または消費の中間投入と関連している。(d)には人的資本の概念は含まれていないが，教育や医療などの家計の人的資本を増加させる財・サービスの消費は含んでいる。また(d)では消費目的に使用される時間も記録される。このように，バージョンVでは，家計の生産活動・消費活動について時間に関する考慮がなされていることが大きな特徴である。

環境サービスはバージョンV.4 と V.5 で扱われている。SEEA では，生産境界は自然により生産される環境サービスの導入によって拡張されると考えられている。そして，環境サービスは三つの型に分類されている。(a) 処分サービス（経済活動の結果生じる廃物を受け入れる自然環境の機能），(b) 土地の生産的サービス（農業のように，生産目的に対する土地の空間的・経済的機能），(c) 消費者サービス（人間の生存に必要な環境媒体の基本的機能，自然環境がもつレクリエーション機能）である。(a)と(b)はバージョンV.4で，(c)はバージョンV.5 で扱われている。

バージョンV.6 は内部的環境保護活動の外部化の問題を扱っている。つまり，産業の内部的（付随的）環境保護活動を外部化したうえで，外部的環境保護活動（別の産業）の生産として明示することである。したがって，もともとの産業（ISIC 分類（国際標準産業分類）を使用）と当該の環境保護活動のクロス分類の形になる。この外部化された内部的環境保護サービスの概念は，産業連関表（生産物×生産物表を想定）と接続されて，環境分析用の産業連関表の提示も提唱されている。

　SEEA の概念などを基礎にして，日本でも環境に焦点を当てた経済との

統合勘定が試算されている[12]。その統合勘定は，まだ研究開発の段階にあり，対象範囲，推計方法，データ整備など，多くの点で改良，拡張の余地が残っている。しかし，SEEA を念頭においた勘定体系になっており，SEEA の具体的な適用可能性を知るうえで貴重かつ重要な試みである。90年の推計結果（名目値）の一例を示す[13]と，GDP は430.4兆円，帰属環境費用は4.19兆円，両者の差である環境調整 GDP は425.85兆円となる。他方，期首ストックでは人工資産が962.02兆円，そのうち32.65兆円が環境保護資産であった。

　環境の影響を大きいと感じるか小さいと感じるかは別として，SEEA では帰属計算が多くなる点に注意が必要である。

---

[12]　日本総合研究所『国民経済計算体系に環境・経済統合勘定を付加するための研究報告書』1995年3月

[13]　http://www.cog.go.jp/98/g/19980714g-eco1.html による。

参 考 図 書

　最近の比較的入手が容易なもののみをあげておく。各分野から，それぞれ1冊ずつ読めば，十分であろう。

- **経済統計学の類書**
　　中村隆英他著（1992）『経済統計入門［第2版］』東京大学出版会
　　中島隆信・北村行伸・木村福成・新保一成（2000）『テキストブック・経済統計』東洋経済新報社
　　清水　誠著（2000）『統計体系入門』日本評論社
　　小巻泰之著（2002）『入門　経済統計』日本評論社
　　松原　望編（2005）『統計学100のキーワード』弘文堂
　　　（このうち，特に「統計一般」及び「経済」の部分）
- **統計集**
　　総務省統計局編（2004）『第54回　日本統計年鑑（平成17年）』
　　内閣府経済社会総合研究所（2004）『経済要覧　平成16年版』
- **統計データの解説書**
　　富山県統計課編（2001，改訂21版）『経済指標のかんどころ』富山県統計協会
　　朝日新聞社（2004）『Japan Almanac 2005：データ年鑑』朝日新聞社
　　　（英和対訳であり，英語での表現を知るのに便利である）
- **統計学の教科書（入門用）**
　　森田優三・久次智雄著（1993年）『新統計概論（改訂版）』日本評論社
　　東京大学教養学部統計学教室編（1991）『統計学入門』東京大学出版会
　　森棟公夫（2000）『統計学入門（第2版）』新世社
- **統計学の教科書（中級用）**
　　東京大学教養学部統計学教室編（1994）『人文・社会科学の統計学』東京大学出版会
　　刈屋武昭・勝浦正樹著（1994）『統計学』東洋経済新報社（プログレッシブ経済学シリーズ）
- **計量経済学（入門用）**
　　森棟公夫（2005）『基礎コース計量経済学』新世社
　　白砂堤津耶（1998）『［例題で学ぶ］初歩からの計量経済学』日本評論社
- **計量経済学（中級用）**
　　山本　拓著（1995）『計量経済学』新世社
　　浅野哲・中村二朗（2000）『計量経済学』有斐閣
　　蓑谷千鳳彦著（1997）『計量経済学』多賀出版（蓑谷千鳳彦・廣松　毅編著・数量経済分析シリーズ）

索　引

あ　行

空き屋　117
アクチュアル方式　75
アクティビティ・ベース　20
アジア通貨危機　210
安全資産　122

維持費用評価法　302
一次統計　5
一致系列　265, 266
一般会計予算　179
一般政府　284
移転　201
　　──支出　95
　　──所得　95, 98
医療サービス　285
飲食店　169
インピュート法　247
インプリシット・デフレータ　290
インプリシット方式　290

ウェイト　222, 237, 238, 240, 244, 246, 249, 253, 254

営業余剰　288
　　──・混合所得　280
営業利益　135
影響力係数　159
エネルギー需給　151
エネルギー消費量　152
エンゲル係数　109
エンゲルの法則　109
円高　162, 199, 205, 211, 212
　　──不況　210
円安　199

オイルショック　128, 142, 152, 154, 174, 210
横断面データ　10

オーバーラップ法　247
オープンモデル　274, 275
オプション・コスト法　247
卸売・小売業　169
卸売業　170, 171
卸売物価指数　240
オンライン調査　47

か　行

海外勘定　282
海外への直接投資　215
会計年度　177
介護保険制度　118
改正労働基準法　84
外注のコンピュータソフト　298
回答のクセ　137, 139
科学技術振興費　179, 182
価格弾力性　235
拡張系列　266
確定的モデル　6
確率モデル　6
家計　8, 60, 74, 84, 95, 283
　　──現実最終消費　288
　　──最終消費支出　288
　　──収入　60
　　──消費状況　109
　　──調査　88, 96, 237, 253
加工統計　5, 21
貸出残高　190
貸出増加額指導　186
貸出約定平均金利　195
加重平均　225
可処分所得　8, 96, 281, 292
仮説　6
仮想的市場評価法　302
稼働所得　104
稼働率　250, 253
稼得所得　95
株価　122

索　引

株式市場　189
貨幣の流れ　198, 199
貨物輸送量　163
為替レート　122, 198, 211, 212, 215, 242, 263
環境　182
　——・経済統合勘定　272, 300
　——サービス　304
　——調整 GDP　305
　——保護資産　305
関数論的指数論　226
間接税　281
完全競争　261
完全失業者　76, 79
完全失業率　79, 80, 82

企業所得　11
企業倒産件数　138
企業物価指数　240, 261, 289
企業向けサービス　244
　——価格指数　244
危険資産　122
技術革新　211
記述統計　8
基準改定　235
基準時点　221, 223, 224, 237, 289
基準年　93
季節変動　139, 189
帰属環境費用　304
帰属計算　288
帰属家賃　111, 288
基礎的支出費目　113
基礎統計　5
記入負担　55
機能集中型　36, 41
基本 SEEA 行列　302
基本単位デフレータ　289
基本的属性区分　15
期末貸借対照表勘定　282
ギャップ修正　93
休業者　76
93年体系　5
給与所得　102
業種分類　251
業務統計　5, 21, 198
寄与度　240
寄与率　130, 159, 240
金額指数　229
銀行　167

均衡点　232
金融　176
　——・証券改革法　168
　——機関　167, 186, 284
　——経済統計月報　186
　——資産　114, 121, 283
　——市場　186
　——システム　185
　——システム不安　141
　——取引　272, 296
金利　188
　——差　214
　——自由化　195
　——体系　192
勤労者世帯　9

空洞化　212
繰入金　98
繰越金　98
クレジットカード　196
グローバル化　198, 208
黒字　98
クロスセクションデータ　10

経営者の見通し　138
景気基準日付　268
景気動向　85, 92, 135, 137～139, 188, 255, 265
　——指数　265
景気の谷　268
景気の山　268
景気判断　137
経済活動　276
　——別分類　283, 285
経済協力　198, 216
経済産業省企業活動基本調査　134
経済産業省生産動態統計調査　157
経済循環　270, 276
経済政策　272
経済成長　157
経済センサス（仮称）　46
経済分析　272
形式テスト　226
経常価格表示　17
経常収支　210, 213
経常収入　98
経常利益　142
計量経済学　8

310　索　引

結合方式　300
月次　10
　──データ　265
圏域別　15
限界性向　111
限界生産性　259
研究費総額　182
現金　123
　──給与総額　92
原子論的指数論　226
現物社会移転　288, 294
現物社会給付　295
現物収支　98
原油　152
　──価格　201
　──輸入量　154

公開市場操作　186
工業　156
　──センサス　156
　──統計調査　24, 156, 250
公共関係事業費　179
公共の職業安定所　79
広義流動性　188
合計（特殊）出生率　70
鉱工業指数　249
　──年報　249
鉱工業生産指数　85, 250, 252, 260, 265
公債　176
　──依存度　181
更新投資　299
構造的失業　80
公定歩合　136, 167, 192
　──操作　186
購買力平価　212, 263
高付加価値製品　211
鉱物/エネルギーのバランス会計　302
鉱物資源　150
鉱物探査費　298
公務等活動指数　255
効用　231
　──関数　231
小売業　170, 171
小売物価統計調査　238
高齢化　99, 103
高齢社会　72
コーホート　66, 72
コールレート　194

国際収支統計　198
国際収支表　272
国債費　179
国際標準統計分類　26
国際労働機関　32
国勢調査　5, 22, 31, 35, 48, 53, 54, 62, 68, 74
国内概念　280
国内企業物価指数　241
国内産業の空洞化　211
国内所得　280
国内総生産　157, 277
　──と総支出勘定　286
国内への直接投資　216
国富　283, 299
国民概念　280
国民経済計算　4, 6, 96, 131, 251, 265, 270
国民所得　11, 280
　──勘定　272
国民生活基礎調査　103
国民生活時間調査　84
国民総所得　280
国民総生産　280
国民貸借対照表　272
53年体系　5, 270
個人企業経済調査　134
個人向けサービス　244
コスト評価法　247
固定ウェイト　225
固定価格表示　17
固定資産　114
固定資本減耗　281, 298
　──引当金　299
固定相場制　212
個票　35, 49, 50
コブ・ダグラス型　261
個別価格指数　221
個別指数　260
個別消費支出　294, 295
雇用者報酬　11, 277, 280, 288
コンポジット・インデックス　266

さ　行

サービス　198, 276
　──化　28, 172
　──業　130, 172
　──業基本調査　125, 170, 173
　──経済化　75

索引

財　198, 276
在庫投資　136
在庫品増加　296
財産所得　11, 95, 104
最終需要　273
最終消費支出　281, 294
歳出　179
最小二乗法　111
財政　176, 177
　──金融政策　134, 136
再生産年齢　70
財政制度　177
歳入　179
採用系列　266
サテライト勘定　271, 300
産業　27, 57
　──型　159
　──構造　130
　──内垂直分業　208
　──内水平分業　205
　──連関表　159, 244, 253, 272, 273, 301
産出　273
　──量　259

自給率　148, 150, 151
事業所　15, 18, 19, 27, 47, 57, 60, 74, 84, 87, 102, 124～126
　──・企業統計調査　24, 48, 124, 134, 156, 170, 172
資金需要　136
資金循環表　272
時系列データ　10, 265
資産選択　121
支出総額　98
支出弾力性　111
市場産出　285
市場生産者　285
市場評価法　302
市場メカニズム　176
指数　221
　──算式　221
　──統計　6
自然資源会計　302
自然増加率　68
自然増減　53, 66, 72
悉皆調査　22
実支出　98, 238
実質 GDE　290

実質 GDP　131, 252, 291
実質金額　247
実質値　17, 18, 230, 247, 289
実収入　98
質的調整手段　186
実物取引　272, 296
疾病，傷害及び死因分類　26
指定統計　21, 34, 37
時点転逆テスト　227
ジニ係数　105, 107, 115, 116
四半期　10, 11, 62, 72
死亡性比　68
死亡率　68
資本　133
　──調達勘定　281, 296
社会会計上の統計　6
社会生活基本調査　84
社会増減　53, 66, 72
社会保障関係費　179
社会保障給付　95
社会保障負担　95
借家　117, 118
就業構造基本調査　76, 84, 95
就業者　74, 76
従業者　76, 126, 128, 132
集合消費支出　295
従属人口指数　63
住宅・土地統計調査　116
住宅価格　118
住宅の延べ面積　117
　──立地環境　118
住宅ローン　197
集中型　21, 35, 37
収入総額　98
十分位分散係数　90
住民基本台帳　72
出生性比　68
出生率　68
守秘義務　21
需要関数　234
需要不足失業　80
循環テスト　227, 228
純固定資本形成　299
純資本移転　298
純資本形成　281
純投資　299
商業統計調査　24, 125, 169, 171
商工業実態基本調査　156

312　　　　　　　　索　引

少産少死　69
少子・高齢社会　28
少子社会　71
譲渡性預金　188
承認統計　21, 22, 35
消費関数　102, 108
消費支出　9, 95, 237
消費者信用　196
消費者物価指数　221, 237, 265, 289
消費需要関数　109
消費水準指数　248
消費税　242
商品　19, 29
情報化　44, 47
情報通信技術　45, 47
情報通信業　165, 182
正味資産　114
　——の変動　281
常用雇用　93
　——指数　260, 265
　——者　172
常用労働者　87
将来推計人口　65, 66
職業　32, 57
　——安定所　84
食糧自給　148
所定外労働時間　85, 92
所定内給与　88
所定内実労働時間　88
所得五分位階級　104
所得移転　238
所得分配　104
所得分布　104
新外国為替管理法　215
人口移動統計　67
人工資産　305
人口センサス　47, 54
人口動態統計　63, 72
申告義務　35
信用金庫　191

推計人口　54, 66
推測統計　8
数量指数　221, 248
ストック　16, 53, 114, 250, 270, 273

生産　273
　——額ウェイト　249, 250, 251
　——活動指標　276
　——勘定　277
　——関数　261
　——境界の拡張　302, 304
　——拠点　201, 208, 210
　——指数　250
　——動態統計　250, 253
　——動態統計調査　86, 260
　——年齢人口　63
　——量　259
生鮮食品　246
製造業　142, 156
　——の海外への進出　205
　——部門別投入・産出物価指数　244
静態人口　16, 53
制度部門別所得・支出勘定　292
制度部門別分類　283
性比　65
製品輸入比率　201
政府　176
　——開発援助　199, 216
世帯　18, 20, 47, 55, 60
　——人員　60
設備投資　136
　——動向　135, 136, 138
選好関数　231
先行系列　265, 266
全国消費実態調査　96, 115
センサス　22
全産業活動指数　255
全数調査　22, 61
選択支出費目　113
前年同月比　196

総供給　277
総固定資本形成　288, 296
総資本形成　281, 298
総需要　277
総投資　299
総務省政策統括官（統計基準担当）　35, 36
総務省統計局　36, 41
租税　176
粗投資　299
その他の非市場産出　285
ソフト化　174

た　行

第一次産業　74

索　　引　　　　　　　　　　　　　**313**

対外資産の変動　282
対外純資産　283
対外直接投資額　162
対家計民間非営利サービス　285
対家計民間非営利団体　284
第三次産業　74, 130, 131, 172
　——活動指数　253
　——労働生産性　262
対前年増減率　12
第二次産業　74
タイムシリーズデータ　10
多産多死　69
ダブル・デフレーション方式　291
単位無差別テスト　227
短期金融市場金利　194

地価　168
地球環境問題　218
遅行系列　265, 266
地方公共団体　176, 183
地方交付税交付金　179
地方債現在高　185
地方財政　183
　——の状況　185
　——白書　185
地方自治法　183
中央政府　176
中間需要　273
中間投入　273
超過労働給与　92
長期プライムレート　194
調査系統図　37
調査項目　54, 55, 87
調査対象　18
調査単位　18
調査統計　21
調整可処分所得　296
調整勘定　282
貯蓄　96, 296, 298, 299
　——関数　102
　——投資差額　282
　——率　8, 100, 296
地理情報システム　48
賃金　87
　——格差　88, 90
　——構造基本統計調査　84, 87
　——所得　102
　——水準　87

　——センサス　87
　——率　87

通関統計　198
月別　72

定期性預金　191
低金利政策　168
定性的な区分　14
ディビジア指数　224
ディフュージョン・インデックス　265
定量的な区分　14
手形（売買）レート　195
手形割引市場　195
デフレータ　254, 289
デフレートする　230

等価可処分所得　106
統計 GIS プラザ　48
統計機構　34, 37, 41
統計行政　34, 41
　——の新たな展開方向　45, 50
　——の新中・長期構想　42, 44, 49
　——の中・長期構想　42
統計上の不突合　277
統計審議会　25, 32, 34, 35, 42, 44
統計制度　34
統計専任職員　37
統計単位　18, 19
統計調査員　22
統計データ・ポータルサイト　49
統計データ・アーカイブ　49, 50
統計法　21, 27, 34, 41
統計報告調整法　22, 34, 35
統計予算　42
統合方式　300
倒産　139
　——率　139
動態人口　16, 53
動態統計　67
投入　273
　——係数　275
特殊分類　251
匿名標本データ　49
土地純購入　296
届出統計　21, 22, 35
取引停止処分　139
トンキロ単位　163

索　引

な　行

ナノテクノロジー・材料　182

ニート　77
二次統計　5
2000年基準　250, 253
日本銀行　186, 192
日本標準産業分類　27, 169, 172
　　――の改訂　172
日本標準商品分類　27, 28
日本標準職業分類　27, 31

年間収入五分位階級　109
年間総実労働時間　84
年金制度　123
年収倍率　121
年少人口　63
　　――指数　63
年度　11, 72
年齢構成指数　63

農家　147
農林業センサス　24, 147
ノンバンク　191

は　行

パーシェ型　248
　　――物価指数　222, 289
パーシェ・チェック　235
ハーバラーの限界説　234
波及効果　159
跛行性　266
罰則規定　35
バブル　177
　　――期　114, 121
　　――景気　167
　　――経済　185, 190, 202, 215
バランス項目　277
半期　10, 11
晩婚化　72, 78
晩産化　72, 78
判断指数　138
販売農家　102

比較時点　221, 289
引き起こされた環境費用　304
非金融資産　114, 283

非金融法人企業　284
非市場生産者　285
非消費支出　98, 238
ヒストリカルDI　268
非製造業　144
人キロ単位　163
秘密の保護　35
標準統計分類　15, 25, 27, 36
標本　22
　　――抽出法　24
　　――調査　22, 24, 60
昼間人口　60, 74
比例性テスト　227
非労働力人口　76
品質変化　246
品目　238, 244, 250
　　――の改廃　238

フィッシャー算式　248
フィッシャー物価指数　222
付加価値　251, 259, 273, 277
　　――額　135
　　――額ウェイト　249～251, 260
複合指数　260
府県物産表　156
負債純増　298
負担された環境費用　304
物価指数　18, 221, 289
物価上昇　139
不変価格表示　17
プライバシー　35, 47, 55
フロー　16, 53, 115, 250, 270, 273
ブロック別　15
文教及び科学振興費　182
分散型　21, 35～37, 41
分析対象　18
分析単位　18, 19
分類　14

平均消費性向　8
平均生産性　259
ペティ=クラークの法則　173
ヘドニック法　239, 247
ベビーブーム　68, 69
変化率　240
変動相場制　212

防衛関係費　179

索　引　　**315**

貿易　198, 199
　——価格指数　198, 248
　——黒字　199, 208
　——指数　248
　——収支　201, 209
　——数量指数　198, 248
　——統計　198
　——摩擦　205, 211
法人企業景気予測調査　134, 136, 157
法人企業統計調査　134, 141
法人企業動向調査　144
ポータルサイト　49
ボーリー算式　227
母集団　22, 24, 60
補助金　281
補てん投資　299
ボルトキウィッツの関係式　235

ま　行

毎月勤労統計調査　84, 87, 260
摩擦的失業　81
マネーサプライ　188, 189

ミスマッチ　80
民間最終消費支出　288
民間非営利団体　295

無形固定資産　298
無作為抽出法　24
無差別曲線　232

銘柄　238
名目 GDP　131, 263
名目値　17, 18

持合い　266
持ち家　110, 117
　——の帰属家賃　100, 238
モデル　6

や　行

有効求人倍率　79
ユージュアル方式　76
郵便局　191
郵便貯金　188, 195
　——統計　195
輸出　199
　——物価指数　241

輸入　200
　——物価指数　241

要求払預金　191
要素所得　98
要素転逆テスト　227, 229
要素費用表示の国内所得　280
預金　123
　——残高　191
　——準備率操作　186
予算制約式　231, 232

ら　行

ライフサイエンス　182
ラスパイレス型　237, 243, 245, 253, 260
　——物価指数　222

利潤極大　261
リスク資産　122
量的調整手段　186
旅客輸送量　163
理論　6
　——モデル　7
リンク係数　239, 243

暦年　11, 72
連環指数　223
連鎖型物価指数　223
連鎖指数　223

労働時間　84, 133
労働生産性　86, 133, 259
　——指数　86, 259
労働投入　259
労働力人口　76, 79
　——比率　76
労働力調査　74, 75, 79, 84
労働力率　76, 77
老年化指数　63
老年人口　63
　——指数　63
ローレンツ曲線　105
68年体系　5

欧　字

BSI　138
CD　188
CGPI　240, 289
CI　266, 268
CIF　242
CPI　221, 237, 242, 245, 248, 289
CSPI　244
DI　265
FOB　242
GDE デフレータ　6, 290
GDP　157, 179, 277
　——デフレータ　6
　——の四半期結果（QE）　255
GIS　48
GNP　280
IIP　248, 260
ILO　32, 82
IT　182

——バブル　141
M1　188
M2　188
M3　188
M字曲線　78
NEET　77
OECD　83
PPP　213
QE　255
SNA　4, 96, 265, 270
　改訂——　5
　旧——　5
　新——　5
　93——　271, 283, 286
　68——　271
U表　276
UV分析　81
V表　276
WPI　240
Σ　221, 256

著者紹介（担当章）

廣松　毅（ひろまつ　たけし）（2・3・6〜9章）
1969年　東京大学教養学部卒業
1972年　東京大学大学院経済研究科修士課程修了（経済学修士）
　　　　東京大学総合文化研究科・教養学部教授を経て
2009年　東京大学教授を定年退職
現　在　情報セキュリティ大学院大学特任教授
主要著書
『情報経済のマクロ分析』（共著，東洋経済新報社，1990年）
『計量経済学の実際』（共著，新世社，1990年）
『経済時系列分析』（共著，朝倉書店，1990年）
『経済時系列分析の基礎と応用―非定常モデルの応用』（共著，多賀出版，1993年）
『マクロ経済学（上・下）』（共著，CAP出版，1998年2月・1999年）

高木新太郎（たかぎ　しんたろう）（1・4・5・10〜12章）
1966年　慶應義塾大学経済学部卒業
1972年　慶應義塾大学大学院経済学研究科博士課程満期退学
　　　　成蹊大学経済学部教授を経て
現　在　成蹊大学名誉教授
主要著書・論文
『住居費の国際比較』（編著，日本住宅総合センター，1992年）
「現行SNAにみる住宅・土地分野」（『住宅土地経済』No. 12, 1994年1月）
「改訂SNAの投入産出表について」（『季刊国民経済計算』No. 101, 1994年6月）
『エネルギーと環境』（共編著，日本評論社，1999年）

佐藤　朋彦（さとう　ともひこ）（1〜5章，8・10・11章）
1981年　新潟大学理学部卒業
1981年　総理府統計局入局
2002年　福岡県企画振興部調査統計課企画主幹
2004年　東京大学社会科学研究所助教授
現　在　総務省統計局統計調査部消費統計課調査官
　　　　神戸大学経済経営研究所客員教授
主要著書・論文
『1995 家計簿からみたニッポン』（家計消費研究会編，大蔵省印刷局，1995年）
「平成9年全国物価統計調査における調査方法の改善過程について」（共著，『統計局研究彙報』No. 57, 総務庁統計局・統計センター，1999年9月）
『数字を追うな 統計を読め』（日本経済新聞出版社，2013年）
「SSJデータアーカイブの管理・運営」（『ESTRELA』No. 137, 統計情報研究開発センター，2005年8月）

木村　正一（きむら　まさかず）（6・7・9章）
1977年　電気通信大学電気通信学部卒業
1977年　総理府統計局入局
2004年　慶應義塾大学商学研究科助教授
現　在　一般財団法人統計質保証推進協会 事務局長
主要著書
『日本の家計行動のダイナミズム』（共著，慶應義塾大学出版会，2005年）

新経済学ライブラリ＝24
経 済 統 計

2006年2月10日©	初 版 発 行	
2016年2月25日	初版第3刷発行	

著　者	廣　松　　　毅	発行者	森　平　敏　孝
	高　木　新太郎	印刷者	小　宮　山　恒　敏
	佐　藤　朋　彦	製本者	米　良　孝　司
	木　村　正　一		

【発行】　　株式会社 新世社
〒151-0051　東京都渋谷区千駄ヶ谷1丁目3番25号
☎(03)5474-8818(代)　　サイエンスビル

【発売】　　株式会社 サイエンス社
〒151-0051　東京都渋谷区千駄ヶ谷1丁目3番25号
☎(03)5474-8500(代)　　振替00170-7-2387

印刷　小宮山印刷工業　　製本　ブックアート
《検印省略》

本書の内容を無断で複写複製することは、著作者および出版者の権利を侵害することがありますので、その場合はあらかじめ小社あて許諾をお求めください。

サイエンス社・新世社のホームページのご案内
http://www.saiensu.co.jp
ご意見・ご要望は
shin@saiensu.co.jp まで

ISBN4-88384-088-3
PRINTED IN JAPAN